聆听大师丨经典珍藏版

听梁启超
谈国学

王 颖\著

中国华侨出版社

图书在版编目（CIP）数据

听梁启超谈国学 / 王颖著 . —北京：
中国华侨出版社，2016.11
　ISBN 978-7-5113-6482-1

　Ⅰ.①听… Ⅱ.①王… Ⅲ.①国学 – 通俗读物
Ⅳ.① Z126-49

中国版本图书馆 CIP 数据核字（2016）第 278684 号

听梁启超谈国学

著　　者 / 王　颖
责任编辑 / 文　蕾
责任校对 / 高晓华
经　　销 / 新华书店
开　　本 / 670 毫米 × 960 毫米　1/16　印张 /19　字数 /244 千字
印　　刷 / 北京建泰印刷有限公司
版　　次 / 2017 年 1 月第 1 版　2017 年 1 月第 1 次印刷
书　　号 / ISBN 978-7-5113-6482-1
定　　价 / 36.00 元

中国华侨出版社　北京市朝阳区静安里 26 号通成达大厦 3 层　邮编：100028
法律顾问：陈鹰律师事务所
编辑部：（010）64443056　　64443979
发行部：（010）64443051　　传真：（010）64439708
网　　址：www.oveaschin.com
E-mail：oveaschin@sina.com

前　言

梁启超，字卓如，一字任甫，号任公，又号饮冰室主人，1873年2月23日生于广东新会茶坑村。梁启超是清朝光绪年间举人，也是中国近代著名的思想家、政治家、教育家、史学家、文学家，是戊戌变法的领袖之一、中国近代维新派、新法家代表人物。

梁启超的祖父梁维清，父亲梁宝瑛，都曾是参预当地乡政的有一定势力和影响的士绅。梁启超4岁跟随祖父读书识字，8岁学作文，9岁便能写出一篇字数千言的文章来。梁启超在早年所受到的启蒙教育中，除了接触到许多传统的文史知识，还了解到了不少英雄人物慷慨悲壮的爱国事迹。祖父梁维清时常给年幼的梁启超讲述"亡宋、亡明国难之事"，还常常对其真切地诵读历代文人雅士震撼人心的诗歌篇章。梁维清这种饱含爱国主义情感的教育，对早年的梁启超产生了重大影响。中国历朝卓越人物心忧天下的风度、舍生取义的人格和坚韧不拔的精神，在梁启超幼小的心灵留下了极为深刻的印象。

1889年，时年17岁的梁启超在广州参加乡试中举，名列第八名。当时担任梁启超主考官的李端棻非常欣赏他的才华，以亲妹许之。此时，梁启超正是少年得志，意气风发的良好处境，只要继续沿此路而前，完全可以由学入仕，功成名就。可是光绪年间的中国，正在遭受西方列强的野蛮欺压。面对当下严峻的形势，梁启超毅然抛弃了往日的追求，踏上了一条充满荆棘坎坷的救国救民的道路。

1895年春，梁启超和康有为入京参加会试，恰逢腐朽的清廷与日本帝国主义侵略者签订了丧权辱国的《马关条约》。消息即出，在北京会试结束等待出榜的十八省举人群情愤慨。1895年4月22日，康有为、梁启超发动了轰动全国的"公车上书"，邀集了1000多名举人联名上书朝廷，要求拒和、迁都、实行变法，以此拉开了维新运动的序幕。

此后梁启超又先后领导北京和上海的强学会，并与黄遵宪一起办《时务报》，担任长沙时务学堂的主讲，著《变法通议》为变法做宣传，成为资产阶级改良派的宣传家。

戊戌变法失败以后，梁启超逃离北京，与康有为一起东渡日本，开始流亡生活。在日本，梁启超在《饮冰室合集》、《夏威夷游记》中继续推广所主张的"诗界革命"，是近代文学革命运动的理论倡导者。梁启超还积极在海外推动君主立宪的在中国的实施。

1911年，辛亥革命爆发，1912年10月，梁启超结束长达14年的海外流亡生涯回国，应袁世凯相邀加入北洋政府内阁，担任司法总长；后因对袁世凯称帝、黎元洪引张勋进京复辟等事强烈不满，转而加入段祺瑞政府。1917年9月，孙中山发动"护法战争"，段祺瑞政府倒台，梁启超同时递交辞呈，从此结束从政生涯，转而将主要精力投入到教育和文化事业活动上。

1929年1月19日，梁启超在北京协和医院因病与世长辞，享年56岁。梁启超倡导新文化运动，并支持"五四运动"，后人将其著作合编为《饮冰室合集》。

梁启超的国学思想在晚清时代自成一家，一方面他非常注重"整理国故"，就是对于国学文献进行整理、研究，号召学者将中华民族五千年的历史文化遗产保存下来，并用个人的学识把这座丰富的矿藏开采出来。另一方面他也重视德性的学问，运用儒家的人生哲学，以内省、躬行的方法去"躬行实践"，养成"仁"的人生观。

梁启超认为，学是为了行，"为学"与"做人"是不能分离的，个体与社会也是不能割裂的。只有树立正确的人生观，才有能力汲取国学的精髓，只有个体的人格提高了，养成了良好的德性，促进全社会的人格提高，整个社会的道德水平才会提升，社会风气才会得到改善。因此，梁启超所揭示的治国学两条路，是从学问研究与德性养成两个方面出发，提出"治国学"的基本方向。

梁启超是一位融汇中西学问的大学者，虽然对中国文化有着深厚感情，但他并不死守旧学，在西学东渐的时代中，他主张以开放的态度借鉴吸收，取长补短，取其精华去其糟粕。他认为，只有在中西文化比较贯通的基础上，才能准确认识、把握中国文化在世界多元文化格局中的位置，并起到推动世界文明进程的作用。因此，在"国学热"不断升温的今天，梁启超的观点对人们具有一定的启发作用。

目录

第一章 Chapter 1　变亦变，不变亦变
——读梁启超《新民说》

谈新民之义：淬厉其所本有，采补其所本无 // 003

谈功德：人人相善其群 // 007

谈国家思想：孝于亲，忠于国 // 011

谈进取冒险：不猛进，斯倒退矣 // 015

谈权利思想：于人于我，当尽之责任 // 019

谈自由：天下之公理，人生之要具 // 023

谈自治：不自治，则治于人 // 027

谈进步：进化者，天地之公例也 // 031

谈自尊：尊国民故，尊人道故 // 035

谈合群：能群与不能群 // 039

谈毅力：与天行相搏 // 043

谈尚武：文明其精神，野蛮其体魄 // 047

第二章 Chapter 2　集老子、管子、墨子三家之所长
——读梁启超《论诸子百家》

谈老子的学说：作用论 // 053

谈老子之衍生学派：庄子与屈原 // 057

谈管子之法治：法治与君主、人民 // 061

谈墨子之根本观念：兼爱 // 064

谈墨子之宗教思想：非命 // 068

谈墨子之实利主义：以利为目的，以利为手段 // 072

第三章 儒家言道言政，皆根植于"仁"
Chapter3 ——读梁启超《儒家哲学》

谈仁：仁者，人也 // 079

谈人治主义：圣贤在上位，可以移易天下 // 084

谈孟子："正人心"的唯心主义倾向 // 088

谈荀子：信性恶，重物质上之调剂 // 092

谈阳明学派：余波及其修正 // 096

谈道：无为，无不为 // 100

第四章 有无之境，知行合一
Chapter4 ——读梁启超《阳明心学》

谈革新：打破罐头 // 107

谈口号：口号背后的价值 // 111

谈知行合一之内容："假的朱学" // 115

谈哲学依据：重实践的唯心论者 // 119

谈致良知：除却良知还有什么说的 // 124

谈圣人：见满街都是"圣人" // 129

谈"物"与"我"：物我合一，心外无理 // 133

谈志：人生当立志 // 138

第五章 如入无我之境界
Chapter 5 ——读梁启超《佛教》

谈中国佛教发端：外学可为己用 // 145

谈佛教传入：中国印度之交通与西域 // 149

谈中国佛教发展：渐次发达之历史 // 153

谈中国佛学特色：发挥光大，自现特色 // 157

谈中国佛法：兴衰之沿革 // 163

谈翻译文学与佛典：直译与意译之得失 // 167

谈翻译文学与一般文学：容纳外来文化 // 171

谈玄奘：中国佛学界第一人 // 175

第六章 少年强则国强
Chapter 6 ——读梁启超《少年中国说》

谈中国少年：少年强则国强 // 181

谈旁观者：天下最可厌、可憎、可鄙之人 // 185

谈正统：天无二日，民无二王 // 189

谈书法：独一无二之天职 // 194

谈希望：失意人之第二灵魂 // 198

谈复古思潮：以复古为解放 // 202

谈学问：主张趣味主义 // 206

谈最苦与最乐：未了之责任 // 210

谈敬业与乐业：责任心与乐趣 // 214

谈科学：科学精神与东西文化 // 218

第七章 学贯中西，囊括古今
Chapter 7 ——读梁启超《大家小集》

谈变法：不变法之害 // 225

谈世界文明：中国人对于世界文明之大责任 // 229

谈学生自修之三大要义：人、事、问 // 233

谈人权与女权：广义的人权运动 // 238

谈美术与科学：情感与理性的产物 // 242

谈为学与做人：求学问，学做人 // 246

谈屈原：理想与情感之矛盾 // 251

谈杜甫：文学界的情圣 // 255

谈治国学的两条大路：文献与德行 // 259

谈知与为：知不可而为，为而不有 // 262

谈谭嗣同：作吏一年，无异入山 // 265

第八章 非谓有大楼之谓也，有大师之谓也
Chapter 8 ——读梁启超《清华大学演讲录》

谈成败：凡任天下大事者，先破成败之见 // 271

谈志：立志养志需两不误 // 274

谈德性：十种德性相反相成 // 277

谈教育：精神教育者，自由教育也 // 281

谈真实：一切物境皆由心造 // 285

谈死生：佛教业报轮回 // 288

谈英雄：历史者，英雄之舞台 // 291

第一章

变亦变，不变亦变
——读梁启超《新民说》

《新民说》是梁启超在1902年至1906年间，以"中国之新民"的笔名，发表在《新民丛报》上的二十篇政论文章。1916年其中的部分文论收入《饮冰室文集》；1936年收入中华书局出版的《饮冰室合集》，并在同年出版单行本《新民说》。梁启超《新民说》的主要目的是希望能够唤起国人的自觉，使国人从帝国时代皇帝的臣民，转化为现代国家的国民，并在文中具体讲述了现代国民所应具有的条件和准则，在20世纪的中国起到了思想启蒙的作用。

谈新民之义：
淬厉其所本有，采补其所本无

梁启超的一生充满了奋斗、变革和矛盾，他跟从老师康有为学习中国儒家文化，接受传统的儒家思想，之后参与推动戊戌变法，再到后来学习西方思想，并深受其影响。在徘徊和犹豫中，他的思想几度变化，但是他振兴中华的理想一生没有变，世人皆知的维新变法不仅是中国历史上重要的一笔，也是他人生中的重要转折点。

在清王朝腐败制度和思想落后的背景下，维新变法的失败似乎是意料之中的。在变法失败、救国无门的情况下，梁启超流亡国外，开始逐步学习西方的新思想，在观察了西方的政治制度，深入探究了西方的民主思想之后，他提出了新的思想——新民说，即"淬厉其所本有，采补其所本无"。

梁启超曾说："国也者，积民而成。国之有民，犹身之有四肢、五脏、筋脉、血轮也……欲其国之安享尊荣，则新民之道不可不讲。"他说国家是由人民构成的，国有民众，就像是人有四肢、脏腑、经脉等一样。想要国家安定昌盛，就不能不推行新民的思想。在他眼里，新民的核心有二处：第一是淬厉其所本有，即继承传统，推陈出新；第二是采补其所本无，即吸收借鉴，博采众长。二者相依而成，缺一不可。

淬厉其所本有

"淬厉其所本有而新之"，即继承中国的优秀、有价值的东西，中华民族的优良传统道德要继承和弘扬。在国民道德改造的问题上，梁启超不赞成道德虚无主义的观点，在对传统旧道德文化的继承问题上，他并非墨守故纸，他认识到故步自封是不正确的。不仅要珍视和保留本有的优良传统，加以继承，还要推陈出新，汲取国外的精华，结合实际的社会背景条件，对传统文化美德进行革命性的创造，对其进行现代性的解读，挖掘固有道德传统，并拓展阐释固有道德思想的现代性。

时代在进步，新的事物层出不穷，令人目不暇接。人们似乎被新的事物蒙蔽了双眼，不断地追逐、索取新生事物，仿佛传统的事物已然过时。为了拂去传统文化宝库大门上的尘埃，梁启超提出了"淬厉其所本有"。何为"淬厉其所本有"？就是以一颗平静的心去思考传统事物的价值，褪去随着新生事物一起产生的浮躁情绪。

中华民族几千年的文化积淀深厚而瑰丽璀璨，传统文化不仅在以往的历史中不可或缺，在现在以及未来社会的发展与进步中也意义重大。在梁启超眼里，中国传统伦理观尤其重视和强调对人的尊重和关心，仁、义、礼、智、信是中华上下五千年始终贯穿的思想。不仅有"己所不欲勿施于人"设身处地地为他人着想，还有"兄友弟恭，仁爱孝悌，老吾老以及人之老，幼吾幼以及人之幼"的和谐美德，更有"生，亦我所欲也；义，亦我所欲也。二者不可得兼，舍生而取义者也"的人生抉择。中国是一个崇尚传统、重义轻利的国家和民族，其核心的传统思想精髓应该普及在现代的社会生活当中，而不是一味地拒绝传统，正是有了这些丰富多样的文化思想精髓，才让中华民族屹立于世界民族之林几千年而不倒。

当然，在梁启超看来，只是继承传统还是不够的，还要推陈革故。这些优良的精神和思想要继续传承弘扬下去，但那些糟粕、那些影响时代发展的东西也要适时剔除。

比如古人的封建迷信思想不符合科学的发展，庸医、神婆、巫术等一系列落后的思想，只是人们对于不能解释的客观现象感到迷惑恐惧而寻找的一种精神寄托。我们现在要走的是科学发展的道路，封建思想不但束缚了人们的思想，还阻碍了社会的发展，应当予以剔除摒弃。此外，在古时的婚姻信奉父母之命媒妁之言，剥夺了男女自由恋爱的权利，这样的婚姻是不幸的、冒险的，是缺失了自由的婚姻。而且重男轻女的思想根深蒂固，这极不利于社会的和谐稳定发展，女子地位低下，事事都要依仗自己的丈夫，完全失去了自由和权利，这种思想更应该抛弃。

梁启超认为，国家要走的是新民之路，古时的"三纲五常""盲目忠君""小民思想""男女大防"等，都与时代发展格格不入，应当摒弃之。爱国固然是好，但盲目忠君就该反省。男女固然有别，但也不能因此就限制了女子出门的自由。人人守秩序对创造一个稳定的社会固然有很大帮助，但也不能因此就把平民贬到尘埃里，更不应该独裁专制等，这一切都是我们应该要革掉的糟粕。

采补其所本无

当然，梁启超认为新民之义不仅在与继承传统、推陈出新，更应该吸收借鉴、博采众长。学习西方先进的思想文化，汲取适合本国国情、能够推动国家发展的优秀文化与思想。

提起唐朝这个时代，我们总会说它是"盛唐时期"。这种兴盛，包括国力、经济、文化等。究其原因，是唐朝勇于并善于吸纳国外的文化，唐朝的丞相及财务大臣都任用过波斯人和阿拉伯人。虽然佛教在唐朝不是主流，但大唐皇帝仍然派人去学习印度之佛教文化，如著名的鉴真东渡、玄奘西游。有这样的胸怀、这样的气度，大唐的繁荣也是必然的。

梁启超所说的采长补短，正是这样的。反过来看，在清朝，一些统治者盲目愚昧，夜郎自大。自认为天朝上国，无视一切外来的文化和科学。康熙帝是难得的千古一帝，但他也不曾想到把西方进贡的东西当成科学来看待，只是把它们当作一些娱乐的工具。洋枪、洋炮、望远镜……那时的先进科学，西方都会进贡给中国，然而，许多清朝统治者却毫不在意，认为天朝上国无所不有、无所不能，不需要蛮夷进贡的这些愚昧、玩物丧志的玩意儿。

清前期康熙帝的数学和天文知识达到了极高的水平，但他也只当作是兴趣来看待。清中期以后的道光帝、咸丰帝更是如此，在英法联军火烧圆明园之时，他们在一个仓库里，发现了大量的西洋先进武器，但都灰尘遍布，不曾动过，有的甚至连箱子都没打开过。那时的先进科学我们都有，却因为自大，不吸收借鉴外国的先进技术，而落得个灭国后果。

梁启超经变法失败，又接触了西方的新思想新文化，睿智地提出了采补之说。采他人之所长，补自己之所短，博采众长，任重而道远。梁启超的新民之义，给当时的中国指引了一条前进的道路。

谈功德：
人人相善其群

公德与私德的概念最早起源于18-19世纪，主要由英国功利主义创始人边沁提出，密尔则尾随其后加以阐释。边沁曾在《道德与立法原理导论》这本著作中第一次明确阐述了功利主义原则，称逻辑学为人们行动得到最大幸福的艺术。密尔紧接着边沁的思路，进一步阐述个人道德与社会道德的概念。

梁启超从边沁、密尔这些人的著作中了解到公德与私德的概念，结合实际情况，引入了自己的思想，在国家面临内忧外患的危机关头，他于1902年写下了闻名的《新民说》，这其中就有《论公德》和《论私德》的重要内容，并且最早提出了公私德。其中，他这样定义了两个概念，就是著名流传千古的两句话"人人独善其身者，谓之私德，人人相善其群者，谓之公德"，较为全面地阐述了公德和私德及其相互的关系，论证了公德和私德的地位和作用，提出了公德和私德建设过程中的问题，以期来提高国民素质，造就新民，来为国家尽责。

道德的两面性

梁启超认为，"公德"和"私德"之间是可以相互转化的。因为一方面，把私德推行到外部，就成为了公德，这也正是梁启超所说"公德者，私德之推也"；另一方面，将公德收于内部，即成为私德。所以说，"私德"与"公德"互相联系、互相依存，是人培养德行不可缺失的重要内容。梁启超说："无私德则不能立，合无量数卑污虚伪残忍愚懦之人，无以为国也。无公德则不能团，虽有无量数束身自好廉谨良愿之人，仍无以为国也。"他认为培养"私德"能让人立于社会而无愧，而人人都拥有"公德"，则能起到"利群"的作用。

梁启超把传统道德中的"独善其身"看作是培养私德，而"相善其群"则是确立公德。事实上，私德不仅是自我的德操，也是个人与他人如何相处，即如何处理人际关系的基本道德；公德则是一个人应对群体的道德，是私德的一种外化与升华。针对于公德的"利群"作用，梁启超概括总结为三方面：第一，"固吾群"，就是可以提高社会的凝聚力；第二，"善吾群"，可以改善社会，让民心和谐；第三，"进吾群"，能够提升全社会的素质和道德水平。

所以，梁启超在《论私德》中指出：公德的本质是"一团体中人公共之德性"，而公德的作用是"个人对于本团体公共观念所发之德性"。在梁启超看来，没有私德的人，无法成为有公德的民众，更不能因此建立和谐社会。因此"是故欲铸国民，必以培养个人之私德为第一义；欲从事于铸国民者，必以自培养其个人之私德为第一义"。公德和私德不可割裂，梁启超发出了掷地有声的断言，私德浊下的人，不可能有良好的公德。

树立公德兼济天下

梁启超分析的"公德"和"私德"的关系问题，不仅对近代社会发展有积极影响和促进作用，对当今社会道德体系的建立，也具有一定的指导意义。他在"论公德"中提出："人人独善其身者，谓之私德；人人相善其群者，谓之公德，二者皆人生所不可缺之具也。"也就是说，人之所以成为人，不仅能够独善其身，管好自己，也应该拥有兼善天下的胸怀，为他人服务的公德心。

中国传统文化对私德有许多精辟论断，比如"君子温良恭俭让""忠信笃敬""知止慎独""养浩然之气"等，古代圣贤有一套培养私德以及增进私德的方法，从格物致知诚意正心，到修身齐家治国平天下，都阐释得极为完备。但是关于公德的论述，古代文献比较少见，所以在梁启超看来，国民最缺的道德之一就是公德："私德居十之九，而公德不及其一焉。"中国传统文化历来重"私德"而轻"公德"，梁启超在近代中国这一特定历史时期提出"公德"，对推动民族主权国家的发展，具有重要的意义。

梁启超提出的"公德"包含两部分内容：其一是社会团体的共同道德，其二是个人和团体之间关系的道德。"公德"的根本内容和目的是"相善其群"，即"利群"，这也是新时代国家得以建立的根本。在讨论公德问题上，梁启超尤其强调官员要兼济天下，一名官员如果只注重个人的"私德"，以"清、慎、勤"为准则，那就等于将自己等同普通百姓，难以担负国家委派之重任。官员"既有本身对于群之义务，复有对于委托者之义务"，兼济天下，承担为国为民、为天下社稷的责任与义务，这才是官员的公德心。

官员的公德心也就是兼济天下的责任心与使命感，所以，官员在培养个人私德的同时，还要为天下百姓谋福利，在日常生活中避免损害百姓利益。以国家和百姓利益为己任，秉公执法，权为民所用，情为民所系。因此，梁启超极力宣扬"公德"，中国若要成为伟大的民族国家，必须先培养出为公德献身的群体，而"公德"能使人民与国家联结一体。人人坚守公德心，都有兼济天下的抱负，就会实现社会和谐、国家强大、民族昌盛。

当代公德悉心遵守

梁启超认为，中国人自古重视私德，却缺少公德心。中国虽是礼仪之邦，但礼节都集中在血缘亲情的生活圈子中，注重自己如何做人，在待人接物和进退出处，都非常讲究礼仪，但是在公共生活的领域，在不相识的陌生人中间，往往放纵自己的行为。

现代文学家梁实秋在《排队》一文中，论述了这一现象。他写道："很多地方我们都讲究揖让，尤其是几个朋友走出门口的时候，常不免于拉拉扯扯礼让了半天，其实鱼贯而行就够了。我不太明白为什么到了陌生人聚集在一起的时候，便不肯排队，而一定要奋不顾身。"这个例子说明，许多人在公共生活与社会交往中，往往缺少公德修养，在公共场所中不讲公德，这在梁启超看来，也算是个人德行的缺失。

现代人往往把"公德"简单地理解为遵纪守法，比如过马路看绿灯等等，虽然这些行为是现代公民的基本道德素养，但离公德的内涵仍然相去甚远。《论语·阳货》子曰："礼云礼云，玉帛云乎哉？乐云乐云，钟鼓云乎哉？"意思是说，礼不仅指玉帛，乐不仅指钟鼓，玉帛代表了礼物和乐器，鸣钟鼓，赠礼物，是礼乐的形式，而不是礼乐之本。

梁启超认为，中国传统礼乐的本义是"敬"与"和"。无论公德还是私德，都存在于传统的"礼文化"中，礼的实质是内心的道德自觉，不是仅看外在形式。因此真正的公德是对公共规则的内心认可，需要全体国民对公共秩序自觉维护和遵守。同时，拥有公德心，就要心中有他人，严于律己宽于待人，尊重他人，爱护公物，自律自省，谦让宽容。这样，才能体现出公德的核心价值。

谈国家思想：
孝于亲，忠于国

1840年，英国用鸦片打开了中国的大门，造成了巨大的国力亏空，紧随而来的坚船利炮让中国不得不暴露于世界，饱受战火摧残，这从根本上粉碎了愚昧无知清政府的"天朝"迷梦，中国危在旦夕。就在这走投无路、中华民族风雨飘摇的时刻，先进知识分子们救亡图存，开始了探索中国的富强之路。林则徐"开眼看世界"，魏源"师夷长技以制夷"，等等。大批的仁人志士开始探索中国的自救之路，就是在这一背景下，梁启超中体西用，提出了新民说，并阐述其救国思想。

忠于国

爱国主义贯穿于《新民说》的内容中，是梁启超伦理思想的最高律令和第一原则，他对于国家的这种认识来自于西方价值理念。

在梁启超的眼中，朝廷应该为国家服务，国家利益高于一切，忠于朝廷的前提是忠于国家。但是，朝廷乃一个国家的总办，只要朝廷以人民利益为基准，那么忠于朝廷就等于忠于国家；相反，如果朝廷在危难之际，置国家于不顾，那么推翻朝廷就是忠于国家。

梁启超认为，"人非父母无自生，非国家无自存，孝于亲，忠于国，皆报恩之大义，而非一姓之家奴走狗者所能冒也。而吾中国人以忠之一字为主仆交涉之专名，何其颠也。"大意是说，君主应该比百姓更加懂得忠国，人民只有报效国家这一义务，而为君者必须肩负忠国与爱民的义务，真正带领人民忠于国家。中国人以"忠"看待主仆关系，实在是很奇怪的事情。在梁启超看来，对于国家，君主比百姓更应该遵循忠道，这是君主的基本责任，同时君主还兼负有民"托付之义务"。封建伦理把君主说成是"民之父母"，提倡"愚忠"，而梁启超则提出君主不仅要对国家尽义务，而且还要为人民尽义务。这两种观点，反映了封建伦理观念和资产阶级伦理观念的根本区别。

在梁启超看来，先进的爱国主义与封建传统完全不同，封建国家是君者统治的，天下"莫非王土"，君王利益就是国家利益，所以"忠国"和"忠朝廷"是同义词。但在甲午中日战争后，时局发生了变化，软弱腐朽的朝廷已经无法等同于国家，中国想要实现富强之路，唯有先改变朝廷。所以梁启超提出"新民"，激发民众的爱国心，而不是"忠朝廷"之心。这是对祖国的热爱和民族前途的忧心，反映了与封建伦理观念不同的资产阶级伦理观念。

正因为梁启超提出了崭新的民族主义、爱国主义的概念，由此而引发出全新的教育理念，希望以西方资产阶级先进思想为武器，对封建国家观进行尖锐的批判和改造。由此可见，梁启超提倡的爱国主义，是要求所有人都关心整个国家的命运，而不是忠于腐朽的封建朝廷。封建朝廷极其腐败保守，在西方列强入侵的时刻，忠于腐败的朝廷，只会让整个国家沦亡。

在提倡"忠于国"思想时，梁启超特别注重民族国家的观念，他一再强调，中国眼下的当务之急是建立独立民主的国家，他说："今日欲救中国无他术焉，亦先建设一民族主义之国家而已。"认为民族主义是中国近世史的中心问题，现在要救中国，已经没有其他办法，唯一的出路就是建立民族主义国家，让全国百姓都建立正确的爱国主义思想，忠于国家，为国家谋利。

梁启超援引日本的经验，认为日本正是因"国家思想，发达甚骤，自主独立之气，磅礴于国中，能汲取欧西文明，食而化之"因而在国民教育上取得了巨大成功，进而民族昌盛，国家富强。所以，梁启超主张学习日本，建立新型民主国家，接着兴办教育事业，培养一批新民，"使之结为团体以自立竞存于优胜劣败之场"。并且认为这种新民必须具有新道德、新思想、新精神。"新民"的基本特性和品质是"公德"，拥有"国家思想"和"权利义务思想"，拥有"自由"和"自治"的权力和能力，具有"进步""合群"和"尚武"等特点。

从实质上分析，梁启超所谓"新民"，即资产阶级新一代，"新民"说在当时历史条件下是一种进步的教育观点。梁启超在《新民说》中把中国衰弱的主要原因，归于封建旧教育培养出愚忠的人，认为这种旧民缺乏国家观念，只有个人利禄思想，再加上清政府的腐败卖国，会造成整个国家的灭亡。

孝于亲以公德为前提

梁启超提出"孝于亲"理论的基础，是他在《论公德》中提出："我国民所最缺者，公德其一端也。公德者何？人群之所以为群，国家之所以为国，赖此德焉以成立者也。"梁启超的这一观点，突破了传统封建以血缘宗亲为纽带的伦理观，"人人独善其身者，谓之私德，人人相善其群者，谓之公德，二者皆人生所不可缺之具也。"

他用中国"旧伦理"的"五伦关系"和西方"新伦理"阐述自己的道理，"五伦"中的家庭伦理有"父子""兄弟""夫妇"，社会伦理有"朋友"，而"君臣"则是唯一的国家伦理。中国的"五伦"关系侧重家庭，社会伦理侧重"朋友"，没有针对陌生人，而国家伦理定位"君臣"，有朝廷没有国家，这就造成中国人重私德而轻公德，公德所重视的关系即群体、民族、国家，这些在"五伦"中几乎都是空白。

因此，梁启超提出"孝于亲，忠于国"，是以公德为前提，将私德公德进行完美结合，将道德一体化，最终的目的是形成公、私兼具的"新民"，共同实现中华民族的伟大复兴之路，所以他说："合公私而兼善之者也。"私德为个人道德修养伦理孝治，人与人交往的行为准则，而公德是一种"利群"的道德。

从梁启超利己利群的理论来看，他认为追求个人利益是合理的，提出"天下人亦孰不爱己呼？孰不思利己呼？爱己利己者，非圣人之所禁也"。只是个人利益要与群体利益相得益彰，将群己之利合为一，让人们认识到"利己心与爱他心，一而非二者也"。

至此，梁启超提出"孝于亲，忠于国"，是让旧思想的人民明白，个人依赖于群体，百姓依赖于国家，每个人的生存都要从国家中得到保证。以"孝于亲"一家兴，来论证"忠于国"的强国理论，国亡则家亡，家亡则个人沦落。梁启超使提出个人利益与国家兴亡系为一体，倡导非常明确的价值观："做一个对国家有益的人。"把传统的五伦之爱推及到对国家的责任，为后世的民族复兴之路奠定坚实的基础。

"孝于亲，忠于国"是梁启超在国家危难之际提出的价值观导向，既继承了传统思想，同时又提出个人与国家、小家与大家的关系密不可分的新主张。其主张从人之本性出发，告诉世人将公义与私利相结合，不仅"国家兴亡，匹夫有责"，而且"国之亡，则家之亡"，鼓励人民在国家处于困境时站起来，共同抵御侵略，兴旺民族。

谈进取冒险：
不猛进，斯倒退矣

东方圣人孔子提倡以中庸处世，儒家文明千古流传，西方智者亚里士多德主张以中庸治世，共和政体影响西方后世，显然中庸的理论对东西方文化都有重大意义。梁启超则说："天下无中立之事，不猛进，斯倒退矣；人生与忧患俱来，苟畏难，斯落险矣。"他认为天下根本就没有中立的事情，如果不勇猛向前，就会产生退后。人生随处忧患汇聚，如果一个人畏惧困难，就会置身于万分艰险当中，陷入泥潭之中。梁启超认为中庸之道本无错，但已经不适用于当时的中国，遍观万国，山河动荡者，莫如中国，饱受列强的欺凌，国势险象环生，文化科技落于人后。因此要改变传统的中庸之道，勇于进取冒险，走上报国救亡图存的道路。

进取之上下求索

在梁启超看来，进取冒险是一种浩然之气，浩然之气是由道义积累出来的，而一个道义缺失的人总是血气不足，缺乏底气。在他眼里，进取冒险的性质可以分为四种，第一生于希望，第二生于热诚，第三生于智慧，第四生于胆力。

同时梁启超认为，人生莫不有两世界，在空间是实际界和理想界；在时间是现在界和未来界。实际和现在都是行动中，而理想和未来都是希望。由此可见，实际是理想的一种衍生物，人类没有理想，就没有如今这个世界，所有的人类文明都是理想衍生而来的。人类与动物相比，所以能统治世界，就因为人类有理想，因而生出希望，产生未来，而某种希望越强大，所产生的进取冒险心也就越强。

在这样的"进取"思想理论指导下，梁启超参与戊戌变法，然而戊戌变法仅存103天就惨烈失败了，谭嗣同高吟着："我自横刀向天笑，去留肝胆两昆仑。"血溅轩辕，而梁启超满怀绝望东渡日本，对自己的理论产生怀疑。随后，他在日本接触了大量宣传西方资本主义思想的著作，犹如醍醐灌顶，在思想中注入新的精华，精神焕然一新，眼界也更为开阔。由此梁启超认识到，戊戌变法之所以昙花一现，从表面上看是因为顽固派固执己见，并从中作梗，从根本上说，则是与国民素质不高密不可分。

从此以后，梁启超的"进取"精神主要投入到改变国民教育，培养"新民"等方面，大张旗鼓地倡导抛弃封建奴性，改造旧的国民性。他认为，在两千多年的封建君主专制统治下，只有帝王一人凌驾万人之上，享有绝对的自由，而广大被统治者毫无自由可言，奴性思想根深蒂固，势必造成国民性的扭曲。

随着梁启超的西学知识越来越丰富，他开始从文化的深层结构上讨论中国落后的原因。在他看来："凡一国强弱兴废，全系国民之智识与能力，而智识能力进退增减，全系全民思想，思想之高下通塞，全系国民之习惯与所信仰。然则欲国家独立，不可谋增进国民思想，不可于其所习惯，所信仰者，为之除其旧而布其新。"一个国家的兴盛与衰落，是由国民的知识与能力所决定的，而知识能力又受国民思想限制。思想高下取决于国民的习惯与信仰。这里所说的"习惯"和"信仰"，就是指文化的心理结构。梁启超倡导民众求知进取，以西学弥补传统文化的不足，逐渐发掘出新的思想文化。

梁启超分析戊戌变法失败的原因，逐渐从物质、制度层面摆脱出来，进入文化的深层结构来探讨中国落后原因，这不仅是他思想上的一个巨大进取,也引导当时的民众积极进取,成为时代的新民。从1902年起,梁启超以"新民"为题在《新民丛报》上发布文章,系统提出新观念、新思想,最后汇集成册,名曰《新民说》。从一定意义上来讲,"进取冒险"就是新民说的主要思想,新民思想博采众长,集东西智慧于一身,包揽内容丰富多彩,分别体现在尚武,冒险,进取的公民精神;倡导爱群、为公、利他的合群之德,主张争取个性自由,根除奴隶性等,这些思想对当时社会经济文化产生了重大的影响。

梁启超对于进取思想的追求崇尚,不如说是对当时中国内忧外患局面带来的一系列条件反射。不论是他的君主立宪说,还是自由民主说,都带有明显的进取精神,他所在乎的是中国的命运,任何能使国民摆脱西方列强压榨的方法,他都会认真吸收兼容,于他而言皮之不存,毛将焉附,假使国家不复存在,他的努力不就是徒劳无功?即便是这样一种激进的进取,仍是难等可贵。

冒险精神的力量

梁启超曾谈及曾国藩,说他外表踏实谨慎,但可贵的是内里有一种冒险精神,而这种谨慎踏实的冒险精神正是国家所需要的品质,是理智的冒险,并不是出于盲目的,实际上经过了反复的谋划和规划。中华民族最需要的,正应当是这种精神。

梁启超说过:"欧洲民族之所以强于中国者,原因非一而其富于冒险精神,殆其犹要着也。"欧洲的民族强过中国的最主要原因之一就是富有冒险精神,他认为冒险进取是社会发展的动力,人类文明发展的保证。"人有之则生,无之则死;国有之则存,无之则亡。"西欧各国的强盛和许多知名人士的成功都源于进取冒险精神,晚清的中国人,恰恰缺少这种关乎民族存亡,个人命运的进取冒险精神。所以梁启超大声疾呼,着重发展于此,致力于唤醒国人的进取冒险精神。

《新民说》中所提倡的竞争意识和冒险精神，是梁启超思想的精华所在。中国自周秦以后，社会性质几乎没有变化，由于长期君主专制大一统局面的形成使中国失去了竞争的斗志。竞争是自然界和人类社会一个残酷的事实，竞争是冷漠的，但又是自然界和人类必不可少的，正是这残酷的竞争为自然界和人类的发展提供了原始动力，而国家丧失了竞争力量，就只能挨打被人宰割。

梁启超认为，人类群体的竞争可以分为"外竞"和"内竞"，也就是民族国家间的竞争，以及民族国家内的竞争。外竞关系到国家的生死存亡，促进国家自强不息，内竞主宰国家繁荣昌盛，能在本质上增强社会群众力量。这两种竞争对于推动社会的进步都有重要意义。与竞争密切相关的是冒险进取的精神，在他看来，欧洲民族之所以在国际竞争中成为强者，原因众多，但富于冒险精神却是尤为重要的，中国人似乎与生俱来便缺乏冒险进取精神，传统文化中的尽人事、听天命，清静无为等思想根深蒂固，而梁启超衷心地希望国人能勇敢一次，充满进取冒险精神。

虽进取冒险之路并非一帆风顺，但唯有如梁启超般知进取、勇冒险的理念，才能打造一个不平凡的个人，才能真正理解列强入侵的时代，强国报国不易。正是他的思想倡导之下，众多有识之士如雨后春笋般涌现，并崛起，共同承担着振兴国家的使命。

谈权利思想：
于人于我，当尽之责任

梁启超通过《新民说》传递薪火，启发民众，给当时的中国人带来了深远的影响，对后世仍有不可磨灭的指导作用。梁启超效仿西方学说，针对中国近代国民一直以来的传统的弊病，提出改造中国国民民性的方案，解决中国近代国民民性的弊病。通过改变国民思想，以期建立一个民主、独立的民族性国家，摆脱民族危亡，改变家不成家、国不为国的悲惨局面，促成民族的崛起、国家的强盛。这种新民理论无疑是一个宏大方案，关于国民改造的宏大方案，其中的权利思想无疑构成了新民人格理想的重要方面。

由人伦道德到权利思想

梁启超的权利思想以"人人对于人而有当尽之责任，人人对于我而有当尽之责任"一句作为全篇的开头，论述每个人为何要对人负责、对己负责。如果不对人负责将产生怎样的后果，不对己负责，又将产生如何后果，乃至对群体会产生怎样的危害。

梁启超深刻地区分了人与动物的区别，"天生物而赋以自捍自保之良能，此有血气者之公例也。而人之所以贵于万物者，则以其不徒有'形而下'之生存，而更有'形而上'之生存。形而上之生存，其条件不一端，而权利其最重要也。故禽兽以保生命为对我独一无二之责任。而号称人类者，则以保生命权利两者相倚。然后此责任乃完。"也就是说，人与动物都被赋予生存保命的本能，而人与动物的区别就在于"形而上"

与"形而下"。"形而上"者人也,之所以人贵为"形而上",是因为人在社会中享有权利,权利对人的重要性,就犹如动物生存保命的本能。人不对自己负责任,就如同公然放弃自己的权利,这不仅仅是对自己的不负责,更是对整个社会和对整个民族的惘然不顾。因而,权利对人而言非常重要,没有权利的人是奴隶,本质上与禽兽无异。

梁启超认为,"新民"已经开始摆脱传统伦理道德思想的束缚,走出传统伦理道德的泥沼,成为具有独立自主精神,有着主体意识,开始积极进取的新人。在"新民"的背后,权利是核心的支撑力量,维护个人利益是每个人应尽的责任。梁启超对比中西方文化,得出了"大抵中国善言仁,而泰西善言义"的结论。值得关注的是,他挑战中国传统儒学,向占据儒学核心地位的"仁"提出质疑,他更推崇"义",认为在国家存亡的时刻,"义"比"仁"更重要。尤其对于个人权利而言,更应该大力提倡"义"的观念。

梁启超认为,"仁"的思想讲求以德服人,其重点往往在与他人,用"仁"这种思想对待他人,虽不会侵犯他人利益,但却会损害自己的权利,对自身而言是放弃自由的行为,最终会导致国人自身人格日益卑微低下,这将成为中国人缺乏权利意识的思想根源。

"吾中国人惟日望仁政于其君上也,故遇仁焉者,则为之婴儿;遇不仁焉者,则为之鱼肉。古今仁君少而多暴君,故吾民自数千年来祖宗之遗传,即以受人鱼肉为天经地义,而权利二字之识想,断绝吾人脑髓中者,故已久矣。"也就是说,古代的百姓没有维护自身权利的意识,把全部的希望寄托在遇到"仁君",但古代仁君少暴君多,因而百姓多是为人鱼肉,民不聊生。

梁启超倡导向西方人学习"义",维护个人的权利。"义者,我也。我不害人,而亦不许人之害我,是所重者常在我也。"也就是说,"义"的侧重点在"我",以维护"我"的权利为核心,而这正是中国民众缺失的观念。

天赋人权观念与权利竞争论

梁启超提出的"权利思想"是《新民说》的精神核心，也是新民的新特征之一。正是由于新民的权利思想不同于传统思想理论，才可以使得国民摆脱精神的枷锁，走出传统理论道德的泥沼，让近代中国开始走向现代化的路程。梁启超的权利思想来源于西方文化，在中国近代民族危难存亡之际，这一思想显得极为重要，新民必须要走维护人权之路，才能真正地拯救中国。

从思想上来看，梁启超学习西方，倡导天赋人权的学说，"大抵人生之有权利思想也，天赋之良知也。"他将中国传统的良知学说与天赋人权结合起来，认为天赋的良知使人知道，每个人都是一出生就拥有权利，人的自然权利不可剥夺。"民受生于天，天赋之以能力，使之博硕丰大，以遂厥生，于是有民权焉。民权者，君不能夺之臣，父不能夺之子，兄不能夺之弟，夫不能夺之妇，是犹水之于鱼，养之气之于鸟兽，土壤之于草木。"因为百姓拥有人权，因此在五伦关系当中，君王不能剥夺臣民的权利，父亲不能剥夺儿子的权利，兄长不能剥夺弟弟的权利，丈夫不能剥夺妻子的权利，权利跟人的关系，就好像是鱼和水的关系、土壤和草木的关系。

通过向西方学习，梁启超从西方的思想发现了与中国传统思想不同的地方，传统国人缺乏权利精神和意识，导致整个国家软弱落后，无精打采。所以梁启超认为，权利思想是拯救整个民族的思想良药。他身为一个近代的知识分子，深深受到西方权利思想的影响，非但如此，他真正接受了天赋人权的西方思想，并且将它奉为救亡图存的思想良药，将之发扬光大，奉为新民不可或缺的精神支柱。

作为中国传统的知识分子，梁启超将西方的思想与中国传统思想结合在一起，融会贯通，试图寻求一条根植于中国文化，又汲取西方先进经验的救国之路。他将西方的权利思想与中国古代"民本"意识结合在一起，强调君主对人民负责的民本思想，同时也主张西方的自主权利。因此，不得不说，梁启超对于提升民众权利意识，做出了很多不凡的努力。

总而言之，梁启超认为每个人都应享有天赋的权利，任何人都不例外，包括君主不能凌驾于百姓的权利之上，不能视百姓如草芥、如鱼肉。除此之外，他还强调权利对于国家发展的意义，只有每个人的权益得以充分发挥，国家的权利才会得到保障，才可以实现国家的富强。所以，梁启超说："对人而不尽责任者，谓之间接以害群；对我而不尽责任者，谓之直接以害群。对人而不尽责任，譬之则杀人也；对我而不尽责任，譬之则自杀也。一人自杀，则群中少一人；举一群之人而皆自杀，则不啻其群之自杀也。"他认为国家由百姓构成，没有个人就没有国家，所以维护权利不仅是个人的事，而且也关系到国家的发展。

谈自由：
天下之公理，人生之要具

"自由"，被认为是每个人天生的权利，同时也是一个社会概念和政治哲学的核心概念。与自由相对的，是奴役。在法国大革命纲领性文件《人权宣言》中，有对自由的定义："自由即有权做一切无害于他人的任何事情。"

早在古代，我国就有庄子《逍遥游》等名篇为"自由"定义了概念，比如在《汉书·五行志》中有"自由"一词，汉朝郑玄《周礼》注也有"去止不敢自由"之说。宋朝时，"自由"已成为流行俗语，是不由于外力，自己做主的意思。例如王安石的诗"风吹瓦堕屋，正打破我头……此莫嗔此瓦，此瓦不自由。"

19世纪末，世界主要资本主义国家相继进入帝国主义，英、法、美、德、意、日、俄等国加紧对落后国家进行侵略，西方列强趁机掀起侵略中国的狂潮，中国被分割成了一块块"势力范围"，整个国家呈豆剖瓜分之势，而甲午战争的惨败更加速中国社会半殖民地化的进程。

国家面临亡国灭种的危急形势，迫使一些先进的中国人寻找新的救国救民道路，力图摆脱列强的侵略和奴役，"自由"的意义和价值重新被人们所关注，而梁启超的《论自由》就诞生于这个烽火硝烟、动荡不安的时代。

中国的政治自由

梁启超在文中阐释了自由的四个方面："一曰政治上之自由，二曰宗教上之自由，三曰民族上之自由，四曰生计上之自由。"政治自由指的是民众在政治上保留自由的权利，无论是平民还是贵族，都有自由的政治权利，即便是殖民地也有政治自由的权利。梁启超认为，在政治自由面前人人不得有特权，国民达到一定年龄，均可参与政治活动，政府不能干涉国民的宗教信仰，资本家和工人应平等相待，不得有奴役与被奴役现象存在。殖民地可享有政治权利，国家自立自强，主权掌握在自己手中。梁启超同时指出，在中国早已废除世卿制度，在国外没有殖民地，在国内没有宗教之争，甚至也没有工业化衍生而来的工人群体，因此中国的政治自由，只在国民参政与国家自强方面，这两者相辅相成，参政是为了强国，而国家强盛之后，也能促进国民参政的自由。

同时，梁启超认为，"团体自由者，个人自由之积也。"团体自由和个人自由是密不可分的。如果全体国民都没有自由，那么整个中国自然也没有自由，国家没有自由，个人又谈何自由？就像一个人乱吃东西生了病，躺在病床上不能动，那么他就丧失了全身的自由；一个人随意拿着斧头去砍杀，结果被判死刑，那么他也丧失了全身的自由。从这个比喻来看，个人的自由牵系着团体自由，一旦在个人自由上出现了差错，会对团体自由造成不良后果，自由就会转变成奴役和灭亡。

因此，从这一方面来分析自由的意义，梁启超认为，"自由是天下之公理"，公理是每个人都要遵循的，给个人自由和团体自由设定了有效的遵循法则，让个人和团体的自由都有法可依，每个国民才能获得真正的自由，"故夫一饮一食、一举一动，而皆若节制之师者，正百体所以各永保其自由之道也"。

在梁启超看来，自由不是随便想干什么都行，像孔子所说"不逾矩""心所欲"，随心所欲的前提是"不逾矩"。梁启超认为，中国的政治自由和团体自由尤其要懂得"不逾矩"，建立民主的政治制度，废除封建奴役制度，让所有人的自由有法可依，方可保障国家和全体民众的自由。

个人自由之真谛

梁启超阐述个人自由时，对封建制度鞭挞最深，"辱莫大于心奴，而身奴斯为末矣"。他认为，身体上的自由虽然重要，但灵魂的自由才更为关键。在封建制度的压迫之下，民众不仅在身体上有诸多不自由，而且大多数人都被无形的枷锁束缚奴役了灵魂，具体表现在以下几个方面：

其一，是今人被古人所奴役。古代的圣贤豪杰，皆有大功德于世，今人爱而敬之可以理解。但即使如此，梁启超也呼吁"古人自古人，我自我"，今人的思想不能受古人奴役，要拥有独立的自我人格。他认为，古人之所以能为圣贤豪杰，正是因为他们拥有自我和个性，拥有不同于前人的创新思想。"使不尔者，则有先圣无后圣，有一杰无再杰矣"。圣贤从不模仿别人，也不复制别人的思想和个性，如果孔子、笛卡尔、达尔文等人皆效法古人，他们怎么会取得优异的成就？所以要获得自由，解除"心奴"是最重要的事，要敢于打破权威，独立创新。

其二，是国民为境遇所奴役。梁启超认为，中国主流思想儒家有"畏天命"之言，让百姓相信命运，不赞成反抗天命。"天下善言命者，莫中国人若，而一国之人，奄奄待死矣。有力不庸，而惟命是从，然则人也者，亦天行之刍狗而已，自动之机器而已，曾无一毫自主之权，可以达己之所志，则人之生也，奚为哉？奚乐哉？"梁启超对此非常痛心，他认为国人习惯于认命，有聪明才智也不使用，总是"惟命是从"，把自己当作天命运行的机器，毫无自主权利，因而整个人生没有志向，整个国家奄奄待毙。在列强入侵的时刻，如果依旧不懂抗争，安于命运和环境，灭国之灾将不远矣。赫胥黎曾说："今者欲治道之有功，非与天争胜焉，固不可也！"这正是梁启超的心声。

其三，是民众为世俗所奴役。梁启超认为，人活于世，是个社会动物，生活在世俗当中，难免受环境所影响，许多人不得已而人云亦云，不敢表达自己的独特思想，缺乏独立自主的精神。因为"党同伐异"是中国自古以来的传统，讲究中庸之道的国人不允许有异端思想的人存在，如果出现这样的人，一定是群起而攻之。梁启超指出，戊戌变法的惨痛教训就在眼前，从古至今类似的例子更是数不胜数。在当时的社会环境下，大多数人都被世俗影响，在国家危急时刻也保持沉默不语，麻木地生活着，鲁迅的《呐喊》也只能叫醒一小部分人罢了。梁启超号召民众，若想真正获得心灵的自由，必须抛下世俗的束缚，说出自己心中所想，勇于按照自我的思想去行动！

其四，是为物质欲望所奴役。梁启超认为，世上的大多数人成为物质金钱的奴隶，一生只为物质奔波劳苦，即便丧失了自由也视而不见。孟子曰："向为身死而不受，今为宫室之美，妻妾之奉，所识穷乏者得我而为之，是亦不可以已乎！"世人为物质生活所累，甚至让心灵失去自由，古人有言："心为形设"。"形而为役，犹可愈也；心而为役，将奈之何？心役于他，犹可拔也；心役于形，将奈之何？"梁启超十分痛心，多少人在物质面前迷失了自我，在国家危亡的时刻为了一己利益出卖身体、出卖灵魂、出卖国家！孔子曰："克己复礼为仁。"梁启超认为，只有克制自己的物质欲望，才能得到真正的自由，放任追求物质享受并不是真正的自由，完全的放纵，就等于完全的不自由。既被物质所缚了心，又哪里有自由可言？

梁启超对于自由的认识，在那个封建愚昧的年代，如一盏明灯照亮了国人思想前行的道路。如今自由的话题还在继续，世人享受着来之不易的自由的同时，莫忘记那些为国家自由奉献了一生的前辈才是。

谈自治：
不自治，则治于人

　　一个民主开化、文明法治的现代民主国度，需要多层次完善成熟的自治群体组合而成。要实现一个拥有宪法的、民主国家的建立，必须首要实现各个层次和多领域的民主自治。实际上，梁启超《新民说》中所谈的《论自治》篇，就是表达了他心目中所理想的这种民主国家的明日愿景。

　　中国自古即是一个长期由小农经济占主导地位的农业社会，"男耕女织"和"自给自足"的保守思想在大多部分人的头脑中根深蒂固。由于安逸的地理位置以及广袤肥沃的土壤分布，让众多的人以"乐业""安居"如此的生活目标作为人生追求。在这简单朴实也合乎情理的生活状态中，恰也大大地暴露出了中国人自古以来的保守性。

　　早在前秦时期，中国便实现了等级森严的君主专制制度的确立。并且这一中央集权的封建专制制度在此后的千年中又由历朝历代的君主不断进行完善和强化，以至最终在明清时期达到君主专制的顶峰。在这样的背景下，由于中国社会长期受到封建专制主义的压迫，造成了在这样环境下屏息生存的人们噤若寒蝉，毫无自治民主的传统可言。同时，自西周以来完备的宗法制度，又使得民众时刻受到家族宗派的桎梏，极大的遏制了人们公民意识的生长。不仅如此，京畿地区的富庶往往与偏隅外围的贫穷形成鲜明对比，杜甫诗曰："朱门酒肉臭，路有冻死骨。"该诗反映了这种畸形的生活状况。统治阶级的消极作为，加之小农经济原本的脆弱性，使人民的生活困顿不堪。经济落后，温饱不济，小民在求食果腹的链条中苦苦挣扎，怎还有暇他顾所谓政治自治、民主权利的问题？

维新派的康有为曾在《新民丛报》上发表《公民自治篇》，倡导在中国实现公民自治制度和地方自治，并指出自强的基础、民主宪政的基础皆源于自治。梁启超针对现实的社会问题，在论述自治的问题上，从"一身之自治"到"一群之自治"，环环相扣，提出了"合群"的个人观念，掷地有声的阐述论证着自己的治国理念。

治谓不乱

梁启超在《论自治》的开篇即谈到治与不治的问题。梁启超说，"治者何？不乱之谓。乱者何？不治之谓。"就是说，不治，即不安定，即乱；治，即是安定，即不乱。

一个国家，宗庙凌乱，重臣命臣毫不作为，党争派争只为巩固自身势力，钩心斗角，官官倾轧，朝廷每颁布政令，而地方官见风使舵，阳奉阴违，无能之辈把持朝政，有能贤才报国无门，不能说全赖用人问题，归根结底还是政治体制问题。政体狼藉，一姓之天下不是百姓之天下，鞑虏入关，却四万万人剃发扎辫。因为是家天下，所以可闲置大量的资源，也可顷刻耗费大量资源，于是影响社会不安定的因素自然滋长不息，所以梁启超曰："不治斯谓乱家"；老无所终，幼无所养，政治体制的漏洞，蒙难遭殃的是百姓，所以"不治斯谓乱国"；在这种环境生活下的人，言谈举止可能看不到失德败行，但由于没有一定的社会标准和规范，人活着就像行尸走肉，毫无精神可言，所以"不治斯谓乱人"。

梁启超所追求的治，首先是希望开启民智，即提高民众的综合素质。他说："不自治则治于人，势不可逃也。"人之所以可以驯服山禽野兽服务于农业生产，大人之所以能训导孩童苗直根正，文明人之所以能战胜野蛮人，都是由于他们没有自治的能力使然的。如果人不能拥有自治的能力，那么人就像禽兽一样，不能称之为人。野蛮人受到文明人的颐指气使，正是"不自治，则治于人"。

《尚书》曰："节性，惟日其迈。"荀子有曰："人之性恶也，其善者伪也。"梁启超指出，《尚书》中的"节"，就是制裁，节制；荀子所说的"伪"，则是为人的本性。因为人的本性是恶的，并且每个人后天所接受的教育程度也参差不齐，如果任由其驳杂无纪下去，难免会生出动乱，威胁到社会的治安稳定，此时便需要有相关的法律来制裁和约束。然而民主制度下的法律必须是人道的法律，即在行使自己自由的同时不能侵犯他人的自由。如此一来，人民不需要刻意的劝勉，亦也不再遭受特权阶级的逼迫，却也能置身于社会的规矩绳墨当中，于是社会便可安定不乱，天下得治。

一身一群之自治

梁启超在《论自治》一文中谈道："吾人今日所当务者可知矣，一曰求一身之自治，一曰求一群之自治。"这里如何理解梁启超的"一身之自治"呢？《礼记·中庸》语曰："莫见乎隐，莫显乎微，故君子慎其独也。"君子慎独的道理就是说，不要觉得其他人看不到自己，便放松了对自己的督促，越是一个人独处的时候，就越是要谨慎地督促自己不许懈怠。一身之自治，就是告诫人们欲使国家实现民主自治，必须先要从我做起，从自身的自治开始。

梁启超说到，自古以来，凡是能成就大事的人，必然是其自我控制能力很强的人。曾国藩在他小的时候与同龄的年轻人一样，有着抽烟的恶习，那时的他，往往一手持卷饱读经书，一手拿烟枪吞云吐雾，后来实在是抽烟抽得太厉害，曾国藩受到了师长的训斥。受到训斥之后的曾国藩自尊心遭到极大的打击，他也意识到了抽烟不论对身体还是心理都有百害而无一利，于是决心戒掉抽烟的毛病。可是戒烟哪有那么容易，年轻的曾国藩在决心戒烟之后，还是敌不过渴求的欲望，以至于戒了复抽，抽了复戒，收了自己的烟袋，却拒绝不了朋友的引诱，别人一劝烟，冠之以"盛情难却"的堂皇借口，继续抽得昏天暗地。就这样过了很久，一天清晨，曾国藩正襟危坐在窗前，回想起多年来自己戒烟的荒唐经历，不禁动容。他幡然醒悟，一介堂堂翰林，如果这一辈子连戒烟这种小事解决不好，还怎能收拾河山，经邦纬国呢？曾国藩抽了十几年的烟，也反反复复戒了十几年的烟，这一次，终于彻底戒掉了烟瘾，直到他去世也没有再抽过。

顾名思义，一身自治是单独个人进行自治，而一群自治则是一个群体的众人进行自治。如果一身能得到自治，那么一群自然也就容易自治了。

梁启超谈到，国家有宪法，那么国民便可依照宪法来进行民主自治；州郡乡市设立有议会，那么地方便也能实现规范的自治。一个为人民津津乐道的政体，一定是一个可以实现良好的民主自治的政体。在这样的政体下，人民可以享有一切在文明社会中应有的权利，可以高呼民权、高呼自由、阔谈平等、阔谈立宪、畅言议会、畅言分治。于是梁启超说："自治与自乱，事不两存，势不中立：二者必居一于是。"人们只有大胆的摒弃旧时代封建愚昧的烙印，才能昂首阔步地迎接新时代公平民主社会的到来。

谈进步：
进化者，天地之公例也

就进化主义而言，严复和康有为都曾启发过梁启超，他们都使梁启超具有了"运用自己理智的勇气"，但从某种意义上来说，梁启超实际上比康有为和严复更有勇气，他不仅拓宽了进化主义的某些方面，主张"强权"和"武力"，与"强权主义"同道，远离"人道"与"伦理"价值，同时还积极宣扬竞争合群思想，使他成为比严复和康有为更典型的民族主义者，可以说梁启超是达尔文主义最好的宣讲人。当然，他也与康、严有共同点，这就表现在进化主义的思想上。可以说，在很大程度上进化主义是梁启超其他观点的起源，这也为梁启超的社会政治实践提供了根据。

进化者，天地之公例也

1898年之前，梁启超对进化观念知之甚少，后来他受老师康有为与严复的思想启发，产生了"合群""变法"和"三世"的观念。他曾经说："自地球初有生物以迄今日，物不一种，种不一变，苟究极其递嬗递代之理，必后出之群渐盛，则此前之群渐衰，泰西之言天学者名之曰：物竞。"大意就是说自从地球上有了生物之后到现在，每一种生物都在变化，而且后来出现的物种必定优于前面的物种，这就是物竞天择。不难看出，梁启超深受严复《天演论》的影响。

戊戌政变之后，梁启超流亡日本，在日本他接触了进化主义，确立了自身的思想体系，他深信进化主义能够引起世界性思潮，并将对世界发挥关键性的作用。他曾经盛赞达尔文主义说:"近四十年来,无论政治学界、学术界、宗教界、思想界、人事界,皆生一绝大之变迁,视前此数千年若别有天地者然。"又说:"达尔文者,实举19世纪以后之思想,彻底而一新之者也。是故凡人类智识所能见之现象,无一不可以进化之大理贯通之。"他称赞达尔文主义,说它是19世纪后的思想中,彻彻底底的革新思想,但凡是人们所见到的知道的现象,没有一个不能用进化论解释。

1902年,梁启超在《新民说·论进步》中说:"夫进化者,天地之公例也。譬之流水,性必就下;譬之抛物,势必向心。"进化论是天地至理,就像是流水向下流,抛物向着地心。他深知通过进化论的优胜劣汰法能够唤醒国民,使国家和民族实现复兴,于是便振臂高呼:"以天演学物竞天择、优胜劣败之公例,疾呼而棒喝之,以冀同胞之一悟,一言以蔽之,曰开民智,振民气而已。"要依照物竞天择、适者生存的法则,高声呐喊,以希冀同胞开悟,这就是开民智,振奋民气。

严复晚年时对进化论乃至整个西方思想都有所疑问,后期的梁启超也是这样,但他并没有完全动摇对进化论的信念,这种现象并不孤立,当西方笼罩着悲剧气氛时,中国的知识界仍然对西方文化充满乐观情绪,对梁启超来说。科学虽然不再是以前所想的无所不能,但是他仍然相信科学的力量,相信科学精神的所在,他积极地对进化论进行了整合,在梁启超思想体系中,进化论仍然是举足轻重的。

"竞争"及其"进化"

梁启超认为,有竞争就有优胜劣败与适者生存,这是获得生存权的最佳方法。在他看来,中国不仅要勇敢地直面竞争,参与竞争,更要去创造竞争。他把竞争分为两种——内竞与外竞。外竞是国家同外部世界的竞争,中国正与帝国主义相竞争,而竞争是为了合群,合群恰恰就是为了竞争，这就为合群竞争找到了更充足的理由。严复看重斯宾塞的以"个人自由主义"为主的"个人竞争"，通过内部所有人的自由竞争来产生巨大的力量，梁启超则更看重不同群体与国家的外部竞争，外部竞争才能够让大家一同获得力量以取得生存的权利。严复认为，竞争的主要在于自由的个人，梁启超则认为是"自由的团体或群体"。

梁启超认为缺乏竞争便缺乏进化，缺乏进化便造就贫弱，中国贫弱的根源所在便是大一统与专制，要使中国富强，就必须要参与到合群竞争中去。总之，梁启超对新民与合群的一连串思考都基于生存竞争与优胜劣败的社会达尔文主义的法则。小野川秀美在《晚清政治思想研究》中提到："新民"的基础是"天演物竞之理，民族之不适应于时势者，则不能自存。"梁启超主办的两份刊物《清议报》与《新民丛报》都是以社会达尔文主义原则为主的救亡图存与中华民族的复兴寻求出路，他相信自己的合群集体主义竞争观是这一契机的最重要的因素，这与达尔文主义在美国个人主义竞争观形成鲜明对比。

合群竞争与个人竞争

"合群"服务于生存竞争与进化，梁启超思想中的竞争主体是群与国家，同样地，进化的单位也是群和国家，这又一次证明了梁启超对集体主义和群体主义的热爱，也证明了梁启超的集体主义和进化主义的关系何其紧密，梁启超说："盖人类进化云者，一群之进化也，非一人之进化也。如以一人也，则今人必无以远过于古人。"人类历史上的进化，都是群体性的进化，而不是单独个人的进化，如果强调个人的进化，那么现在的人就远不如古人，这是历史的倒退，也是梁启超关于合群与个人竞争的出发点。

梁启超不管以牺牲个人成全集体的进化甚至是牺牲现在为了未来的"合群进化主义"这种带有蒙昧性的宗教类进化思想是否会带来严重

的后果，他关心的只有合群进化，在他眼里，当合群与生存竞争相关时，能不能合群即是能不能进行生存竞争。同样，当合群与进化相关时，能不能合群即等同于能不能进化。总的关系就是合群服务于"进化"，为了"进化"，就必须"合群"。

梁启超的进化观的最重要的特点就是他把从前的"进化"看作是集体的人群的进化，个人没有进化可说，泯灭个人而只承认群体进化的观点反映了梁启超的合群集体主义意识，如果按照这样的历史观念来陈述历史，历史便自然而然地变成了群体史，如同普西所说，变成了真正的人民史。梁启超认为可以"合群竞争"民族才有历史，不合群竞争就等同于没有历史。如果这样说，那么进化的人群是则是一段布满生存竞争的历史。

不论怎样，就算我们相信历史具有进步性，这种进步性也肯定不是梁启超所说的，单纯是群体的进步，如果我们相信历史具有多样性，我们就不会相信梁启超单纯无味的群体进化史或竞争史，虽然梁启超晚年没有改变他的这一思想，但他也并不那么热衷与乐观了，反而还对从前是思想做了修整，人类的平等和一体化、人类的"文化共业"，被认定是进化的，其余的都规划到"循环"的范围中去。梁启超逐渐在高潮时期充满信心的乌托邦"进化"历史观中衰萎，这就又证明了他冥思苦想与不安的思想历程。

谈自尊：
尊国民故，尊人道故

日本的大教育家福泽谕吉曾以"独立自尊"为训诫，并以此作为德育教育的最大纲领。梁启超也将自尊看作一种道德，他在《论自尊》一文中讲道："自也者，国民之一分子也。自尊所以尊国民故。自也者，人道之一阿屯也。自尊所以尊人道故。"梁启超认为，一个人想要自强必先自尊，而中国要想自强，更要有自尊。

苏格拉底认为自尊是获得成功的必要条件，屠格涅夫认为自尊是一切宏伟事业的源泉。梁启超在《新民说·论自尊》中强调自尊"是德育的最大纲领"，"是人最不可少的道德"，"自尊是使人进其品格之法门"。

梁启超认为，自尊作为人格特质的一部分，是人们与生活要求相适应的一种感受，表现出了人们对自己喜爱的程度。自尊是对自己整体的评价，通过自我评价和自我定义，表现出的对自身的接受和认可。

梁启超提出"自尊"的原因

在梁启超看来，自尊就是人对自己的尊重，这是人的基本需要之一。自尊表现出一种良好的心理状态，对自我进行客观的评价。自尊不是高人一等的优越感，也不是自我表现和以自我为中心，更不是自我陶醉、爱慕虚荣和爱面子，而是对自己的尊重和爱护。梁启超认为，自尊中还涵盖了他人、集体和社会对自己尊重的要求和期望，既不向别人卑躬屈膝，也不允许别人歧视、侮辱。这种自我尊重和自我爱护，是自尊的应有之义和必然体现。

梁启超因为国人缺乏生命自矜，所以特别提倡自尊，也就是让人要学会尊重生命，尊重自己。儒家讲"毋不敬"，梁启超认为，国人表面上恭敬有理，其实对人对己都是大不敬，对事业和陌生人都显着轻慢，不讲公德和礼貌，为人又势利，经常冒犯别人。儒家倡导的仁、礼、敬，在本质上是尊重生命，但国人通常都理解成伦理道德，对父母亲人朋友能做到仁、礼、敬，但是对待自己和陌生人时，往往缺乏对生命本身的尊重。

梁启超说，自尊是人格的体现，反义词是自贼、自暴、自弃、自污、自戕、自鬻，也就是对自我的摧残。自尊是成为人的资格，而中国人的资格在哪里？国人没有自尊，国家又怎会有自尊？在《论自尊》中，梁启超支持那些遏制外国入侵的人们，说他们保有国格自尊，虽然"不徒伤外交而更阻文明输入之途"，但中国数十年来有喘息和改造的机会，都仰赖这些人排外自尊的维持，如果没有他们的话，如今连可改造的对象都没有，因为国家早已灭亡了。

古人说："士生今日，欲为蒲柳，斯蒲柳矣；欲为松柏，斯松柏矣。"在梁启超看来，"欲为松柏者果能为松柏与否，吾不敢言；若夫欲为蒲柳者而能进于松柏，吾未之闻也。"他认为一个没有自尊的人，无法达到基本生活要求以外的高度，只会蝇营狗苟地生活，从不尊重自我的生命，也不看重他人的生命。梁启超还举了孟子的话说，"有是四端（指仁、义、礼、智），而自谓不能者，自贼者也"，"自暴者不可与有言也，自弃者不可以有为也"。他认为，做不到仁义礼智的人，是自贼之人，而自暴自弃者不可与之交谈，这种人也不可能有所作为，可见丧失自尊的人，就是自贼自暴自弃者，是难以扶立成才的。

自尊者必自治

梁启超说："夫自贼、自暴、自弃之反面，则自尊是也。是以君子贵自尊。"所谓自尊，与自贼、自暴、自弃者恰好相反，自尊与不自尊也是分辨公民与奴隶的标志之一。一个国家的公民，在天下危急面前，知道履行公民的责任和义务，但"口中有万言之沸腾，肩上无半铢之负荷"，有一些人认为国家天下之大，贤者能人辈出，我才能不如他人，而他人"德慧术知，无一不优于我，其聪明才干，无一不强于我，我之一人，岂足轻重云耳"。这样的人，只为自己的利益着想，如果一个民族国家，人人都这么想，人人都这么做，最后没有一人因自尊而报国，国家在危急之中无人相助，也就离亡国不远了。

可见，自尊不是狭义上的自我维护，里面还包含了对国家群体的责任，对所有生命的尊重。"为国民者而不自尊其一人之资格，则断未有能自尊其一国之资格焉者也。一国不自尊，而国未有能立焉者也"，作为一个公民，放弃了自己成为人的资格，在国难当头的时候甘愿做奴隶，那么国家也很快丧失自尊，沦为其他强国的殖民地，彻底失去了国家的尊严。

梁启超详细解释"尊国民故，尊人道故"在西方的体现，西方人不说自尊心强或不强，只论自尊心的高低，中国却恰好相反。在某种意义上，中国人所谈论的自尊心很强，在西方文化中恰是低自尊的表现，而我们说的自尊心不强也可能是西方高自尊的表现。比如西方人做事失败了，他们通常会反思自己的原因，检验自己的判断力，不在意别人的看法，这种行为是高自尊的体现。在中国，一个人做事失败，往往会在意别人的评价，然后寻找各种外部的客观原因，以证明失败与自己无关，这种行为叫作自尊心强，但实质上是低自尊的表现。

中国文化所谓自尊心强，通常体现在自负和自卑等方面，具体而言，自信和自爱是西方高自尊的体现，而自卑、自负，则是低自尊的体现。梁启超指出，很多人浅显地以为英、美等西方大国强了才自尊，某些国家弱了才奴性、自贬，其实正好相反——是因为自尊才强大，奴性才弱小。正因为中国把自尊的因果搞反了，以至于"君相官吏、匹夫蚁民，皆以中国为不可恃，而唯望某大国垂怜，以苟延残喘、延续保命而已"。清朝曾经一味地狂妄，故步自封，以大国地位自诩，这种极度的自负必然导致后来的怯懦，梁启超认为这种后果是肯定的，因为国民心气虚浮，国家把自负当自尊，最终造成极度的自卑。

梁启超《论自尊》有言："凡自尊者必自治，凡自尊者必自立，凡自尊者必自牧，凡自尊者必自任。"这才是自尊的关键。这样的自尊，是儒家的"当仁不让"之道。就像孟子说的，"方今能平治天下者，舍我其谁？"所以说唯狂者可以为圣。梁启超认为，关键时刻的谦虚、客气就是击鼓传花的推诿，害处最大。国难当头谦虚是丑德，自信才是美德。与其指望别人帮忙，还不如指望自己，正所谓天降斯命于斯人，古人已经讲得很清楚。

梁启超认为，"我中国人格所以日趋于卑贱"都是因为自尊之念不发达，没有自治的人，就没有自治合作的团体，自尊当然不是跋扈，不是与人对立，而是为了合群。自尊者必自治，所谓的三十而立，这个立就是绝对自我，要有主见、主心骨。人如果没有内在自我，一切外在都是空泛无物。

谈合群：
能群与不能群

20世纪初，随着中国国门的敞开，西方社会学思想开始渐渐渗入中国文化之中，其理论及研究方法产生了重大深远的影响。早在梁启超之前，康有为、严复等人就提出了"群"的概念，但这时的"群"仅仅只是指学术方面，并无很深的意义，梁启超在其基础上将"群学"发展为了"合群"，并将其与"物竞天择"的观念相联系，为自己的政治变革思想做铺垫。

作为维新运动的发起人之一，梁启超在吸纳西方社会学思想的同时，也不断地在尝试用这些理论来构建一个"新史学"的概念模式。他从个体层面、群体层面、关系层面构建了近代国家转型理论框架，这一思想理论尽管具有明显的时代特征，但对整个中国近代现代社会的思想发展、历史走向和当今公共伦理的培育都产生了既深刻又复杂的影响。

梁启超将生物划分为有觉者、无觉者，有情者、无情者，有魂者、无魂者等，而如今"余则皆萎然落、渐然灭"都是自然淘汰的结果，即"劣者不得不败，而让优者以独胜云尔"。所以梁启超便在其《新民说》中提出"非惟国民全体之大群不能，即一部分小群亦不能也"。且所以为群者，必在强制而不在公意，主张仍用专制来加以聚集和束缚人民。

不能合群之病

就"不能群"，梁启超首先提出的原因是公共观念的缺乏。他认为公共观念十分重要，没有群体的支持，自身都难以发展，更不用说兴旺国家了。传统国民缺乏合群意识便是出现国难当头,民族危亡之际未能有人号召全民、力挽狂澜、救国于水深火热之中的原因。

梁启超在《保国会序》中说"移其营私之心,以营一大公,移其保家之心,以保一大国"。人都有自己的欲望,这就是私观念,与之相对的就是公观念,两者相辅但是又相互矛盾。公观念的存在即合群才是民族凝聚力所在,一个国家即使民智大开,倘若公观念匮乏、不能够合群,每个人都只各顾私利,那救国强国照样只是空谈。所以《新民说》中有"故真有公观念者,常不惜牺牲其私益之一部分,以拥护公益""或乃牺牲其现在私益之全部分"。

真正有公共理念的人是不会在乎自己的小私益的,他们常常不惜牺牲自己的私益来维护公益。重视群体的力量,也就是梁启超所提倡的"合群"思想,维新变法之前,梁启超曾经四处奔走游说,上至王公大臣,下至地方士绅,积极拉拢各种力量,宣扬"公"的观念,不停地宣传壮大维新派的队伍,这就是他对于"群"观念的亲身履行。

梁启超认为,"对外界说"不分明也是不能合群的重要原因,如果想结集一个群体,必须要先划分明确内外的界限,然后相互提携,有共同的追求和信奉,结成一个宪政党来一致对外,共同对抗国家的公敌。梁启超批评用对外的手段来压迫人民,他指责其为"鹬蚌相持,而使渔人窃笑其后",只有联合人民"合群以救之,激耻以激之,厉愤气以张之",才可以救国、兴国、强国。

另外,梁启超认为不合群还因为无规则。群体的确立与存在必须依赖法律的维持,不管法律是基于命令还是始于契约,对于合群都是有效的。梁启超侧重的"群"既是统一的民族国家,也是民众自治的社会形式,此外,他也将"合群"的概念范畴扩展开来,由民族国家制度观念上升到万物存亡的本质规律,也就是人类社会政治的整合原则,只有建立了规则,才能保证国家民族独立,不至于被其他的种群奴役。

除此之外，梁启超认为不合群还因为忌妒。古人云："善莫大于恕，德莫凶于妒。"他一针见血地指出，如今的人们听到别人的灾祸不幸之事，便常常欣然窃喜，全无同情恻隐之心。如果对于自己的血亲同胞受到辱害都能置之不理、袖手旁观，那国家和民族的危机又怎能引起他们的注意与重视呢。"心相构，力相摩，点相切，线相交，是之谓万其途，一其归，是之谓国。"梁启超希望建成"有受侮之事，则合全会之力以御之"的社会团体，极力唤起人们的爱国意识和民族主义情感，使人们能够相互爱护、共同奋起对抗外敌侵略。

梁启超提出不能合群之病，具体的表现还包括傲慢、执拗、放荡、迁愚、嗜利、寡情等各种弊病，正是这些劣迹导致了"群"不能实现。在梁启超的《论学会》中，他这样说道："道莫善于群，莫不善于独。独故塞，塞故愚，愚故弱；群故通，通故智，智故强。"意思是说没有比"群"更好的，没有比"独"更差的。独会导致闭塞，因闭塞而愚昧，因愚昧而弱小，反过来群则能通化，所以就明达智慧，因此才能强盛。

由此可以看出，这种具有高度凝聚力的"群"对国家崛起十分重要，梁启超致力于将社会的涣散力量凝聚集中起来，以"群"的观念推动近代中国国家问题的探讨与解决，对实现国家理念的近代转型产生了深刻的影响。

群学之用

西方社会学作为一门全新的学科，是在求知问学、经世救国的时代要求下引入中国的，对中国传统史学的治史理念产生了深刻的影响。

梁启超早期的社会学思想萌芽，主要来自于师友的传授与学习，后期因逃亡日本，对社会学的认识发生极大变化，其"群学"思想也经历了由"合群立会"到"西方社会学"的转变。怀着解决社会问题、探寻民族发展的目的，梁启超将历史学与社会学紧密联系在一起，并于

1903年提出建立"新史学"。

后来在《新民说》中,梁启超以"群"的观念论述新群体的出现与发展,以及对近代中国社会发育的推动作用,并分析了传统"国群"观念向近代民族国家观念的转变。从历史看来,新群体不仅对于近代新型国民塑造有着非凡的价值意义,更推动了近代公共领域的形成。

当时的中国,面临着内忧外患,救亡图存已经迫不及待,然而戊戌变法和庚子之役在中国均以失败告终。梁启超意识到,不管是和平变革还是武力革命,在改造中国上都有着巨大的困难,于是他将目光投向普通民众,注重启发国民,培养合群意识,"合众人之力量以为力量则必强",不断地增强群体凝聚力。

在梁启超的努力下,学会、商会等如雨后春笋般纷纷涌现,他不仅唤醒了人们的爱国意识和民族主义情感,更有力的冲击了传统社会"家族"的社会实体结构,促进了社会实体的多元化和近代社会结构的转型。

谈毅力：
与天行相搏

梁启超在《论毅力》中说明了一个道理："天下古今成败之林，若是其荦然不一途地。要其何以成何以败，曰：有毅力者成，反是者败。"意思是说，古往今来有许多成功失败的人和事，每个人所经历的道路各有不同，然而为什么有人成功，为什么有人失败？答案很明显：有毅力的人会成功，缺乏毅力的人则失败。

正如梁启超所说，如果一个人想做到面对困难不战栗、不逡巡，就要腰腹直挺，让勇气与毅力同在。只有意志坚定的人，才敢于藐视各种逆风，不畏惧各种困难，能达到这种境界，也就是毅力炼就的过程。人生不得不经历一次次的挫折，应当在挫折中磨炼自己，强健自己的心智，锻炼自己的意志。因此，我们应该依赖顽强的毅力，感激它给予我们成长的力量。

与天行相搏

梁启超说："盖人生历程，大抵逆境居十六七，顺境亦居十三四，而顺逆两境又常相间以迭乘。"人生的历程，大体上逆境占了十分之六七，顺境占了十分之三四，顺境和逆境常常相互交替，轮流着出现。因此，每个人想做成一件事时，无论事情是大是小，必然要遭受几次乃至几十次的阻力，这完全符合客观规律，因此逆境是不可避免的。

梁启超认为："无论事之大小，必有数次乃至十数次之阻力，其阻力虽或大或小，而要之必无可逃避者也。"也就是说，毅力程度不同的人对于阻力的态度也是不同的，有一些意志和能力都很薄弱的人，开始做事的时候，一定会说我想要如何如何，认为天下事很简单、很容易，等到尝试之后，各种阻力突然来临，就颓然丧失信心。这样的人凭着一时意气，闯过第一关，遇到第二次挫折就退缩放弃了；意志力稍强的人，遇到三四次挫折才放弃；意志力最顽强的人，遇到多次挫折也不退缩，因为要做的事情越大，遇到的挫折就越多，困难也越来越不容易解决。所以，如果不是极其顽强的人，很难攀上最高的峰顶。

梁启超号召年轻人要做有毅力、有恒心的人，凡事坚持到底，将来的事业和成就才会超越其他人。因为在每个人的奋斗过程中，胜利的鲜花只有在血汗中才能绽放，荣誉的桂冠只能用荆棘才能编织，在攀登事业巅峰的过程中，也只有毅力才能让人们领略阴云后的灿烂光辉。

历史的长河中也不乏此种例子，德国作曲家、"乐圣"贝多芬谱写出了感情奔放的第三交响乐《英雄》及壮丽宏伟的第五交响乐《命运》，那样的乐曲普遍强烈而又深深地震撼过人们的灵魂。但是，命运跟他开了一个残酷的玩笑，让贝多芬失去了听觉，这一种致命打击曾使他痛不欲生。遭遇如此厄运，一般的人都会从此颓废，一蹶不振，但是贝多芬却坦然接受了这个事实，不但没有因此放弃音乐，反而在聋着耳朵的情况下，谱写了一曲又一曲脍炙人口的乐章。

还有，屈原放逐，却赋作《离骚》；孙子膑脚，兵法名天下；华罗庚左腿残疾，却成为世界公认的一流数学家；霍金全身瘫痪，却是伟大的科学家，失语的高士其是毕生致力于科普创作的奇人。古今中外，有多少被命运折磨的伟人，面对人生的困苦，仍像勇敢的冒险者，在自己短暂的生命中点燃火把，一路披荆斩棘，穿过无人涉及的丛山峻岭，开辟一条新的道路，创造出无与伦比的辉煌成就。不能否认的是，这些困苦忧患铸就了他们钢铁般的毅力，也使他们成为后世崇拜敬仰的伟大人物。

毅力与逆境

梁启超指出，面临艰难困苦的时候，大多数人选择放弃。忧患只能使一部分人获得成功，同时会使另一部分人更加颓废堕落，原因就在于面对逆境的时候，很多人意志力不足，而且无法坚持，也就是毅力不足。弱者在忧患来临时不敢面对，害怕一旦失败之后便跌入谷底，所以在困难面前极度恐慌，只想退避三舍，甚至于自我贬低，怀疑自己的能力，直到自暴自弃，走上不归之路。

梁启超认为，从逆境的本质而言，一个人遇到的困难是跟能力相匹配的，不论达官贵人、伟人圣贤，还是平民百姓，人生中都有逆境，而伟人的逆境一定比普通百姓的逆境更艰巨，更危险，更难以解决。所以在逆境来临的时候，怀疑自己的能力，逃避困难，都是无用的，只会让自己不停地陷入失败当中。真正的强者面临困难，并非不紧张，而是在危机面前能咬牙挺过去，有时候胜利与失败只有一念之差，就是坚持到底的毅力。

梁启超说："夫苟其挫而不退矣，则小逆之后，必有小顺。大逆之后，必有大顺。盘根错节之既经，而随有应刃而解之一日。"人的一生没有永远的逆境，如果遇到挫折而不退缩，那么在小的逆境之后，必定出现小的顺境，而大的逆境之后，必定会出现大的顺境，逆境和顺境盘根错节，经历这些复杂的情况以后，最大的困难一定会有迎刃而解的一天。

梁启超认为，中国人非常愿意当一个旁观者，只是羡慕别人的成功，认为这个人大概是个幸运儿，老天总是因为某种缘故眷顾他，同时又认为自己总遭遇不顺利，因此成就也比不上别人。这种人永远不知道，所谓的"幸运"和"不顺"，每个人经历的都是一样，能否征服这些"不顺"，同时又利用这些"幸运"，才是成败的根本区别所在。

孟子曰："有为者，譬若掘井，掘井九仞，而不及泉，犹为弃井也。"成败的规律，在此而已。将祸福转化的条件，最重要的是毅力。《荀子·劝学篇》中也有一句类似这样的话，"锲而不舍，金石可镂"，意思是人们只要有锲而不舍的毅力，锁定目标，持之以恒地去做一件事，就会达到目的，从而获得成功。若是你没有毅力，面对忧患时连勇气都没有，想转危为安，化逆境为顺境也就是一句空话。

由此想见，在漫长的人生旅途中，遇到顺境的同时也会经历更多的忧患，正如同巴尔扎克说："人生是各种不同的变故，循环不已的痛苦和欢乐组成的，那种永远不变的蓝天只存在于心灵中间，向现实的人生去要求未免是奢望。"现实人生中要成功、要幸福，就必须昂首坦然地去面对，正视忧患，挺身走出逆境。

然而，是不是拥有了勇气信心，所有想干的事都会很容易成功呢？梁启超在《论毅力》提出了一个观点："庸讵知所谓蹇焉、幸焉者，彼皆与我之相同，而其能征服此蹇焉，利用此幸焉与否，即彼成我败所由判也。"就是说成功需要的毅力，有一个重要的核心是坚持到底。现实生活中有很多面对困难满怀毅力的人，但他们并不是都获得了成功，因为当面临越来越大的困难时，坚持到底的人是少数。

梁启超的《论毅力》对青年人启发很大，他认为青年人的可爱，就在于凡事不干则已，一干便是离弦的箭，就算将来很有可能一无所有，也绝不半途而废。这说明无论怎样，从一开始就要坚持下去，就如梁启超举出的划船的例子，如果用二十天的时间，走一千里的路程，这期间风向流水有时顺有时逆，时常交互错杂，凭着艰苦忍耐的力量，迎着逆风逆流冲过去，就能从容前进，去经历顺风顺水的一段，最后达到彼岸。但是如果航行一天就退回来，或者两三天就放弃了，彼岸就永远不可能到达。

所以说，世间没有什么东西能和人作对到底，打败我们的也能是自己，拯救我们的是坚持和毅力。正所谓："非至强之人，未有能善于其终者。"所以，当我们为艰难的环境所困时，更要奋勇顽强，增强自己的意志与力量。

前行的路上，只有拥有了锲而不舍的毅力，才不会让自己轻言放弃，拥有了它，成功离我们还远吗？

谈尚武：
文明其精神，野蛮其体魄

1840年鸦片战争后，中国进入近代社会，并在列强的侵略下，经历着社会的转型，民族危机在这个过程中渐渐加重。国家的摇摇欲坠激发了梁启超等维新人士救亡图存的责任感，仁人志士想出各种各样的方法以挽救国家的命运，也反思着历朝历代的经验教训。

严复教导中国人"尚力""贵武"，他曾说："今者论一国富强之效，而以其民之手足体力为之基……不知古今器用虽异，而有待于骁勇坚毅之气则同。"他认为个人武力增强，可以培养骁勇坚毅之气，直接决定了国家是否强大。此时，梁启超目睹洋务运动的失败，总结洋务运动的经验教训，认为向西方学习时，不应该浮于表面而要深入内里，也意识到"尚武"的重要性。在《论尚武》一文中，他提出："尚武者国民之元气，国家所恃以成立，而文明所赖以维持者也。"梁启超认为，对一个国家而言，"尚武"与"文学教育"同等重要，应摆在同等位置。同时，尚武精神的有无也关系着一个国家的存亡。

教育的目的：智体并举

中日甲午战争后，中华民族面临前所未有的危机，为了中国不至于到达亡国灭种的境地，爱国的志士们思索着如何挽救国家的命运。当时思想较为先进的维新派认为应发展新式教育，进而提高国民整体的素质水平，以解决我们国家所面临的危机。梁启超作为近代教育的先行者，最早提出现代教育的宗旨。

在梁启超看来，中国之所以落后，是因为人才的缺乏，民众的智力没有开启，教育体制不健全，因此维新变法的重点是"兴学校、育人才"。提出用教育来挽救国家，培养适应时代发展的新型人才，这样，维新派便可以拯救民族危机，从而保护中华民族的希望之种，使中华民族能继续生存下来，并在风云变幻的社会竞争中取得胜利。

康有为、梁启超等思想家用他们的最大努力让国民认识教育救国的这一新的理念，肯定现代教育在教育学里占有重要地位，认为教育可以振兴中国。体育是近代资本主义教育内容中不可或缺的一部分，因此体育教育受到了维新派的高度重视。

梁启超提出"重文轻武之习既成，于是武事废堕，民气柔靡，二千年之腐气败习，深入于国民之脑"的论断，认为中国重视文学而轻视武力，教育应该智体并举。教育的目的是培养健全的学生，即"文明其精神，野蛮其体魄"。然而在现代教育观念中，学校只注重培养学生的文化，而忽略了塑造学生的体魄。

青少年作为祖国未来的希望，应该具备独立的生存技能和基本的自保能力，同时在面对外来的风险时能够懂得如何应对。"及其就傅之后，终日伏案，闭置一室，绝无运动，耗目力而昏眊，未黄耇而驼背。"现代学生为了能拿到一个好成绩，终日在教室学习，四体不勤，很少有时间进行体育训练，很多青少年身体病弱，无法担当起国家社会赋予的责任，不具备一个强健的体魄，很多谋生能力也正在离他们远去。

尚武精神的衰亡

梁启超认为："体魄者，与精神有切密之关系者也，有健康强固之体魄，然后有坚忍不屈之精神。"锻炼强健的体魄，跟磨炼强大的精神息息相关，民族的脊梁如果没有强大的精神作为支撑，就必定会被外力折断，而国人的血液中如果缺少了强大精神，就会沦为列强欺压的奴隶。梁启超指出，这种强大精神就是尚武精神，中国历代有之则兴，无之则亡。而传统文化倡导："静以修身，静以处世。"这在梁启超看来，文弱是导致国家积贫积弱的罪魁祸首，他对中国重文轻武的传统进行深入的分析，在他看来，如今的中国之所以这么病弱，主要是因为尚武精神的缺失。

汉唐时期，整个社会推崇尚武精神，国家的大多数人都愿意加入军队，为国建功立业，因此汉朝可以覆灭匈奴、攻破楼兰、平定羌人。唐朝可以灭东、西突厥，平定薛延陀，征服高丽，在疆域之外建立功业，炫耀中华的国威，以震慑四方夷族。

反观那些泯灭了尚武精神的朝代，国家变得极为虚弱，受尽诸多小国和少数民族的欺辱。众所周知，宋朝开国皇帝赵匡胤本是一个手握重权的大将军，他通过"陈桥兵变"取得江山社稷，也是因为这样，他对拥有兵权的将领十分忌惮，在江山稳固后，用一招"杯酒释兵权"解除了朝中大将的兵权。从此以后，宋代就形成了重文轻武的风气，与此同时，宋代对武官也十分轻视。在朝中，文官与武官是相同品级，但是在地位上，文官却要高出武官一些，待遇上也有所不同，这使得以习武意图报效祖国的人灰心丧气。

宋代将领的权力受到很大限制，导致全社会尚武精神极其缺乏，欧阳修曾用一句话描述当时的情况："上下安于无事，武备废而无修，庙堂无谋臣，边鄙无勇将，将愚不知干戈，兵骄不知战阵，器械腐朽，城郭隳颓。"因而朝廷在与契丹、党项、女真和蒙古的作战中极少取胜，最终偏安一隅的南宋小朝廷也没有摆脱覆灭的命运。

明清两代也紧步宋朝的后尘，程朱理学蓬勃发展，极大遏制了人们的天性和思想，朝廷热衷于掌控百姓和大臣以巩固皇权，对边防军务并不重视。明清两代的朝皇帝担心百姓造反，都抑制民间有尚武风气。尤其是清朝满族统治，更是对武力兵械进行严格控制，当世界各地的列强争相抢夺殖民地时，清朝皇室仍不思悔改，继续专注于维护皇族特权，悠游嬉戏，修建园林，即使在甲午中日海战前夕，皇室仍然将大量钱财耗费在颐和园的修缮上，而不是购置海军器械。

梁启超总结历朝历代的经验教训，提出如果缺乏尚武精神，必将被外族侵略，缺少了尚武精神的军队，必将无力抵抗入侵的强敌，最终只能落得亡国灭种，泱泱大国再不复昔日辉煌。他认为，尚武精神中包含了意志和智慧，缺少智慧的意志力，或者缺乏意志的智慧力，都是非常危险的，一个国家的教育必须兼具意志和智慧，把尚武精神融入到每个人的血液中，才能让国家真正强大起来。

梁启超的思想是清末民初政治动荡、经济混乱、民族危机空前严重的时代产物，具有强烈的时代感。他的思想极大地冲击了当时中国国民的思想和意识，并在一定程度上改变了当时的社会风气。不可否认，梁启超提倡的尚武精神，仍值得我们今天借鉴和学习。

第二章

集老子、管子、墨子三家之所长
——读梁启超《论诸子百家》

梁启超先生在《论诸子百家》中，对先秦的老子、管子以及墨子三位不同派别的思想家的生平和学说作了系统详细的论述，并对老、孔、墨以后的学派进行了一些概括。

梁启超先生的学术研究涉猎广泛，他在哲学、文学、史学、经学、法学、伦理学、宗教学等领域，都有不同程度的建树，其中以史学研究的成绩最为显著。

谈老子的学说：
作用论

"道生一，一生二，二生三，三生万物"。老子寓意万物由道而生，为道所统治，"道"贯穿了老子思想的始终，关于道的思想，老子主张"作用论"，"作用论"简而言之就是对《老子》学说思想的原理在现实所起作用的论说。老子思想的作用，即"道"的作用。

梁启超总结说《老子》总共有五千言，至少有四千言左右，是讲道的作用，可见道的作用是多么重要。其中"无为而无不为"是很关键的且最具概括性的一句话，这种"无为"或"无不为"，表现在几个方面，梁启超对此进行了一些阐述。

"有"之用与"无"之用

梁启超在解《老子》第十一章时讲道："无之以为用。"老子说："三十辐共一毂，当其无，有车之用。埏埴以为器，当其无，有器之用。凿户牖以为室，当其无，有室之用。故有之以为利，无之以为用。"意思就是说三十根辐条汇集到一根毂中的孔洞当中，有了车毂中空的地方，才有车的作用。揉和陶土做成器皿，有了器具中空的地方，才有器皿的作用。开凿门窗建造房屋，有了门窗四壁内的空虚部分，才有房屋的作用。所以，"有"给人便利，"无"发挥了它的作用。

老子书中的很多"无"字都是当作"空"字解，这里也是一样。一般人都说空是没有用的东西，然而梁启超通过老子这几个比喻："车轮若没有中空的圆洞，车便不能转动。器皿若无空处，便不能装东西。

房子若没有空的门户窗牖，便不能出入不能流通空气。"以此来证明空的用处多么大，因此得到结论"无之以为用"。

在梁启超看来，"无为而无不为"的道是值得遵循的，圣人应该是老子说"作而不辞，生而不有，为而不恃""长而不宰""功成而不居"；他说："老子喜欢讲无为，几乎所有人知道。可人们常常把无不为这句话忘却。形成一种跛脚的学说，也失掉了老子的精神。"如何才能做到一面为而一面又不为呢？老子说："是以圣人处无为之事，行不言之教，万物作焉而不辞，生而不有，为而不恃，功成而弗居，夫唯弗居，是以不去。"意思就是圣人从事于无所成名的事务，施行无须仗名立言的劝教，坦荡迎候万物的涌现与流变而不抵触畏避，生养了一切并不拘系自有，做成了什么并不执为仗恃，成就了事业并不矜居功名，所以他不会消逝。

老子又说："明白四达，能无知乎？生之畜之，生而不有，为而不恃，长而不宰，是谓玄德。"就是说明白四达，能不用心机吗？让万事万物生长繁殖，产生万物、养育万物而不占为己有，作万物之长而不主宰他们，这就叫作"玄德"。这几句话还有相似的几句的反复出现，对人们应该持有是什么样的生活态度进行概括和强调，可见它就是老子学说的重点。也是梁启超认为"无为无不为"的具体做法。

损有余而补不足

梁启超曾引用英国大哲学家罗素关于"人类的本能，有两种活动"的看法，认为人类的本能有两种行动，一种是占有的行动，另一种为创造的行动。占有的行动是把某种事物据为己有，这些事物的性质是有届限的，是不能相互兼容的，这种行为兴盛起来，人类就会每天处在争夺相杀中，因此这不是好的行动，应该制裁压抑。创造的行动正与之相反，是要某种事物创造出来，在人们面前公开。这些事物的性质是无限的，是能相互兼容的。这种行为兴盛起来，人类就会每天进化发展，所以这是好的行为，应该得到发扬。

老子说："天之道，损有余而补不足，人之道则不然，损不足以奉有余，孰能有余以奉天下，唯有道者。"损有余而补不足，是创造的行为，是把自己的物品拿出给予其他人，损不足以奉有余，是占有的行为，是抢了别人的物品自己占有。梁启超说："既已为人己愈有，既以与人己愈多。"这句话意思是专注于发展创造的本能。梁启超否定的是占有，肯定的是创造和给予。"无不为"则是指发展创造的活动，"无为"则是指占有的活动。老子"无为而无不为"的精神在这里得到了充分的体现。梁启超主张人们要更多地提倡去帮助别人，提倡创造性活动，认为这样做会是"别人得了你的好处，你的学问因此进步，而且获得了快乐"。

老子在无为的基础上又推出了"不争"的思想。篇末一句的"为而不争"与前文讲了多次的"为而不有"意思相通。凡人要把一种物事占为自己所有，所以有争，"不有"自然是"不争"了。韩非子解释老子"上仁为之而无以为"说是"生心之所不能已也，非求其报也"。无求报之心，正是"无所为而为之"，还有什么可争的呢？

在梁启超看来，老子提倡无私主义，就是叫人将"所有"的观念打破，懂得"后其身外其身"的道理，也就是说，只有提倡无私主义才能做到"不有"。梁启超在这里对达尔文的进化论进行了批判，认为"生存竞争优胜劣败"的道理，应用在人类社会学上成了思想的中坚，结果闹出许多流弊，这次欧洲大战几乎把人类文明都破灭了，而其中达尔文思想的推动作用不可忽视，甚至上对中国造成了巨大的思想冲击。

怡情养性而不以感官刺激为目的

梁启超提出老子思想的根核是"自然"，贯穿了体、相、用三部分，老子学说的基础是自然主义。他认为老子主张"道法自然"，并用这来推导证明古代的政治论术。老子说："古之善为道者，非以明民，将以愚之。民之难治，以其智多。故以智治国，国之贼，不以智治国，国之福。"即是古代善于治理国家的人，不是让民众明智，而是让他们愚昧无知，民众为什么难治？就是因为民智开化，不易管理。老子主张无为主张自然，因此觉得一切有为的知识，刺激感官的"五色五味五音"都是有害无益的东西。老子说"去甚去奢去泰""见素抱朴，少私寡欲""致虚极，守静笃"，都是教人要把精神用之于经济的，节一分官体上的嗜欲，得一分心境上的清明。所以又说："祸莫大于不知足，咎莫大于欲得，故知足之足常足矣。"凡官体上的嗜欲，那动机都起于占有的活动。

梁启超用古代先人点油灯来照明，与现实点煤油灯与电灯作对比。来解释我们视觉渐钝的原因，以及我们视觉既钝的结果。视觉钝了之后，非加倍刺激。越刺激越钝，越钝越刺激，原因结果，相为循环。又用西方人精神衰弱的例子进一步证明，烟酒等麻醉类物品日益推广，都是因为他的刺激导致。在梁启超眼里他觉得这是社会病态的开端，是文明破败的征兆。梁启超还认为"自知自胜"算是老子修养论的入门。

梁启超对《老子》"作用论"的论述，体现了几点个人思想。一是，老子是一名无私的人。用老子的无私大爱来对当时的社会进行无情的批判，以及对当时受苦的大众人民的同情。二是，老子利于社会，利于他人，来提倡人民之间应该互帮互助，不应像进化论主张那样互相迫害，优胜劣汰，适者生存。三是，老子崇尚自然，体现了一名当时为求救国之道终日奔波的赤子之心，对于安宁的渴望。

谈老子之衍生学派：
庄子与屈原

老子是道家学派的创始人，庄子是战国时期道家学派的代表人物。其中庄子传承自老子的道的思想至今在中国文学史上熠熠生辉。梁启超在谈论陶渊明时，就以真字来高度赞颂陶渊明的质朴精神，而真字在中国传统文化中，是与道家学说紧密相联系的一个字。庄子曾说："真者，所以受于天也，自然不可易也。故圣人法天贵真，不拘于俗。"庄子的真与自然是十分紧密的。他要求我们顺应自然规律，按照自然的规律做事，不违背自然的本性去活动、去生活。同时，他也反对任何外力的干预，让个体生命获得充分自由的发展。

谈庄子

梁启超对庄子的研究主要是围绕"极世"二字展开。何以极世？这要求以其当时的家国背景为出发点。大多数人认为，道家寻求精神上的超脱，在一定程度上就是对现实世界的抛弃，其实不然，梁启超通过以佛家真我说为打开庄子这座语境迷宫的钥匙，深刻解读了庄子乃至于道家的超脱观，这或者是对庄子以儒家为大道某些方面内容的体现者的见谅，但也体现了梁启超对于庄子外冷内热的人生哲理的诠释，坚定地表现出庄子强烈的救世精神。

这一系列的理论解读，使梁启超触摸到了庄子哲学中一个不明显侧面，澄清了众人长期以来对于庄子救世精神的误解，他的澄清，不仅使庄子的救世精神重见天日，而且对于其在现实时代中的应用也有着很大的作用。当然，作为一个学者，梁启超试图剔除与学术无关的因素，理性地理解庄子及其救世思想，然而作为一个为了新时期而奋斗的战士，他也期望经他阐释出来的庄子能从无为之乡走出来，从而为了现实服务，为了国家富强努力服务，站到挽救社稷民生的人群中去。

梁启超解读庄子究其根本，是为了借以发挥自己的思想观点，探求本已并非其兴趣所在。他晚年的庄子研究大体上走的是章太炎《齐物论释》的路线，是以佛解庄的老路子。通过破我执念，解释真我实相，阐释了他弃舍真我而不离现境的内圣外王之道。

梁启超想出这一条理论道路，一是为了解决"一战"后西方乃至人类的精神危机问题，他不通过理智方能来纠正胡适解读庄子所表现出的知识主义倾向；二是为了向五四新文化运动的科学主义思潮泼冷水，来为了防止中国重蹈覆辙，从而达到自救的目的。然而如今看来，梁启超思想不免有着时代缺陷，他遭受现实的束缚而终未能看透思想之谜团。并且，他还表达了提倡世界主义何反对社会主义的思想主张。

老子和庄子讲求天道，主张天道的统一，从本质上说，老庄的天道是绝对的，这个天道否认在天道外还有一个人道的存在，不承认人道的存在。老子和庄子共同之处就在于他们具有和儒家相同的倾向于人道实践的特点。

庄子思想的精髓既不是相对主义的认识论，也不是养生哲学的社会观，而是抽象思辨的本体论。庄子的本体论其一为原始的物理学说，其二为思辨的形而上学。而梁启超则主张唯心主义，认为人的精神是第一性的。这就与庄子的天道思想相一致，不承认人道的存在。

庄子通过批判诸子百家之学重新提出了古代内圣外王的思想，并通过转换圣、王之义，将其发展为具有庄子思想特色的内圣外王思想。正如梁启超所言：内圣外王之道一语，包含中国学求之全部，其旨在内足以与资修养而外足以经世。

谈屈原

梁启超认为，中国文学家的老祖宗，必推屈原。屈原以前的文学作品好的固然多，但是大多数均不知其作者，且并非专家。正如诗三百所传诗歌，大多作者不详，而且文章也比较短小。梁启超认为，屈原的作品是极其表现其个性的。对于屈原的研究，我们如今只能从其留下的作品中感受其博大的精神、坚韧的个性，坚贞高洁的节操。

梁启超对于楚国文化的产生以及屈原的地位的确立都有一定的研究，首先是对于中原文化的继承或者说是中原文化的入侵，在经过周文化的洗礼后，楚国以其特有的人文土壤，培育出了楚国的辉煌文化。而屈原，就好像是社会中才成年的新青年，欣喜而欢畅的创作出《离骚》等永世留芳的文章。楚国信巫鬼，重淫祀，后来经过周的洗礼，生出了新的东西，这种新的东西理所应当的是楚国的文化。

梁启超认为屈原之思想有三个大的特点。第一，是悲惨的命运。屈原被楚国重用后因为奸臣而导致被放逐。这样坎坷的人生经历为其提供了人生阅历，对于其思想之成熟有了契机。第二，是屈原对于周文化的吸纳包容。作为楚国的贵族，屈原对于当时传入的周文化，必然是充分领会的，他走过的地方很多，对于风俗人情了解颇多。从其文学作品中，我们可以知道他去过湘江、洞庭湖、辰阳等地，再加上其出使过齐国，见识都不是普通人能比的。第三，是屈原的个性鲜明、不与世俗同流合污的高尚品质，并且他敢于与社会反抗。屈原即使被放逐后，不论他生活如何艰辛，独特的自然界与反抗的精神界都为其提供了创作的激情。

梁启超认为屈原文学思想出发点是建立在历史神话中的。他的作品充满了个性与激情，在一波未平一波又起中感受到他内心的愤懑。研究屈原，更应该以他的自杀作为出发点，梁启超认为。对于屈原为什么自杀这个问题，我们普遍认为是与他政途上的失意有关。毕竟，屈原自杀实在被放逐后才发生的，然而我们追本溯源，不难发现，使屈原自杀的是由于理想与现实的差距。一方面是由于自己对于理想国度的向往，另一方面又是其对于现实落差的感伤。可以说，是理想和现实谋杀了他。梁启超把其比作是一位有精神洁癖而为情而死的人。正如《山鬼》中所表现出来的，山鬼日日夜夜只有赤虎与文狸相伴。看似有伙伴，然而其中岂是一个凄凉能概括出来的？

屈原在哲学上有高深博远的见解，但他并不是一个耽于幻想而把人生丢弃的人。正如《远游》中所说："惟天地之无穷兮，哀人生之长勤。往者余弗及兮，来者吾不闻。"屈原这种独特的见解，正体现了道家很精微的所在。他所领略的，不让前辈的老聃和并时的庄周。老庄追求精神之超脱自由，而屈原，却是因现实的不满用文学来表达自己的悲哀。虽然三者在文章中都表达了对未知的向往、对神灵的超脱，然而其本质还是有所不同的。

在梁启超眼里，屈原是一个不肯向社会低头的人，在作品中他假托姐姐和渔父劝他的话，甚至他自己有时也劝他自己让其顺应社会，然而他却认定真理正义，和流俗之人绝不同流合污；正是凭借着独立不迁主义，来定义自己的立场。不肯迁就，是屈原性格中的一个独特品质。

谈管子之法治：
法治与君主、人民

维新变法失败后，梁启超在中国实行君主立宪制度的理想受挫，使他认识到法治的重要性，意识到中国要救亡图存，必须要实行法治主义，法治必须与民权相结合，法治必须与道德教育结合起来。梁启超对管子的思想进行了较为全面的研究，认为法治思想的起源在中国的法家。他在《管子评传》中写道："法治者，治之极轨也。而通五洲万国数千年间，其最初发明此法治主义以成一家之言者，谁乎？则我国之管子也。"法治是治理一道的极致，而管子就是法治思想的源头与集大成者。

梁启超非常赞同管仲的治国思想。管仲认为，要治理好国家，必须选用贤能的人才，并重用他们，但仅靠人才的智慧是远远不够的。他认为应当依靠法律的权威，使人才在治理国家中以法律为依据，法律是治理国家最有效的手段。遵守法律，国家就能长治久安；舍弃法律，国家就会陷入混乱的状态。法治与君主和人民都有着密切的关系。

法治与君主

从管子的思想中进行延伸，梁启超认为，贤明的君主和亡国的君主的区别就在于：贤明的君主依靠法律治国而不靠智慧，而亡国的君主依靠智慧治国而不靠法律。贤明的君主要做到依靠法律来治理国家，而不是依靠自己的权谋和才智来治理国家，所以能把国家治理得井井有条、国泰民安；亡国的君主只依靠法律治理国家，而不是依靠法律，这样就会给人民树立不好的榜样，使人民追逐权力和财富，不能安分守己踏实做事。

没有法律的约束，民众的行为准则迷失，从而按照自己的意愿做事，给君主制造麻烦，最终会使国家难安，天下混乱。管仲认为尧舜时期正是因为人们有法可依，社会才能一片和谐，才能实现天下大治。"故尧之治也，善明法禁之令而已矣。"尧治理天下，最重要的是使人民有法可依，有可以遵守的行为规则。

我国漫长的封建社会时期一直奉行的法治观念是：君主制定法律，官吏执行法律，人民服从法律。管子和梁启超都奉行这个观念，在现在看来这种思想自然是不平等的，是侵犯人权的。但在当时诸侯争霸的社会环境下，这种思想是很有必要的，诸侯争霸的政治环境下为了扩张国土，增强实力，必须奉行"尊君"的理念。

管子提出了"令尊于君"的主张，他认为英明的君主"不为君欲变其令，令尊于君。不为重宝分其威，威贵于宝"。即是不能为了满足君主的私欲而更改法律，法律要高于君主。不因为重宝分散法律的威严，应该大于重宝。管子非常重视法治在治理国家中的作用，认为法治是君主治理国家的重要武器，但他更加重视君主的权力。管子认为君主不能因为重视法令而削弱了君权，君权比法律更为重要。梁启超将管仲的思想进行调整变革，维护变法派提出的"君主立宪"，主张君主为了维护君权的神圣，更应该重视法律。

管子还提出了"君臣上下贵贱皆从法"的主张，这一主张是法家思想的一个重大突破。在"君臣上下贵贱皆从法"的主张中，讲到君主与臣民一样，都要遵从法律，体现出法律对君主的限制作用。这一点也为梁启超"君主立宪"革新思想提供了理论依据，结合法家思想可以看出，法律是由统治者制定的，本身就带有统治者的意志，制定带有君主意志的法律，正是为了维护君主自身权力的需要。君主遵从体现自己意志的法律，有利于维护君主的权利，所以事实上法律并没有限制君主的权利。

法治与人民

管子认为法律要体现人民的意志。要实现法治社会，不但要重视立法，而且还要守法。管仲从"人皆好利"这一认知出发，提出一切法令的制定都要符合人民的根本利益。维护民众想要的东西，杜绝民众所讨厌的东西，才能鼓励人民知法守法，在立法的过程中要充分地考虑人民的愿望，维护人民的利益，就能使人民主动遵守法律，使法律有了充分的民众基础，有利于法律的充分执行，从而实现了国家的长治久安。

梁启超也认为，实行法治必须立"善法"、制"良法"。他说："管子之言法治主义，以得良法为究竟者也。"梁启超认为，区别"良法"和"不良法"的标准是看法律是为了谁服务，代表哪些人的利益。如果法律是为了大多数人的利益，为大多数人谋幸福，那么这就是"良法""善法"。因为大多数人的利益比一个人的利益重要，这是显而易见的。

管子秉持"仓廪实则知礼节，衣食足则知荣辱"的道理，认为人民的生活条件、物质状况能够影响他们对法律的态度和对法律的敬畏程度。这种思想十分深刻，对民众来说，物质生活远远比礼仪法度等重要得多；如果人民的物质生活得不到满足，人民就不会接受法律的约束，而且很可能触犯法律走上违法犯罪的道路。这个时候如果用刑罚去惩罚他们，那么刑罚越重社会就会越混乱，因为刑罚并不是万能的，不能使民众感到敬畏，不能使他们屈服，杀戮太多使人民怨愤，统治者就会面临危机，所以必须要满足民众的物质生活需求，使他们衣食无忧，他们才不会对法律产生反感，才能自觉地遵从法律。

《管子》一书，处处闪耀着哲学的智慧，管子的法治思想，尽管是以"尊君"为前提，带有浓重的法律工具主义特色，但是在等级森严的封建社会中，有助于君主专制的稳固和法律的实施。梁启超对管仲的法治思想进行灵活运用，为变法派"君主立宪"制度找到了理论依据。

谈墨子之根本观念：
兼爱

清朝末期，在经历了西方文化与中国文化的冲突、融合后，人们开始寻找用新的方法、新的角度，用以反思和总结传统文化，引发了"国学复兴"运动。梁启超作为近代最先运用西方社会科学的方法来研治墨学的大家，他的学术成就是多方面的，既有关于《墨子》文本的校勘，也有对墨家思想的研究。

在近代墨学研究的历程中，梁启超的研究具有开创性的意义：从方法上看，其墨学研究上承孙诒让，下启胡适，是近代墨学研究方法论转化的中间环节；从内容上看，他运用西方近代社会科学研究的理论和方法，对传统墨学进行了系统的整理和发掘。不仅如此，梁启超还以其在思想界的巨大影响，揭开了近代墨学复兴的序幕，成为近代墨学复兴的精神领袖。

不易实现的"兼爱"思想

与某些宗教所定义的"爱"相比较，归纳出以下几种：其一，自我灵魂的爱。例如佛教在最早时，即认为一切物质、躯体是罪恶的本原，因而主张一种超越身体，对灵魂的"爱"。因为主张所爱的对象太离奇，所以不久后就失传于世。其二，自我躯壳的爱。这种"爱"的范围有所扩大，古希腊的伊壁鸠鲁和中国古代的杨朱对这种"爱"的定义相差无几，他们的"爱"于社会无益，是以利己主义为宗旨为自身服务的。其三，是以自身为中心而形成的有差别的爱，这就是是儒家的"爱"，在中国影响最大。其四,平等的无差别的并普及众生之爱。墨子、耶稣都宣扬这一类的爱。这种"爱"虽然高尚,但实行起来却很困难。其五,圆满普及众生之爱,即佛教提倡的普度众生的主张。

梁启超指出,兼爱是墨学的核心观念,其他学说均从兼爱推演而来,而墨家的兼爱说一方面是针对割据争霸乱世之祸而提出的救世之方;另一方面也是针对儒家有差别的仁爱而提出来的,他的出发点是高尚的,但操作性不高,实现的可能性不大。

梁启超曾说:"墨子之学说,盖欲取现在社会之组织法,翻根柢而变更之。"梁启超认为墨学的中心思想是"义利一致"观念,即道德与自身利益的有机结合。他在精读墨学原典的基础上,精辟地概括和提炼出墨学的中心思想——"兼相爱,交相利"。他认为,墨学的思想特色是"兼爱",墨子运用"兼爱"的观念传播自己的思想人所共知,但问题是,墨子"兼爱"的内容及相互逻辑关系是什么,人们却没有注意到。

梁启超指出,"兼爱"作为墨子思想的核心,主要包含以下内容:第一,爱情与社会秩序的关系,即墨子认为发生社会冲突和动乱的原因缘于人与人之间缺乏"爱情"的存在,因此"兼爱"成为了维持社会唯一方法;第二,"兼爱"与"别爱"的关系,即墨家平等之爱与儒家有差别的仁爱之间是否可以调和关系;第三,"兼爱"与"自爱"的关系,墨子认为,"兼爱"是一种无差别的爱,那么"兼爱"即包括"自爱,二者便是一个统一的有机体";第四,"兼爱"理想与"兼爱"实践的关系,理论的提出与实现理论之间的关系。梁启超认为,"兼爱"墨家学说"一大缺点焉,彼似只见人生之一面而不见其他一面,故立义不免矛盾"。即墨家最大的缺点就是只讲到了一方面的内容,而其他内容看见了却没有分析比较,导致了其学说的立义难免存在自相矛盾之处。

他还从学理上进行分析:从"兼爱说与能爱者之关系"看,极端的兼爱主义可能会妨碍自己较好的发现前途;从"兼爱说与所爱者之关系"看,盲目的兼爱也会导致对他人的伤害;从"兼爱说与社会全体之关系"看,兼爱主义也会一定程度妨碍自己独立性的发展。梁启超对传统墨学的兼爱主义与实利主义利弊得失的综合分析和批判总结,是比较客观的,这也反映了梁启超的敏锐的学术眼光和深刻的洞察力。

兼爱与资产阶级思想的交融

梁启超用近现代资产阶级的学术思想及其观点方法对墨学进行解读,虽然已经与墨家本来的学说有所差异,但从中我们可以得到一些启迪:墨家抽象地讲爱与利,与近现代资产阶级抽象地讲爱与利在方法论上基本吻合。既为他们所代表的那个工匠平民阶层的利益呼吁,又讲全社会同利,其思想是特定的阶级内容与普遍性的形式的结合,在保障自身利益的同时讲求社会平等,兼相爱,交相利,实际上是工匠平民阶层在社会生活中的道德要求。墨子把这种道德要求加以抽象与理论化就形成了兼爱学说,再把它加以人格化和神化就形成了天志之说。墨家的抽象的平等观、利益观及其方法能够满足近代资产阶级的需要,所以梁启超希望对墨家的兼爱学说进行改造,在其兼爱主义之上增加资产阶级的个性主义,以之来调整资产阶级纯粹个人主义的不足。

在梁启超眼里,墨家学说中包含有可以为后人利用的普遍价值观。墨子学儒者之业,受孔子之术,背周道而用夏政,以大禹吃苦耐劳热心救世的精神为榜样,创立了墨家学说,该学说主要体现了新的历史条件下农与工肆之人的阶级愿望和要求,其中包含有丰富的智慧和真知灼见,也包含着一些人类社会的普遍价值。如在兼爱学说中所提倡的自我牺牲精神和互助友爱精神,就是具有永恒道德意义的话题,个别之中有一般。作为先秦显学的墨学,虽然是一个特殊的个别的古代学说,但其中必然包含有超越其具体时空的普遍真理,就像需要其他各种各样的学说一样,现代的中国和世界也需要墨学。

梁启超运用西方近代社会政治学说，分析墨家"兼爱"学说，对"兼爱"说产生的原因作社会历史根源来分析，确实揭示了"兼爱"的内在矛盾——动机与效果的矛盾。他受佛教影响，认为佛教普度众生的"菩萨行"比墨子的"兼爱"更完满。但需要指出的是：墨家的"兼爱"说是墨家理想国的一个社会政治原则，而梁启超却从近代社会人与人之间关系来解析"兼爱"说的可行性，偏离了历史主义的原则，未免有所牵强。

墨子作为先秦与孔子齐名的学者，其学说准确地表达了墨子兼爱思想的平等性和普遍性的内容，作为近代墨学复兴的中坚人物，梁启超不遗余力地鼓吹墨学，弘扬墨学，探寻和比较传统墨学与近代西方社会政治思想学说的异同，是具有极其深远的思想意义与文化意义的。

总而言之，梁启超运用西方近代社会科学的理论与方法，站在时代的高度，从中西文化比较的角度，对中国传统墨学作了较为系统的梳理和新的解读。其中，梁启超扬弃了传统墨学片面强调体力劳动，而忽略了其他要素在社会生产中的作用、抹杀个性主体、反对一切艺术享受、缺乏审美意识等不足；批判吸收了传统墨学的原始民主观、宗教伦理观、科学精神和逻辑思维以及勇于牺牲的人格魅力。梁启超这一努力和尝试，丰富了中国传统文化的内涵，并为近代中国建构新文化提供了新的参照点。

谈墨子之宗教思想：
非命

  墨家之学出于巫祝，其中核心的十条思想"兼爱、非攻、尚贤、尚同、节用、节葬、非乐、天志、明鬼、非命"带有浓厚的宗教政治色彩。当时儒家推崇"天命"，所谓"尽人事，知天命"，而墨子提出"非命"以抗之。反对命定，顺四时而行，是以非命。

  梁启超曾说，孔子对鬼神持敬而远之的态度，而墨子虽主张敬天事鬼，却极力反对命定论，敬畏而不盲从，在当时封建神学统治下，墨子的宗教思想，带有积极的入世的理念，这或许是墨家本身的阶级立场导致的，下层平民阶级不比贵族，衣食住行，吃饱穿暖，贯穿他们生活始终，墨家思想"尊天"又"敬鬼"，其中蕴含的"多神论"表达了平民生产者的意愿，诸神在上，是以风调雨顺，五谷登丰。先秦时代，君权与神权紧密结合，一神之说，代表了贵族的利益，赐予君主以权利，而墨家的"神"，是有意志的"神"，是有人格的"神"，是能"度天下之方圆"之规矩，法仪，《法仪》中曰："爱人利人者，天必福之。恶人贼人者，天必祸之。"墨家用"天"来加以约束，防止神权滥用。

  梁启超作为近代运用西方社会科学的思想方法来诠释墨学的第一人，他对墨学进行深入研究，并希望借此复兴传统文化，以中华传统文化肩负起世界之责任。

非命的宗教思想

  梁启超对墨家学说的诠释，是他在墨学研究范围内做出的最大贡献，在梁启超认为，墨儒两家学派，都是顺应先秦时代潮流所产生的，孔学尚礼乐，墨学崇兼爱，各家在百家争鸣中针砭时事，都为补救时弊。孔子、老子之学说在发展中群众基础范围扩大，影响加深，墨子起初跟随儒家学派学习，后来脱离儒家，另成一派，此时，在孔、老之间。墨子以倡导天志、明鬼、非命，建立一种新的宗教思想，企图建立一个全新的宗教哲学，借以招揽人心，壮大自己的门派学说。

在墨子建立的这个宗教思想中，"天志"、"明鬼"、"非命"，各有其时代独特性，"天志"之"天"为仪制法度，梁启超先生认为墨家的"天"是为支持兼爱主义，以"天"为"兼爱"提供帮助，而"道德与幸福相调和，此墨学之特色也"则是梁启超将其中的道德看作是兼爱主义，将幸福看作是实利主义，墨家注重小生产者们的利益，其思想在很大程度上体现了阶级属性。

梁启超将"明鬼"看作是一种经验论，作为一派学说，"明鬼"其实是不太高明的，但墨家的"鬼"又是借以告诫人心，以鬼神之说震慑人心，起到维护社会法度的作用，用鬼神赏罚，并非迷信，而是借这种易于让百姓接受的方法来改造社会，实乃良法。

"非命"则是反对命定，墨子的宗教学说中含有"非命"，并非与"敬天事鬼"相矛盾，看似两者在逻辑上存在矛盾，其实不然，前面一直强调墨子代表平民阶级，而墨子在平民中强调力行，既然身体力行，必然反对天生命定，谋事在人，成事却不一定在天，这与儒家之"天命"相对抗，这在当时各派的思想学说中，实乃一泓清泉，怪不得梁启超先生评价它为"是把死社会救活转来的学说"。

在梁启超的著作中，可以明显地看出他对墨学是持肯定态度的，墨家的宗教思想，为他们实现"兼相爱，交相利"理想社会的政治理念提供了帮助，为改良社会，提供了方法，这与他们的"天志"本质相符合，这是历史事实，但是，梁启超先生对墨学的研究又仅仅局限于此，没有从社会历史的角度去研究这种宗教思想产生的社会历史根源，在诸侯争霸，社会动荡的春秋战国时期，墨家所代表的小生产利益者们渴望安静平和的社会，希望社会得到统一与安宁，希望人们之间和平相处，希望能安心的发展生产，过上富足的生活，不再担心朝不保夕、食不果腹。

可是，在那样的时代，因为阶级的局限性，他们无法自己实现理想，只能借助于其他，这时，一个神明的产生，便显得顺理成章，而这些，就是墨学宗教思想产生的社会历史原因。在梁启超看来，"天志""明鬼"是改良社会的经验理论和手段，但同时他又觉得"天志之外，还加上明鬼，越发赘疣了"。这种既肯定又否定的说法，是他思想上的自相矛盾，也是对墨学的近代诠释的不通之处，究其根源，不过是受时代的局限，和自身对墨学认识的局限性，肯定墨学中的合理成分，却又不愿意将其中的不合理成分剔除，取其精华，又未去其糟粕，合理与不合理共存，必然会产生思想上的逻辑错误，他未从社会历史的本质探求墨学的起源，这使他在墨学上的认识陷入了一个尴尬的境地。

天与鬼存在的目的

墨子的宗教思想中，天与鬼的存在是为了对人们善恶进行公允的奖惩，而不是借由鬼神直接控制人心，"命定论"的坏处便是把自身的不公全推卸给"天"，重视"天"却忽视人的存在，让社会中最重要的"人"变得可有可无。一切由缥缈的"天"，容易被有心人利用，灾祸、战乱肆虐时，不靠自身，却用"神明"的指示决定一切，最终导致人祸横行。这时候，"非命"的积极入世理念就显得格外进步。墨子作为一个思想家，他的宗教理念蕴含实用主义，顺应了当时平民的政治理念，对当时社会弊端的披露与揭示，让墨学的先秦文学中独树一帜。

在《子墨子学说》这部著作中，梁启超先生认为，春秋战国时代宗教与科学之间矛盾重重，怀疑主义盛行，各大思想学派各抒己见，百家争鸣，墨子在这个时候，想将宗教与哲学相结合，打破它们之间的隔阂，让哲学在宗教的基础上发展，于是便有了墨家思想中的"天志、明鬼、非命"。他说墨家思想中的宗教精神是墨学一大显著特点，入世的宗教精神更是成为它的特色。在中国古代著作中，"天"有四层含义，一为形体之天，二为主宰之天，三为命运之天，四为义理之天，墨子倡非命，尊主宰之天，反命运之天，暗含平等思想。

在梁启超先生眼中，墨子的宗教是一种鬼神教，这种想法，在他的《墨子学案》中，得到了深刻的阐述，提出"天志""明鬼""非命"三论组成了墨子的宗教，墨子的学说与当时之流行相对抗，这种思想交锋，在春秋战国时期，频频发生，那个年代，百家争鸣，民智渐开，各种思想流传开来，墨子在这个时候，极力宣传他的实际主义，并且他的思想主张是建立的宗教基础上在群众中开展起来的，这与孔子的儒家、老子的道家都不太相同，墨子注重借鬼神规范惩戒人的行为，宣传这种有人格的天，至于真正有无鬼神，墨子倒未曾深究，并没有把探究鬼神作为一个学术问题来研究，只是粗略地用经验论提及了一下。

墨子的宗教思想，具有极高的学术研究价值，梁启超先生也在近代研究诠释墨学时，从学术方面奠定了墨学的历史地位，思想是历史文化的产物，不同的时代孕育了不同的思想文化，"非命"之说在先秦的宗教发展中，具有独特的历史先进地位。

谈墨子之实利主义：
以利为目的，以利为手段

墨子身为社会底层的小手工业者，自称"贱人"。这一阶级身份决定他的理论学说代表着这一阶层的某些思想。李泽厚指出，"中国小生产者劳动阶级的某些思想特征，可以说，是空前绝后地以系统的理论形态呈现在墨子此人或此书中"；他又生活在"饥者不得食，寒者不得衣，劳者不得息"的春秋战国之交，残酷的社会现实要求墨子学说能针对时弊来解决问题。这样，其阶级身份与所处的社会显示共同决定了墨家学说的基本立场与观点："兴天下之利，除天下之害。"可以说，墨子学说的出发点与归宿点都在于"利"。

墨子学中"礼"的思想

梁启超自幼便对《墨子》深感兴趣，表示"极崇拜墨子的思想，他在一生之中的不同阶段，撰有多篇文章讨论墨学，是他的学术兴趣与思想表现之中非常重要的一环"。他早期对墨学的研究就是发表于《新民丛报》中的《子墨子学说》与《墨子之论理学》。梁启超指出，春秋末期墨与孔、老并立三分天下。他的分析环绕着地理因素，认为中国古代思想之中，北派重视实际，以孔子为首，南派则崇尚玄想，以老子为魁，至于墨子，他很简单地说："墨亦北派也，顾北而稍近于南，墨子生于宋，宋南北要冲也，故其学于南北各有所采，而自成一家言，其务实际，贵力行也，实原本于北派之真精神。而其刻苦也过之；但其多言天鬼，颇及他界。肇创论法，渐阐哲理，力主兼爱。首倡平等，盖亦被南学之影响焉。"

梁启超认为墨子言"利"的第二个层面是他人之"利"。墨子反对"不与其劳获其实"的行为，并且把这一行为视为当时天下战乱四起的原因，"子自爱，不爱父，故亏父而自利；弟自爱，不爱兄，故亏兄而自利；臣自爱，不爱君，故亏君而自利"。大意就是说儿子自爱而不爱父亲，所以亏损父亲而利自己；弟爱自己而不爱兄长，所以损兄长而利自己；做臣子的爱自己却不爱君主，所以才损君主而利自己。在此，墨子从反面肯定了他人之利。墨子不光肯定他人之利的正当性，而且认为他人之利应先与个人之利，墨子言："为天下厚禹，为禹也。为天下厚爱禹，乃为禹之爱人也……"

墨子通过这个比喻，提倡先不自利而利人：父不自利先利子，子亦不先自利而利父。墨子强调，私利要以利他为前提和出发点。在墨子看来"利"是相互的，你去利人。别人也会利你，利人是前提，利你是回应，这对双方来说是互惠互利的，个人在利人的同时也实现了利己。

墨子的"利"与西方演绎法

从《墨子》之中最基本的逻辑术语的界定，谈到不同论证方法与推理原则，将墨子的理论学说与西方的演绎法、归纳法相印证。在将中西比较之后，梁启超指出，墨子的论理学虽然不如"今世欧美治此学者之完备"，但在两千多年前有次成就"亦足以豪也"，梁启超研究墨子的理论学说的目的，在于融合中学与西学，并借此提升民族自信心，使国人能像西方，从文艺复兴创造近代文明那样，也能够从中国传统中开出新局。

《子墨子学说》一文有类似的用心，不过更着眼于以墨子精神来解决当时中国社会"民德"的问题，这与他在《新民说》之中的主张有很密切的关系。梁启超在《新民说》中认为：群与己应维持一个以"界"

为中心的平衡关系，他一方面重视社会秩序，一方面也肯定个人自由与个性发展，而在国家危机的时刻，群要比己来得重要。

对梁启超来说，自私自利的一个重要表现是缺乏国家思想或爱国情操，墨家精神之中最让他感动的，其实就是由"兼爱"、"明鬼"观念而产生的"轻生死""忍苦痛"的精神。他认为如果要使一个个国民都变成儒家的君子，具备现代国家思想，必须要仰赖墨家那种宗教观念，才能让人们为一个群体的道德理想而超越生死，在关键时刻敢于为国捐躯。

爱、义与利。先谈爱与利，学术界一般以"仁爱"与"兼爱"来区别儒墨关于爱的学说。儒墨两家也分别用"仁爱""兼爱"来攻击否定对方的观点。其实，"仁爱"与"兼爱"，从观点本身所要表达的内涵而言，两者最终想要实现的恰恰是同一种理想状态的爱，即泛爱天下，只是方式不同而已。

对墨子思想的批评

梁启超认为墨子所谓的"利"是指维持生存所需要的食衣住行等"必要的欲念"，所以墨子提倡节用、节葬，反对奢侈等。他认为人类除了必要的欲望之外，还有"地位的欲望"，意指相应于国民的程度，与个人在群体中的身份，其所谓"必要"的欲望是不同的，此一欲望随着文明程度的提升，也会有所变化。无疑地，梁启超的理想社会绝非是人人平等而仅有物质温饱的社会，而是级层性与进步性。他坚信"欲望之一观念，实为社会进化之源泉，苟所谓必要者不随地位而转移，则幸福永无增进之日"。

梁启超指出，墨子将宗教与政治结合在一起的想法，不是国家主义，而是世界主义、社会主义；墨子要求"视人之国若视其国，视人之家若视其家",他的理想与儒家的"大同"是一样的。从梁启超对墨子政治思想的讨论,可以反映他的政治理想还是存在的,只是认为目前不宣扬、不实行罢了。

综上所述,梁启超《新民丛报》时期对墨子思想之见解,在近代墨学史上有其特殊的意义。在他之前,清代考据学者几乎都是从章句校释的角度整理《墨子》一书,而清末像黄遵宪等主张革新之士,则是肤浅地以墨子思想来比附西学;梁启超在他人著作的启发之下很详细地从义理的层面,首度将墨子的学说作系统化的分类整理、评论,并阐述其现实意义,这在墨学进展上是很具开创性的,所以当时才能"引起了许多人对墨学的新兴趣",这是很重要的贡献。

就梁启超墨子学的内涵而言,他参以佛学、儒学、西学,如天演论、民约论的观点,进行阐释解墨的目的,在于融通各种不同的学术思想,企图廓清传统中国流行的错误观念,如自私自利与迷信风水、气运等,以及补足儒家思想,尤其是要促使中人以下积极为善,激发人们休戚与共、利人即利己的道德感,而此一民德的改善也必须建立在卢梭"民约论"式的政治构架之上。

总之,梁启超在《新民丛报》时期论墨虽然有"纯学术"的一面,出于他对先秦学术思想的兴趣,然而其主旨则是为现代中国国民与国家的建构,提供一个既植根于传统又附和西方学说的理论基础。

第三章

儒家言道言政,皆根植于"仁"
——读梁启超《儒家哲学》

1918年之后,梁启超厌倦了政治生活,远赴欧洲考察,他目睹了西方文明背后的种种弊端,这些经历让他重新审视中国传统文化,回国之后隐居饮冰室书楼,专门从事传统文化教育,弘扬国学思想,《儒家哲学》正是他后期学术研究的代表作品。

《儒家哲学》一书是梁启超先生的晚年代表作,梁启超在书中对儒家哲学作了十分详细的解读,并集中对儒家哲学的祖师孔子的思想和人生发展进行了很有见地的论述。此外,他还对王阳明和戴东原两位儒学大家的哲学思想作了重点的剖析和解释,分析了儒家三个中心问题:性善恶问题、天命问题、心体问题。这三大问题正是两千多年儒家各派学说分歧演变,形成儒学支脉的关键线索所在。

谈仁：
仁者，人也

孟子曰："仁也者，人也。合而言之，道也。"仁者，意指天地之本性，人类之至德，体会了仁的意义，从而尽心尽力本着仁去做，就是儒家所遵循的道，这也是孟子所理解的"仁"。

从传统"仁"的观念立场来分析，梁启超认为，儒家的"仁"并没有体现出爱的教育，现代人所倡导的独立、平等的爱，在"仁"的范畴中是缺乏的。因为所有的爱都因它们的位置或者对象的不同而附之以特殊性，而儒家的"慈孝悌，仁忠义"主要针对伦理亲缘血统，强调君臣父子的伦理关系，在"仁"的范畴中轻忽本我的地位，因此更无法做到以己推人的"大爱"。

惜物爱人

仁者，原本的意思是惜物爱人，但儒家思想将"仁"赋予了由上至下的含义，君对臣仁，父对子仁，统治者对百姓仁，反过来则是"忠孝"观念，比如臣对君忠，子对父孝。但梁启超觉得，真正的"仁"应该是一种爱，要做到爱人，首先应先爱自己和自己身边的人，然后才能推己及人。如果连自己都不懂得如何爱护自己，连自己的亲近之人都不爱，那又何谈爱众生万物呢？

此外，梁启超认为，儒家把人分为三六九等是不正确的，因此他将"仁"的观念推及到"爱"的层面上，倡导现代意义上的人本和自由，推崇西方智者提出的人人生而平等，贫富贵贱享有同样的权利。因为中国封建社会存在巨大的等级差别，这对于阶级地位低的民众是极不公平的。一个乞丐或许没有皇帝那样大的权力，但是两者理应受到同等的尊重，只因为他们同样为人，而人人生而平等。

传统儒家的"仁"，并没有延伸到"爱"的范畴，而是更强调由此而产生的"义"。孟子曰"仁"，包括两方面的内容：即"仁"和"义"。然而什么是"义"？按照梁启超的解释，"义"即应事接物之宜，就是待人接物、处理事情所应合乎的道理。孟子认为"义"的反面是"利"，一个人对于"义"和"利"的区别和选择，决定了他是否能成为"仁"者。

也就是说，"义"的概念给人一个机会，对于"出"和"入"可以自由选择。孟子说："得志与民由之，不得志独行其道。"就是说君子得志的时候，要与老百姓一起分享利益，与民同乐，不得志的时候也要坚持好自己做人的原则，这就是对"义"的理解和选择，也是儒家"达则兼济天下，穷则独善其身"的含义。

孟子还说"一介不以与人，一介不以取诸人"，也就是说，不该给的东西，一点也不要给，不是自己该得的东西，一点也不要拿，这是坚守"义"的基本原则，不能因为"利"而抛弃"义"。儒家的这些思想，都是教人待人处事，明辨是非之理。倡导君子无论成败，无论得意还是失意，都应该坚持自我，坚守"仁"，内心时刻明辨"义"与"利"。

梁启超对于孟子的说法还是认同的，他认为中国人生活在一个用"仁"和"义"构建的圈子里，人们必须在圈子里生活，才可得到安宁与平静，如果踏出一步，便会惹来无穷的祸端。所以人们要提高自己的精神境界，就必须认真对待周围的人与事，以自己的切身体验去理解、追求"仁"和"义"。

"仁"与人格

梁启超说孔子所说的"学"，就是要教人养成人格。什么是人格呢？

梁启超说孔子只用"仁"来表示它，其具体名字应该是"君子"。但是儒家的"仁"和"义"早已被曲解和践踏。社会上还存在着一些假仁假义的强权势力，并且还出现一些"满口的仁义道德，一肚子的男盗女娼"的人，对于这些人的"仁义"标榜，梁启超是鄙视唾弃的。

《论语》中出现了许多次"仁"，但孔子对于"仁"的回答和理解却是不尽相同的。如果明白"仁"是人格的抽象名词，那么《论语》中所有的"仁"的观念都容易阐释了。比如"仁者其言也讱"，难道仁者一定要少讲话吗？梁启超不这样认为。颜渊问仁，孔子回答的是"克己复礼"，而面对仲弓的提问，孔子则回答"如见大宾""如承大祭"。因而梁启超认为，孔子所说的"仁"不是具体的某种行为，而是教人怎样做人，教人尽其本性，尽其本性方能尽人性，方能做到"仁"。

梁启超认为"仁"是一个拥有完整人格的人必须要做到的，他认为尽本性，追求"仁"，就是符合时代和自身的要求。晚清时期，他为了推翻封建帝制，与志同道合者对腐朽的封建势力进行批判，甚至立志革新变法，改变国家的现状，因此才会有后来的戊戌变法。对于变法者来说，他们把儒家的"仁"和"义"都摆在了首要的位置，他们需要思想解放和自由，这是合乎时代发展和需求的，因而变法是"仁"和"义"的体现。那个时代的人们，不再需要古板的封建教条，而是要构建充满文明和平等的和谐社会，因此，他们提倡维新变法，对百姓而言就是倡导"仁"和"义"。

由于物质利益所引发的贪念和恶念，使得人性很容易变恶，孟子从"仁义"的观念出现，则称之为失其本心。他在"鱼，我所欲也，熊掌亦我所欲也"中充分论述了他的"义利观"，最后发出"是亦不可以已乎？此之谓失其本心"。梁启超对此持赞同的态度。他说在两千多年前"仁"和"义"就被世人所认识到了，真正区分动物和人的最大不同就是"仁"的力量，人如果只知道追求安逸享乐，追求自身利益最大化，那么人与禽兽的区别又在哪里呢？梁启超对人和动物的区分是明确的，动物只知道生存和死亡，为了生存的利益血腥残杀，在它们的世界里没有仁义道德可言，弱肉强食才是亘古不变的真理。

对于人类而言，坚守人格比获取利益更为重要，见利忘义，背信弃义，都不是"仁"人应该追求的东西。丧失了"仁义"的人格，就等于说没有脱离动物性，孟子称之为"禽兽也"。没有人格的生命是可悲可叹的，如果人人为谋求"利"而抛弃"义"，整个社会也将变成禽兽动物生存的世界，民将不民，国将不国。

仁义与道德

梁启超讲到陆象山"圣贤之学，心学而已"，认为孟子的言论"养心莫善于寡欲"有一定的道理，孟子又讲"君子以仁存心，以礼存心"，以"尊仁守礼"扩大自己的人格。这些都是传统儒家所倡导的，梁启超十分赞同这种说法，认为人应该活的恬淡静然，用礼和仁来约束自己的行为，使之符合伦理道德和法律的要求。

在《论语》和《孟子》的书中，讲仁义的地方也是颇多的。按照梁启超的说法，在晚清时代，国家面临外强入侵、生死存亡的关头，如何恢复"仁"与"义"的良好风气，不仅是非常重要的，也是必须执行的。

人应该把自己和动物分开，认为自己是根本区别于动物的，人就是人，而动物永远都是动物，这在概念上绝对不可以混淆，西方文明讲究利益至上，追求最大程度的掠夺利益，而东方文明则讲究"仁义"，二者之间存在明显的分水岭。中国人立志强国，是以"仁义"和"大爱"统治国家，推己及人，而不是见利忘义，互残掠夺，因此梁启超倡导维新变法，反对侵略性的残暴革命。他认为，人类只要不能确认自己不属于"动物"，那么就永远不可能走出"现代文明的灾难"。单求利益是尔虞我诈、浑浑噩噩的生活，对于人类的生存发展是没有意义的，对整个社会也毫无价值。

在先秦诸子百家中,除了儒家思想以外,墨子的《天志》《明鬼》篇,也有关于仁义的学说,而道家老子也有"以道莅天下,其鬼不神"一语。墨家和道家倡导的道,包括了人对待周围万事万物的道理,就是如何处理自身与周围世界的道理,这些与儒家所倡导的"仁"有相通之处。因此,"仁义"不仅是儒家所提出的一个思想理论,它在实践方面对于社会和人类的发展都有重要意义。

谈人治主义：
圣贤在上位，可以移易天下

"人治"主义中的"人治"偏重一种以德统治天下的思维，是一种推崇圣贤主义的思想。儒家肯定了"人格"包含了强大的感召力，在此基础上政治就会衍生为"为政在人""有治人，无治法"等极端的"人治"主义。

儒家的立法是建立在"亲亲""尊尊"的原则之上，突出强调了"人治"的重要性。儒家的"人治"主义是指重视人的特殊化，同情心的外在表现，以及在偶然情况下认得道德走向。儒家思想是一种把人作为能够改变并且具有复杂的主动性和天性的自然生物进行管理和统治的思想。

清朝时期的儒学都是依靠不断地进行改良运动而发展的。清朝末期一场由资产阶级维新派领导的自上而下的，具有爱国主义思想和资本主义性质的改革运动轰轰烈烈地展开，但又迫于封建顽固派的压力，这场仅持续了103天的维新运动便以失败而告终。随之而来的新文化运动和五四运动接连发起，作为这些运动的精神领袖梁启超为发展和壮大中国民族资本主义做出了巨大贡献，批判了封建主义旧文化、旧思想，为中华民族新的思想的孕育创造了条件。

与此同时，儒家思想作为变法图强指导思想中的最主要一部分，康有为、梁启超等人的托古改制的社会改良思想也变得愈来愈成熟。梁启超曾评价儒家思想为"儒家言道言政，皆植本于仁"。孔子作为儒家思想的开拓者，他将"仁"作为思想的核心，但是孔子并没有能系统地考虑本体论的问题，而是仅仅从解决政治问题的要求上进行讨论的，梁启超又根据当时社会的实际情况与孔子的理论相结合，产生出支持法制与人治相结合的观点,从而利于"圣贤"的发展。

惟仁者宜在高位

孟子曰:"惟仁者宜在高位。不仁而在高位,是播其恶于众也。"由此可见,统治阶级贯穿始终的思想是重用怀有仁者情怀的人和仁者德性的圣贤之人,手中的权力才会更长久。

梁启超认为,儒家之道术,偏重于士大夫的个人修养,个人修养主要就是指个人的素养和品德。表面看上去范围似乎比较局限,但其实并不如此。君主管理国家时,天下大事都是士大夫或贤良之人想出解决的办法,以此安稳统治阶级的地位,因此国家的安定、人民的幸福疾苦、社会层次的分化往往都掌握在贤才之人的手上。

"惟仁者宜在高位。不仁而在高位,是播其恶于众也。"梁启超的生活环境实在国事败坏之时,政治危机和阶级危机都受到威胁。如果是由一批文人贤士作为反抗的领导者,"人人有士君子之行",那么清政府的政局就不会快速灭亡,相反,由一介莽夫指引天下,那么最后的结局必然是国破家亡。

在梁启超看来,儒家学说作为中国文化的重要一部分,在中国人民的思想中具有根深蒂固的影响,因此上层阶级便从中寻找突破口从而巩固自己的统治。

由于儒学在思想上的重要影响,帝王利用儒家招牌,针对漏洞实行专制,这种事情频繁发生但又在所难免,包括在梁启超与康有为变法时,也尝试利用儒学进行托古改制,从而使民众容易接受。与此同时我们也要注意到,几千年来,很多有力的学派,常常带有叛逆的思想。作为儒家开山派大师,如孔、孟、荀的思想在产生之初都带有很激烈的反抗精神。东汉时期为儒学最繁盛的时候,比如《后汉书·党锢列传》,很多具有丰富儒学知识的大师对帝王的威胁很大,因此,帝王们对那些当时有号召力的仁人，摧残得很厉害。又比如明朝的王守仁，虽然在其事业上做出了巨大贡献，但因为他的心学影响大，又带有一定的反叛精神，因而得不到发展。由此看来，儒家哲学有部分内容也可以说不是拥护专制的学问而是伸张民权的学问，不是奴役人民的学问而是反抗压迫的学问。所以对于有影响力的儒学大师，不仅受不到帝王的重用，反而遭受打压。把贼民之罪加在了儒家身上，对于儒学来说那真是太不公平了。

对于圣贤之人，贤能、德行、仁厚乃为治国的重要部分，有这种品行的人不一定能成为君主，但统治阶级一定是贤良之人。

人治主义

作为儒家创立的中国古代治国理论，人治主义长期被历代封建统治者奉为正统思想。经过一段时间后，儒家逐步发展为以"仁"为核心的思想体系。

对于维持封建社会的稳定，儒家的人治主义也会起到了一定作用，包括在现代社会所倡导的法治中，法治主义也需要建立在人治的基础上，也需要重视人的道德发展以及思想道德建设。

梁启超在《先秦政治思想史》这本书中首次明确地提出"人治主义"这一概念。他说："儒家此种政治，自然是希望有圣君贤相在上，方能实行，故我侪可以名之曰'人治主义'。"梁启超看来，要谈"人治"主义就免不了要提到"法治"主义。

梁启超认为，在数量众多的人群之中，"贤"与"不贤"的人只是占到了小部分，人群中以"中人"数量占大多数，通过有法可循、依法行事可能使这些"中人"成为"贤者"。如果没有"法治"这一说的话，唯贤者贤，而占了大多数的"中人"可能因无法可循，导致他们不能接近贤。

梁启超关于儒家"人治"主义和法家"法治"主义的论述则是为

实现其君主立宪的主张服务的。为了表明立宪制相比于专制的优越，梁启超同意法家以法治国的观点。虽然法家有一些难以避免的缺点，但都能通过与"人治"主义相结合来优化。

儒家所提倡的人治主义是"人治与法治的结合"之后的"人治"主义，不仅仅重视法律，同时更加注重于人的因素和道德礼仪的作用。

梁启超针对"法治"主义与"人治"主义的优缺点与互补性，发现了二者之间缺一不可的重要证据。"法治"强调法律，"人治"强调于道德，"法治"主义在治乱时能够做到不因人而异，把国家的治理奠基于法律之上。梁启超认为依照"人治"主义的观点，国家受客观影响大，遇贤则治，遇愚则乱。但是"法治"主义则不会使国家因为这样而受影响。梁启超说："夫专制国，则治乱续于贤愚者也。而立宪国，则遭贤与遇愚均者也。"梁启超认为这就是"法治"主义的"至精之论"。

"人治"主义补充了"法治"主义忽视道德作用这一缺陷。统治者治理国家时，离不开法律，也离不开道德。梁启超的观点是法家重视法律的作用，但是忽视道德的作用，鼓吹法律的万能论则是不可取的。

梁启超对于"人治""法治"两大主义的先进思想，对我国当今社会建设中国特色社会主义法治社会也有重要的参考价值，道德建设和法制建设也成为当今社会重要的一部分。

谈孟子：
"正人心"的唯心主义倾向

孟子在《孟子·滕文公下》中谈到，"昔者禹抑洪水而天下平，周公兼夷狄、驱猛兽而百姓宁，孔子成《春秋》而乱臣贼子惧。《诗》云：'戎狄是膺，荆舒是惩，则莫我敢承。'无父无君，是周公所膺也。我亦欲正人心，息邪说，距诐行，放淫辞，此承三圣者……"这是什么意思呢？就是说古时大禹抑制了洪水，所以才能天下太平，周公兼并了夷狄，驱赶了猛兽，所以百姓才能安宁，孔子做成了《春秋》，所以乱臣贼子才会畏惧，无父无母，是周公所激愤的事。我打算使人心趋向止气，使异端邪说消散，这是对三圣的继承。梁启超认为，这是孟子较为明确的一次在他的著作中提及"正人心"一词。

据梁启超先生考量，"孟子一书，就是要正人心，教人们存善心养善性，收其放心。至于谈到仁、义、礼、智，就用恻隐、善恶、辞让、是非之心作为发端"。作为四书之一的《大学》曾提过"格物、致知、正心、诚意"。心正方可意诚，可见在儒者的心目中，"正人心"是极为必要的。

"性善论"与"正人心"

梁启超认为，人性和人心的概念并不完全等同，人性的养成注重外部条件，社会环境等后天培养的客观因素，而人心考虑的更多的是主观感受、意愿情感等先天因素。这样说的话，人性与人心的关系，应该是人心决定人性，人性反作用于人心。

梁启超指出，对孟子的思想可以分三部分把握，其中最重要的就是性善论，他主张人心皆有四善端，恻隐、羞恶、是非、辞让，从而产生了"仁、义、礼、智"等人性特征。"性善论"是孟子谈人生和谈政治的理论根据，在他的思想体系中是一个中心环节。据梁启超的研究，在孟子的理论体系中，"仁、义、礼、智"是人们由心生出，与生俱来东西，是人心情感意志的外化，不是从客观存在着的外部世界所取得的。因此，他断定孟子的"性善论"是一套唯心主义的说法。梁启超还认为，孟子是站在唯物主义反映论的对立面，否认人的思想是社会存在的反映，认为人生下来就具有与生俱来的先天的善性的萌芽。

因此，孟子"性善论"是"正人心"的中心环节。梁启超认为，"仁"在孟子的理论中，基本上可以等同先天善性的"人心"。那么，什么是孟子口中的"仁"呢？梁启超说，"仁义"是孟子道德论的核心思想，这种"仁义"是有阶级性的，是建立在封建等级社会的基础之上的，要符合君臣父子夫妇的伦理秩序，但是，他反对统治者对庶民的剥削，反对国与国、家与家的战争，这就是孟子的"仁政"理想。因此，在这种思想观念下，孟子要"正人心"，是因为他希望以儒家的"正人心"来树立起一种等级信念，从而建立起一个《礼记》中那种人人向往的大同世界。

除了"性善论"之外，"息邪说"也是"正人心"的一个方向。梁启超认为孟子曾论邪说之害，说："生于其心，害于其政。"又说"格君心之非""一正君而国定"。由此可见，"正人心"在孟子心中的崇高地位。只有一个"正其心"的君主能使国家安定，使百姓安居乐业。这也是孟子为何要推行"性善论"的原因。只有提倡性善，人心才能正，天下才能太平。

因此，在当时的政治背景下，"性善论""正人心"和"行仁政"对孟子来说三者是不可分割的，都是他政治思想的一部分，其中，"性善论"是正人心的基础，而"正人心"是"行仁政"的前提条件。

"正人心"的唯心主义倾向

为什么说孟子"正人心"的思想中隐含着唯心主义倾向呢？梁启超认为，在孟子的思想中，只持有一种君主贵族"正心"的思想，在他的构想中，"正其心"大部分还是取决于君主，君主正心了，对百姓施以仁政，国家才能富强，社会才能安定。也就是说，国家的富强取决于重要的历史人物，这就走向了唯心的历史史观。

同时，把现实托付于思想构建的做法，无疑也是典型的唯心主义表现。孟子的做法并未实事求是，也没从当时的社会状况出发，做到具体问题具体分析，而是从古老的"周礼"出发，提出礼乐之邦"仁政治国"。但事实上，孟子所处的时代，社会结构发生巨大变化，早已"礼崩乐坏"，分封贵族的统治衰落，平民和士的地位提高，一批新兴的人才集团兴起，而孟子思考的问题仍然停留在理论层面，只想到周王朝初期人们如何做，而不是考虑当前的状况下该如何做。这也就决定了他的思想无法与时俱进，不是客观辨证地看待问题，是不符合当时的社会现状的。所以梁启超认为，孟子以不合实际情况的意识企图决定物质的世界，这是孟子唯心主义的显著表现。

因此，梁启超说，"孟子辟异端，我辈不必随声附和。"又说，"从《孟子》书中将其学说撷拾研究，便是古代学术史最好资料。"由此可见，梁启超对孟子"正人心，辟邪说"的做法是持批判继承态度的。梁启超认为孟子的"正人心"是与"辟邪说"相承的，在当时的社会条件下，政治动荡，国家分裂，企图以周礼之言重新构建天下的政治体系，显然是不合时宜的。各国的政治现状不同，而孟子却用同样一套"仁政"思想来劝说各国君主，无疑又陷入了唯心的另一种境况，即没有从实际情况出发，没有具体问题具体分析。所以梁启超认为，我辈不必学习这种"辟邪说"的做法，只把《孟子》当作文学史料研究就好。

梁启超的研究态度是可取的，他探究孟子的学术思想，研究其后的政治背景，取其精华，去其糟粕。除了学术研究的应用问题外，梁启超明确支持孟子"正人心"背后的精神力量，他晚年在清华演讲时曾说："要做一个'浩然正气，至大至刚'之人"，这便是"正人心"的精神力量。此外，从梁启超本人的生平来看，他也是极为支持这种"正人心"的浩然正气，无论是他早期的公车上书，还是戊戌变法，都是从"义"的角度出发的。

这种正义的作为，正是建立在孟子"正人心"的思想上的。梁启超先生认为，孟子的"正人心"作为一种唯心主义的思想，同其他的唯心思想一样，既有不符合现实情况的弊端，同时也有激励人心的好处。虽然在他的时代，"正人心"这一思想并没有得到极大发挥，反而因为不符合现实而处处受制，但是，从那之后，"正人心"不再受限于孟子界定的君主，而是扩大到整个儒家的精神层面，就更能发挥其作用。

在梁启超看来，孟子的"正人心"于社会发展有极大的促进作用。当"正人心"不再局限于儒家思想层面时，其作用和意义显得尤为重大。梁启超认为，我们要从另一个角度思考"正人心"的含义，把它放在对现实社会反作用的角度来分析。不可否认，孟子"正人心"的唯心主义思想，在他的时代因为不符合社会现状而成为"泡影"，这与当时的政治背景有莫大关系，但孟子的思想倾向却对个人修养、社会风气产生积极的正面影响，也是儒家思想在后代被学者们尊崇的原因之一。

谈荀子：
信性恶，重物质上之调剂

荀子在《荀子·性恶篇》中谓"人之性恶，其善者伪也"。这里所说的"伪"，就是人为，非天真本性之意。非真则非善，故而性善则伪。这句话的意思是人性本是恶的，人所行的善事是虚伪的、故意所为的，而不是人本身是善的。荀子认为行善事不是出自本心的，而是后天加附在其上的，但荀子虽持此说，却依然强调人心应当向善。"途之人可以为禹"。就是说路上遇到的一个陌生人，只要去追求善，行善事，最终是有希望达到大禹那种高度的。虽然荀子认为这是"矫饰"与"扰化"的结果，但是荀子认为要达到善，方法是人人可以做到积善为德。

性恶论的核心含义

梁启超先生曾说过："荀子与孟子同为儒家大师，其政治论之归宿点全同，而出发点则小异。孟子信性善，故注重精神上之扩充。荀子信性恶，故注重物质上之调剂。"在对比孟子和荀子的观点时，梁启超认为，孟子言"辞让之心人皆有之"，所以人性本善，而荀子的观点正好相反，谓"争夺之心人皆有之"，因此人性本恶。

梁启超对于荀子的观点极为赞赏，他认为荀子作为儒学大家，他思想的最大特色，就在于提出性恶论。性恶论有意义的地方，在于不以人类的行动由天赋本能所支配，而是推崇后天的人为教化和引导，故其教曰"化性起伪"。伪字从人从为，即"人为"之义。梁启超认为性恶论的主要贡献在于每个人都可以不依靠天赋，而是通过后天的"人为"努力，达到一个逐渐完善的过程，成为对社会和国家有用的人。

荀子相信人性本恶，在他自己的观点看来，人如果顺着自己的本性行事，那么世上将只有争夺、伤害和淫乱等恶事，而事实上，每个人应当师法礼仪，控制自己本身的欲望和利益追求，去矫正不良习惯，摒弃本性中恶的一面。梁启超虽然赞赏荀子的观点，但对于荀子性恶说也持有自己的看法，他认为荀子的性恶论在一些方面太过极端，不能当作完备的真理来看待，而是应当把性恶论当作一种教育的手段。性恶论的主张在教育方面具有很大的价值，如果离开了教育，专门讲性恶，那就不见得全是真理了。

如果不按梁启超说的把性恶论当作教育的手段，而是离开了教育谈性恶，会是怎样的结果呢？离开教育谈性恶，只是按照荀子的观点，说人性本身是恶的，那样只会给行恶的人找到一个作恶的借口，既然本性如此，就无法控制，因而导致恶人继续行恶。这样只会造成社会越来越不稳定，以及人际关系的不和谐和混乱，所以梁启超的观点十分客观，只有把性恶论与教育结合起来，把性恶论当作教导人的手段，才会发挥荀子性恶论的现实性作用。

在晚清社会时期，梁启超对于荀子性恶论的见解是很切合实际的。当时的封建统治极为腐朽，社会思想保守，在一定程度上难免会忽视道德教育。荀子性恶论讲，若人随自己的本性行事，就会造成许多道德败坏之事，最终导致国家内忧外患，满目疮痍。所以依照梁启超的观点，利用人性本恶这一理论来教育社会上的人们，不要以暴制暴，互相争夺倾轧，走向邪恶犯罪的歧途。正因为人本性是恶的，所以更要避免这种恶，努力纠正、改掉它，通过一点一滴积累善念，真正做到克制自己，由性本恶发展成为一个善人。

以物质调剂性恶

梁启超认为荀子信性恶,要重物质上之调剂,这又是为什么呢?荀子在《性恶篇》中曰:"今人之性,生而有好利焉,顺是,故争夺生而辞让亡焉;生而有疾恶焉,顺是,故残贼生而忠信亡焉;生而有耳目之欲,有好声色焉,顺是,故淫乱生而礼义文理亡焉。然则从人之性,顺人之情,必出于争夺,合于犯分乱理,而归于暴。故必将有师法之化,礼义之道,然后出于辞让,合于文理,而归于治。用此观之,人之性恶明矣,其善者伪也。"这段话则提到了性恶与物质之间的关系。这段的大概意思就是:人一生下来,根据人性恶的本性,就会有利财之心以及贪欲和情欲,因此人和人之间就会产生争夺、残害、淫荡和混乱等性恶之事。所以一定要通过学习法度,道德教化,礼义引导等手段,然后人们才会明白推辞谦让的道理,遵守礼法,人人遵守道德秩序和法纪,那么整个社会最终趋向安定太平。由于荀子承认社会的不平等,因此要求人们在贫富贵贱的限度内,获得相应的物质享用,可以在不平等中求得秩序,对国家和社会的稳定大有好处。

梁启超对荀子在不平等中求秩序的观点进行评论:"荀子从人性不能无欲说起,由欲有求,由求有争,因此不能不有度量分界以济其穷。剖析极为精审,而颇与唯物史观派之论调相近,盖彼生战国末受法家者流影响不少也。"梁启超所说的有度量分界以济穷,就是倡导在物质上进行调剂,让人人能满足基本的生活需求,争斗和抢夺就会减少,最终促成社会的和平稳定。

梁启超所处的社会环境是怎样的呢?晚清社会中,世界强国的社会生产力都在发展,全球的物质财富和精神财富都大大提高,而当时的中国封建势力腐朽落后,社会风气的不正,直接影响人们的价值取向。封建制度的发展势必造成贫富差距的拉大,所以梁启超在倡导维新变法的同时,很赞同荀子于不平等中求秩序的观点,认为有度量分界以济穷。维新变法是引入资本主义的君主立宪制度，保留一部分皇权，同时也尊重公民权利，整治封建残余势力的贪婪腐朽，将统治阶级的部分财富和权利分给广大民众，这就是梁启超所说的"济穷"的一项措施。因为封建腐朽势力严重地助长了社会不公平现象，使得社会成员获得财富的机会不平等，必然加重贫富分化，造成民不聊生，社会矛盾激化。社会失去了所谓的度量，忽视了物质上的调剂，就会导致各种严重的社会问题。

在当时的实际生活中，为达到梁启超所说的重物质上之调剂可以采取哪些措施呢？维新派提出，以实现社会公正、平等，让公民过上幸福安康的生活，以君主立宪的体制达到国富民强的目标。梁启超认为，荀子是从人性本身的欲望开始说起的，即人性恶，人有了欲望才开始争夺事物，有了争夺便有了不平衡。通过对荀子观点的阐释，梁启超深刻分析了晚清社会应该怎么做才能达到这一目标。并且通过人性本恶的观点警示、教育人们凡事行善，不要凭着本性做一些争夺、残害、淫乱的事情。同时全社会要重视物质上的调剂，只有这样相辅相成，社会才能达到物质财富平衡，整个社会才能井然有序，才能更加和谐。

谈阳明学派：
余波及其修正

梁启超在研究儒学思想时，对明代阳明学派的余波进行深入探讨，明清之际改朝换代，引起了思想文化方面的异动，程朱理学也受到了前所未有的挑战。梁启超对于这一时期的黄宗羲有诸多评价，认为他是"清代王学唯一之大师"，同时又指出"梨洲纯粹是一位过渡人物，他有清代学者的精神，却不脱明代学者的面目"，并下定论说"梨洲不是王学的革命家，也不是王学的继承人，他是王学的修正者"。在梁启超眼中，黄宗羲是学术史上的一位大师，也是明末王学的代表人物。

清初思潮

清初的学者们总结明朝灭亡的历史教训时，痛批阳明学派末流误国的空泛言论，主张建立罢黜虚谈崇尚实际并且留心经世的学术。在这场规模庞大的思想交锋中，出现了浙东黄宗羲、浙西顾炎武、湖湘王夫之三位儒学大师，他们在当时代表史学上三个不同的流派，但基本观点上都认为君子之所以为学，是为了救世，所以他们都痛斥明末空疏的学风，主张学术当"经世应务"，并且高举"经世致用"的大旗，形成了清初经世致用思想的浪潮，也为后世树立了治史致用、陈旧布新的榜样，产生了积极的影响。

梁启超在研究清初三大思想家的时候，肯定了他们在"经世致用"思想上的贡献。他认为，明朝灭亡后，引发了当时许多学者的反思，学者们认识到了宋明以来主张"明心见性"的空疏学风对人们乃至国家的危害，甚至将其视为明朝败辱灭亡的根本原因。因此学术应"经世致用"，这种观念对反思晚清时局动荡也有较大的意义。

明末清初时期，黄宗羲认为："明人讲学，袭语录之糟粕，不以六经为根柢，束书而从事于游谈。"就是说，明代做学问的人，只知道抄袭别人的著作的糟粕，却不以"六经"作为根本，局限于书本之内，只知空谈，却不学以致用。当时许多的学者所读的书，"不过经生之章句"，"其所穷之理，不过字义之从违，薄文苑为词章，惜儒林于皓首，封己守残，摘索不出一卷之内"。以至于"天崩地解，茫然无与吾事"。因此必须从学风上有所匡正，学术才会健康的发展。因此黄宗羲主张学问与事功相统一，即"道无定体，学贵适用"，"讲一身之行为则似是，救国家之急难则非也，岂真儒哉"，强调学术文章必须为世所用。

黄宗羲为清代浙东学派之开创者，他的思想对后世学者影响较大，其派又衍生为两部分：一个是史学，二就是王学，二者都对梁启超的学术研究有所启发。梁启超认为，黄宗羲对阳明学派的修正，也是他对儒学六经正宗的继承，这种务实的思想使清初的文化思潮更为活跃，为清初的学术理论发展指明方向，并开启了清代中后期的学术风气。

阳明学派的修正

梁启超在谈到阳明学派时说："东林领袖顾泾阳（宪成）、高景逸（攀龙）提倡格物，以救空谈之弊，算是第一次修正。刘蕺山宗周晚出，提倡慎独，以救放纵之弊，算是第二次修正。明清嬗代之际，王门下唯蕺山一派独盛，学风已渐趋健实。"阳明学派在明代中期兴起，其价值和意义不言而喻，对整个明代中后期文化思潮影响极深，但阳明心学的泛滥也引发了空谈放纵之风，学者们一味地沉迷于空泛的理论，逐渐忽略了传统儒家要求的"躬身力行"。阳明学派风行日久，一些严重的弊端就显露出来。

清朝初期有许多讲学大师,中州有孙夏峰,关中有李二曲,东南则黄梨洲。梁启超认为他们三位聚集生徒,开堂讲道的形式和中晚明学者没有什么区别,"所讲之学,大端皆宗阳明,而各有所修正。三先生在当时学界各占一部分势力,而梨洲影响于后来者尤大。"黄宗羲的学问是以阳明为根底,对于阳明所谓"致良知"有自己的理解,他说:"阳明说致良知于事事物物。致字即是行字,以救空空穷理,只在'知'上讨个分晓之非。乃后之学者,测度想象,求见本体,只在知识上立家当,以为良知。则阳明何不仍穷理格物之训,而必欲自为一说耶?"

也就是说,王阳明在倡导"致良知"的时候,将"致"作为"行"的要求,也是强调实践"良知",以匡正宋代理学的"空泛穷理"之弊,但后世的学者只纠缠着"致良知"的道理不放,把知识理论作为"良知"的根基,完全没有实践的精神,实际上是重新回到宋代理学"穷理格物"的老路上去,而这正是王阳明当年最反对的做法。黄宗羲对阳明学说"致良知"的阐释,充分体现了他赞同阳明理论的同时,批判后世阳明学派的研究弊端。

因此梁启超说:"像他这样解释致良知——说致字即是行字,很有点像近世实验哲学的学风。你想认识路,只要往前行过,便自了然;关着门冥想路程,总是枉用功夫。所以他于对本体的测度想象,都认为无益。梨洲的见解如此,所以他一生无日不做事,无日不读书,独于静坐参悟一类工夫,绝不提倡。他这种解释,是否适合阳明本意,另为一问题,总之和王门所传有点不同了。所以我说梨洲不是王学的革命家,也不是王学的承继人,他是王学的修正者。"梁启超肯定了黄宗羲对"致良知"身体力行的做法,认为他的"实验哲学"对匡正当时的学风十分有意义,也是对王学流弊进行了修正,虽然这种修正不一定符合王阳明当初创立学派的本意,但对于明末清初的社会环境来说,黄宗羲的修正很有价值。

清代学说的过渡人

梁启超对比了顾炎武和黄宗羲两人，认为顾炎武是清代学术的开山之祖，而黄宗羲是清代阳明学派唯一的大师，是清代学术的一位过渡人物，对王学进行修正，开启后世学者"经世致用"的研究。梁启超认为，顾炎武和黄宗羲皆为"王学"的反叛，但是各有特色，其"反动所趋"的方向各有不同，黄宗羲的思想始终不脱离王学，"但是正其末流之空疏而已"。而顾炎武则是"黜明存宋"，更重视学问的考证，两人做学问的方向都是以博大为特色，最后殊途同归，归一于经世致用，影响了整个明末清初学风的转变。

梁启超赞誉两人对清代学术的贡献，认为顾炎武注重有据，纵贯百家而通其源流，宁可阙疑也不主观臆断，这样的治史精神和方法给清代学术带来了清新健实的治学风气，不仅影响到乾嘉时期的史学，甚至对近代史学的发展也功不可没，因此毫无疑问，顾炎武被考据学者奉为开山大师。而黄宗羲则致力于明史研究和著述，"出蕺山刘氏之门，而开万氏弟兄经史之学"，开启了一门全新的史学流派，其后全祖望承上启下，邵晋涵、章学诚相继并起，到了清代中期，浙东史学达于鼎盛。

梁启超自身是一位史学大家，因此对清初掀起的以史经世的思潮极为感兴趣。他认为，清初史学家的思想反映出明末遗旧们"国灭而史亦随灭，普天心痛"的亡国情怀，但在这个思潮中有不少是对阳明学派进行的修正，其中代表人物就是黄宗羲。他对王学的整理、总结、创新都在清初达到了最高成就，因而能与顾炎武相同，都真正开启了一门新的学风流派。

谈道：
无为，无不为

梁启超认为："为而不有主义，可使世界从极平淡上显出灿烂。"又说"在老子眼中看来，无论为一身有，为一家有，为一国有，都算是为而有，都不是劳动的真正目的。"老子说"无为而无不为"，他的无为主义是什么也不做，而事实上却什么都做了，老子的"道"强调一种自然无为，也就是说做事时不必计较什么，喜欢做便做，不用瞻前顾后，也不要总想着"有为"，这样的话，表面看似无为，实际上会得到有为的成果。

何为无为，无不为

《道德经》第三十七章中明确提出："道常无为而无不为，王侯若能守之，万物将自化。化而欲作，吾将镇之以无名之朴。镇之以无名之朴，夫将不欲。不欲以静，天下将自定。"这段话可以解释为："道"经常是"不为"的，却又"无所不为"，君王诸侯如果能守住此"道"，万事万物就会自然而化。自然而化欲望就会产生，而用"无名"的质朴之"道"来镇住它们，而这无名的质朴之"道"，是没有欲望的，一个人没有欲望，就能保持虚静的状态，天下就自然而然归于正道。

因此，"道"的作用就是顺应自然发展，所以道是"无为"的，但是天下万物都离不开道的作用，所以"道"又是"无所不为"的。我们要顺乎自然，消除私欲，达到心态平静，这样，才能做到"无为而无不为"。从这一点来说，"无为"并不是什么事情都不做，而是应该按"道"的规律来处事。

上升到哲学的无为思想

道家的无为思想对后世影响深远,梁启超赞同道家"无为,无不为"的观点,认为道家很好地诠释了宇宙的自然规律。"道"对于天地万物的生化养育,虽然是一种创造万物的活动,却又纯粹是出于无目的无意图的自然而然。所谓"道法自然",所谓"夫莫之命而常自然",这里提出的"法自然""莫之命",其实就是意指"不是出于有目的有意图的命令"。老子认为,"道"虽然"生万物",却又"常无为"。"道"在无目的地养育天地万物的时候,又能够实现它想要的秩序。正是在这个意义上,老子提出"道"虽然"常无为",却又"无不为"。

不管怎样,老子对"道"的哲学思考带给后人许多启示,道家把对世界的思考上升到哲学层面,并在其中总结出符合自然发展规律的道理。老子主张出世,所以他的思想更具超脱性和哲学性,无为和无不为是老子对生活的思考,也是上升到哲学的一种追问。对于道家而言,不管是老子还是庄子,都主张无欲无求,对社会持一种无谓的态度,讲究清心寡欲,实际上,这是道家表面上的理论思辨,就老子而言,虽然主张无为,但无为的目的却是为了更好的无不为。统治者对百姓没有过多的控制和干涉,给百姓更多的生存空间,使得百姓生活富足,社会保持和谐发展,最终天下太平,也就是统治者有所作为了。

谈到道家的无为和无不为,梁启超谈指出道家有另一种思想,即辩证思想,有助于更好的理解无为和无不为。无为和无不为恰好是相反的两个方面,但道家认为,这也是两个相辅相成的方面。为了更好的无不为,所以才提倡无为,在某种程度上,这两个方面也可以相互转化。梁启超把老子的道家思维方式与儒家的思维方式相比较,认为老子的辩证法作为一种方法论,具有极其明显的特点。梁启超认为,依照老子的看法,虽然事物的两极是相对应的,但也是相互联系的,可以互相转化。

老子注意到此一极相对应的彼一极，因而也多次提出物极必反，过犹不及的观点。

道家与儒家的关系

梁启超在《儒家哲学》里认同道家思想和儒家思想之间不可割裂的关联，认为研究儒家最好的名义，仍以"道学"二字为宜。在《儒家哲学》一书中，梁启超指出：先哲说："道者，非天之道，非地之道，人之所谓道也。"又说："道不远人，远人不可以为道。"他认为道学只是做人的学问，与儒家提出的思想内容最吻合。如儒家的性善恶问题，讨论人性本质，已经接近于道的层面。同时，梁启超也提出道家与儒学的紧密关系，例如《老子》书中，讲仁的地方就很多，"失德而后仁，失仁而后义"，这些内容与儒家思想对照着研究，更能彰显出儒家"仁义"观念的道德性。

梁启超在谈道的同时，认为道家的物极必反观点，与儒家的"中庸"理论有相似共通之处。在日常生活中，无为和无不为是做一件事情的两极，有时人们会发现，什么都不做反而比什么都做效果好，努力太多却达不到预期效果。但是，老子也认为，不能将无为运用到所有的事物上，在大多数情况下，物极必反，而无为是一极，无不为是另外一极，有时候维持两极的中间，反而能解决一些问题。

庄子是道家的另一个代表人物，他援用寓言的方式来描述道的概念，向人们展示得道之人的崇高境界。但是梁启超分析庄子时，认为他所展现的价值观与老子并不完全相同，他将无为运用到个人身上，认为无欲无为的人最逍遥自在。在庄子看来，无欲无为成了达到这种最高价值的手段，但是庄子又指出，如果一个人主动向无欲无为靠拢，就是刻意地"无为"，与刻意的"有为"都是一样的，不源自本心的自然，难以达到真正的逍遥。

老子无为思想的意义

人们常常认为,老子不重视"为"。其实恰恰是大力倡导"无为"的老子,第一次从哲理的高度提出并考察了有关"为"的问题,老子所提倡的无为,实际上是指不妄为,人们只要不妄为,就没有什么做不成的事。万事万物都有它自身的规律,人们只能顺应规律,促其前进。梁启超认为,老子哲学的基本命题——"无为而无不为",是通过自身的种种矛盾悖论,精辟地展现了人与自然之间所蕴含的深刻道理。

老子的无为和无不为,是在总结宇宙的规律时得出的重要理论,也是道家阐释"道"的一种表现形式。梁启超认为,在谈道时要注意老子在无为与无不为的表面下的真正要传递的思想,老子所说的无为,是指不要刻意,不要勉强,做自己想做的事,不要踌躇不前就好。

道家无为思想对中国人的价值观念产生了巨大的影响,老子的无为思想包含着对社会的有益启示,它要求人们树立一种超脱的忘我境界,无欲无私,获得自由的思想。可以营造和谐的社会环境,引导社会向积极的方向发展。

第四章

有无之境，知行合一
——读梁启超《阳明心学》

梁启超先生曾在1926年撰写了一篇《王阳明知行合一之教》的小著,以王阳明的致良知之学作主要讲述,追溯其渊源,探究心学的核心主旨,用新时期的目光去理解圣贤的思想。

梁启超学贯中西,对中西的政治文化有双重的认同,他借用阳明心学的思想理论,用王阳明"六经注我"的学术方法,将西学广泛地融入传统经学研究体系中。他推崇"学贵自得""独立不惧""克己复礼"的精神,用心学精神鼓舞民众树立信心勇气,去除心中的奴性,并用紧贴生活的时代眼光,去重新审视心学的精华,融合了自己对阳明心学的思考,旁征博引,发扬心学的学术价值。

谈革新：
打破罐头

梁启超可谓是近现代史上争议最多的一个人物了，几乎在每个学术领域，他都算得上是领头人，思想学说总是与时俱进。对于学校教育的看法，梁启超竟然将当时的学校贬斥成"先施公司"，把师生关系看成买卖知识的交易双方，这些言论引领了当时的批判性思潮。现在看来，梁启超这样的评论依旧能居思想前沿。

梁启超说的先施公司，指的是民国初年名震一方的中国第一家"大型环球百货公司"，与其后成立的永安、新新、大新合称上海"四大百货公司"。梁启超把大学比作如此繁华硕大的公司，尤其把学生比作货架上陈列的货品罐头，实际上揭示出当时的教育僵化，培养学生采取批量生产，批量售出，好像制作罐头一样，从生产到包装到售卖，完全有一个固定僵化的流程。梁启超认为，教育僵化程度之深、范围之广，正说明了教育革新刻不容缓。

这一时期的梁启超用新观点批评中国学术现状，极其反对"知识贩卖所"式的教育方法，又看到中国教育模式岌岌可危，于是进行大范围的讲学，大规模的宣讲，曾在南开大学、清华学校、中国大学各处讲学。梁启超并没有具体把哪一所大学比作"先施公司"，但是学校中确实存在生产"学术罐头货"的现象，学生们遭受填鸭式的硬性教育，梁启超形容"一个个好像得了肝腹水似的"，并称这种问题叫作"鼓胀病"。在当时的现实中，已经有不少大学生怨声载道，埋怨无法学以致用，眼睁睁地看着自己的天赋被僵化古板的教育模式湮没，却毫无办法。梁启超指出填鸭式量产教育的弊端，学生们在这种教育环境下，只能学会书本上的知识，至于德行和实务，只能进入到社会上再重新学习，大多数学生都对此无可奈何："等我把知识的罐头装满了之后，再慢慢地修养身心与及讲求种种社会实务吧。"

回首历史，不乏罐头

梁启超所说的"罐头货"，就是指思想僵化、只学书本知识、不懂实践变通、缺乏个人思想特色、人云亦云的教育方式，由这种教育产生的"人才"，也都是标准的"罐头货"。这里，梁启超讲了一个宋儒大谈"井田封建"的典故，倒真是一篇大笑话。只是笑完之后又让人觉得不可思议，因为这个典故牵涉的是一位名噪一时的大学问家——宋代大儒李觏。

在梁启超看来，这是一位"超级"罐头货。中国封建社会"大而无当"，梁启超概括为"自古一统，环列皆小蛮夷，但虞内忧，不患外侮"，所以"墨守斯法，世世仍之"。中国封建社会多多少少还是维持着发展的状态，到了北宋时期，伴随着土地私有化和房屋土地买卖的发展，土地兼并造成的两极分化也日渐恶化。

"一时儒宗"李觏看不过眼，提出了"平土均田"，其著作《平土书》中，把《周礼》中提出的"井田制"加以无限美化，认为只有推行这种古老的"井田制度"才能解决土地分配不均的根本问题，也不怕造成社会倒退，他想的是，国家把土地全都收走，再平分给农民，这还不算，他还想把商人和手工业者也归拢起来，都交给国家管理，"工则统于司空，贾则统于司市"，天真地认为只有这个理想主义才能解决问题。梁启超认为他就是"罐头货"——目光短浅，如果井田制真的那么好，周朝还会灭亡吗？

梁启超分析到，其实李觏忽视了一个最重要的因素：周朝的井田制是农奴制，前提是国家拥有所有土地，再依照好坏层层分给诸侯、武士、农奴，农民们想要养家糊口就必须先给诸侯劳作，这样一来，国家把农民完全束缚在土地上，这种井田制实际上是把阶级划分的更加不公平，富人永富，贫民只能永远待在底层，这两极分化不就更严重了吗？

李觏提出的建议农民是不会答应的，更别说商人和手工业者了。因为李觏主张社会倒退，他这主张和学问，不符合现实情况，是一种僵化的书本知识，不懂得变通，也无法学以致用，不正像从"先施公司"买来的统一型号货品吗？

梁启超谈到宋代的改革家王安石，说他很赞同李觏的这套说法，甚至比李觏想的更狂野。据说，王安石曾提出"另开一湖以引太湖水"从而"得良田万顷"，梁启超认为，这种想法不切实际，王安石在文学著作和国家事业上都有建树，可是一谈到学问二字，就显得非常僵化死板，无法将学问与社会实际相结合，他提倡的一些改革策略最后都只能沦为空谈。

李觏和王安石在学问方面，一个是搞"农奴制"的大儒，一个是"另开一湖"的宰相，两人提出的治世点子，只能说是空中楼阁，丝毫没有考虑到社会现实，根本不能实行。因此，他们改革的生命力正像梁启超说的，"洪炉燎毛一般"，还没感受到那股热气儿，就"刺啦"一声消失殆尽了，只剩一缕焦烟味儿融入空气中。只要是稍稍有志气能务实的年轻人，都不会愿意做这样的虚空之人。

打破罐头，知行合一

在当时的社会环境下，年轻人深受着社会条件的限制，没有思想自由，没有言论自由，更别说政治自由了，这样一来，就算是有点先见之明的学生，也只能老老实实地在教育模式的囚笼里，把那仅有的志向一点一点消磨殆尽。梁启超也认识到，毕竟社会是个令人憎恨的"大砂轮"，一丁点冒尖就得给你磨光,他厌恶这种流水线式的教育方式,所有的大学生都被制造成罐头货,一个个思维呆板,与现实生活脱节,长此以往,中国知识分子的聪明才智都被扼杀,这是多么可怕的社会现实。

年轻人思维逻辑可塑性的最佳时机是青年时期,之后就慢慢定型,多半是被社会打磨的,而年轻人一旦被磨平棱角,就会变得平庸。初入社会的年轻精英有几个不是被社会现实折磨得痛不欲生,往往高不成低不就。究其原因,梁启超分析得很透彻,是学校把学生都"喂"成了"书呆子",学生们没有自己的实践能力,没有主观能动性,最后落得连个"高级无业游民"都不是。

中国自古就有"满街都是书呆子"的病根子,已经病入膏肓,哪能轻易除根?梁启超认为封建统治者就是想要这样,是害怕知识分子威胁国家,于是就钳制他们的思想,制造无数书呆子,把所有知识分子都沦为统治阶级的劳动机器,如此环境下,年轻人又该怎么办呢?

梁启超在"乃教以陆王心学,而并及史学、西学之梗概"影响下,认识到是时候唤醒国人了,是时候从根本上改造中国人民的素质了,于是对阳明心学给予高度重视,不论是从事政治思想斗争,还是从事学术研究,梁启超的思想与阳明心学都密不可分。基于这种浓厚的心学观念,梁启超开始积极推崇阳明心学,致力于修身讲学,逐渐达到了"心外无物,心外无理"的高度,又阐述出"致良知"的口号,以一己之良知作为检验天地万物的唯一真理,致良知于日用事物之间,完善自我、发展自我、唯吾自足,最终调制出"知行合一",即梁启超所说的救济法门。"知行合一"是一个动态过程,最重要的,最关键的还是实践,所以说"知而不行,只是不知",要想在社会中存活,必须做到知行合一。

中国所有的苦痛青年们,只要跟着梁启超"依教做去",就能学以致用,就能救自己,救社会,救中国!

谈口号：
口号背后的价值

在任何一个历史悠久的国家，顺应历史发展潮流呼声的号角总是会给整个历史带来难以消弭的影响。毫无疑问，这些呼声为整个社会的进步有着积极的影响，但我们不能否认，也不能无视某些口号自身的不足之处。今天我们不能不承认梁启超先生首先举起文学革命大旗对社会进步的重大意义，但同样地，亦是不能否认他革新理论自身的错误之处。只有清醒地认识到这点，我们才能知道革新运动兴败的更深层原因，了解梁启超先生自身在那个特殊年代的心理症结。

梁鉴江曾经说，"梁启超是戊戌维新的领袖、最有影响的启蒙思想家、中国近代学术的开拓者和奠基人"，他"是我国无与伦比的文章能手"。这些称谓道出了梁启超先生在启蒙、学术、文章几个方面的地位和成就。赵丰田和李华兴等人将梁启超先生称为政治家、思想家等。总而言之，正式地将梁启超称为"作家"的人少之又少。

其实，梁启超先生在文学上的成就和在文学史上的作用很大，与他同时代的人相比，可谓是首屈一指。他在各类文学体裁，诸如新体散文、诗、词、小说、戏剧等都有新的尝试和探索。最可贵的是，梁启超用他的创作实践与文学改革理论当作武器，领导了一场轰轰烈烈的文学方面的革新运动。1899年在《夏威夷游记》中正式打出"诗界革命"和"文界革命"的口号，为轰轰烈烈的文学革命吹响了第一声号角。

文学革命口号的出台

梁启超文学革命运动的发动与发展，是与他所领导的改良派的宣传阵地的扩展紧密地联系在一起的。即在国内的政治、宣传领地完全丧失后，他在异域重新建立的维新派的宣传阵地。1898年12月，《清议报》正式创刊发行。自创刊始，梁启超就急切地连载他所翻译的日本人柴四郎所写的政治小说《佳人奇遇》与《经国美谈》，这是他从事小说革命实践的开始。然而鲜为人知的是，梁启超接触日本的政治小说纯属偶然。1898年9月，仓皇出逃的梁启超乘船缓慢行驶在无边无际的东海上，颇感无聊，这时舰长送来日本的政治小说《佳人奇遇》供他解闷。虽然此书情节比较简单，人物性格又较为单一，但梁启超却立即将其视为珍宝，并将它译了出来。并专门为它作了《译印政治小说序》，这个一向不怎么爱好小说的人竟然宣告："小说为国民之魂，岂不然哉？"

1898年12月，在从日本去往檀香山的船上，梁启超甚觉无聊。"数日来偃卧无一事，乃作诗以自遣"，于是，他写下了一些随笔式的文字，即后来的《夏威夷游记》。在这本书中，梁启超同时打出了"诗界革命"和"文界革命"的口号，这是两个他早就已经实践但却未立名的口号。

他对中国诗歌千余年来千人一面、人云亦云的做法非常反感，"虽有佳章佳句，一读之，似在某集中曾相见者，是最可恨也。故今日不作诗则已，若作诗，必为诗界之哥伦布玛赛郎然后可。"他认为只有改革内容和诗界，才有中国诗歌的出路，"要之支那非有诗界革命，则诗运殆将绝"。梁启超又对日本德富苏峰"善以欧西文思人文"的写法倾慕不已。"中国若有文界革命，当亦不可不起点于是也"。至于倾慕苏峰的原因，主要是因为他"在日本鼓吹平民主义甚有功，又不仅以文豪者"。

无论是倡导诗界的哥伦布、玛赛郎，或者是主张以欧西文思人文，都有一个共同点，那就是要改革诗歌、散文的陈旧内容，注入西方的科学、民主、自由精神使文学成为当时时代的鼓点。从此以后，梁启超先生在诗歌、散文领域倡导的文学革命正式宣告开始。

"文界革命"和"诗界革命"两个口号的提出无疑为当时的文学界吹入一股新风。诗歌上，梁启超先生重视思想内容和艺术境界的革旧与换新，提倡以"日本译西书之语句"和"俗语"入诗；散文上，他主张"不检束""平易畅达"，有时还杂以外国语法的情感充溢的新文体的散文，用他巨大的感染力取得了空前的成功。口号的作用，犹如一面旗帜，旗帜不到，军队不败；口号不灭，精神不消。口号在文学革命的空前成功中起到了举足轻重的作用。

文学革命口号中的理论矛盾

所有先进的事物都逃不过时代的限制，梁启超先生发起的文学革新运动也是如此，他的文学革命口号主要包含以下几方面的矛盾。

功利与艺术的矛盾。功利其实是梁启超先生发起小说革新和散文、诗歌革新最根本的目的，就是希望文学能把他的政治理念带到祖国各地去。失去了站在权力中心号令天下的优势后，他能做的，也是他所擅长的就是宣传了。报章体散文的影响力在当时已经有目共睹，小说、诗歌被拉进去就势在必行了。政治理念宣传方式的立体化，同时也是文学革新的系统化。可是文学改革的主要动力并不是来自于文学本身，支撑梁氏文学革命的最显著的特征是强烈的功利性。

似乎是为了论证他的功利主张，梁启超不惜运用反逻辑的推理来推广政治小说。首先，用偷梁换柱的方法避开内容只谈效果；其次，用虚拟的结果反证前提。事实上，小说理论的反逻辑实质上是反艺术，就是撇开小说的艺术前提来漫谈它的艺术效果，文艺不能感染人就没有办法广为传播，小说也应该是先有现实生活的素材然后才能去影响现实生活。梁启超先生把形式和内容的两个主要方面都忽略了，这样做只能让作者和读者都感觉无所适从。

传统与革新的矛盾。打开梁启超的著作，不乏革新、革命、破坏的词语，无论是改良还是革命，他们所共同面临的第一个问题，便是如何摆放新旧器物。文学不同于家具，家具损了破了，大可弃之置新，而文学的传承性、复合性模糊了新旧的界限。梁启超先生4岁开始接触儒家经典，8岁习八股文，若要他摒弃传统文学实非易事，但他终于撇开旧包袱站了起来，而且举起了革新的旗帜，举得很果断，但步伐走得却异常艰难。

面对旧文学，梁启超批判得很是激烈，首当其冲的是小说，从来都是一棍子打倒，绝对不留任何商量的余地。梁启超很有另起炉灶之意，但真正实行时，面对传统，他却欲罢不能。理智上他极力摒弃旧文化，但情感上又与母体难以割舍。其实文学本身就存在新旧传承性，梁启超先生将旧文学全盘否定，已经违背了文学本身的发展规律。

情感与理性的矛盾。梁启超经常处在情感与理性交战的矛盾中。他喜爱华侨女子何慧珍却断然挥剑斩情丝，他尊康有为为师却又不能容忍他的顽固保守。在文学方面也是如此，理性的一面对人，情感的一面对己；政治革新的挫折越大，他文学革新的动机就越迫切。在情感与理性的不断冲突中，他游走在新与旧、理与情之间，在文学革命中情感往往是屈服于理性的。《译印政治小说序》拔高的是政治小说而不是小说，意即看中了其中的政治性、通俗性而不是其文学性。如何加强小说的文学性，序中只字未提。

梁启超在情感上依旧不能将小说提升到文学地位，理性上他又必须千方百计甚至不惜虚拟历史。一边是认知上的不协调，一边却是竭力鼓吹，梁启超先生希望政治小说在国内迅速打开市场，赢得最多的作者和读者，从而靠它完成依靠皇帝、督抚都没有能完成的维新事业，这个任务该是有多么的艰难！

谈知行合一之内容：
"假的朱学"

在学术观点上，梁启超自始至终都非常推崇王阳明的理论。他在对阳明心学进行非常深入地学习了解后，对阳明心学所秉持的是一种认为它是"济时之良药"的观点，并且将阳明心学和当时主流的朱学进行比较，再结合梁启超自己的观点和对社会俗事的看法，对阳明心学中的"致良知"和"知行合一"这两个重要命题进行了系统的分析和评价，最终目的是希望通过阳明心学的广泛流传来激发国人心中对于社会正义的追求和对生活的热爱，以这种方式来推动社会的进步。

明代心学的发展在朱熹之后，以陈白沙为先导经历了十几年的成长阶段，在王阳明时期达到了鼎盛。尤其是在万历时期，阳明心学的发展足以与当时在社会中所流行的朱学相抗衡，打破了渐渐走向僵化的朱学对社会的控制，对明代社会自上而下都有产生了深刻的影响，在明代中后期改变了朱学对社会产生的诸如学风不正、思潮沉郁等现象。这点对于以梁启超为代表的那些谋求近代社会变革的进步人士有着重大的借鉴意义。

梁启超在《中国近三百年学术史》《论中国学术变迁之大势》这两部思想著作中从学术史的高度赞扬了王阳明，认为阳明心学的出现结束了五百年道学对于社会的统治，王阳明是开启了新思潮的代表性人物。梁启超对于阳明心学的研究并不是片面、激进的，而是全面的、历史的。这一点梁启超在自己的著作和与别人的谈论中都有体现："其时《性理大全》一派变为迂腐凋敝，把人心弄得暮气沉沉的，大多数士大夫尽管读宋代五子的著作，不过猎取声名利禄的工具，其实心口是不一致的。阳明起来，大刀阔斧的矫正他们，所以能起衰救弊，风靡全国。"

关于"知行合一"

梁启超关于"知行合一"这个重要命题的解释，认为它是"致良知"的自然延伸，是王阳明这位心学大师留下的一个十分有特色同时也有着沉重价值的口号。梁启超认为："阳明既然主张'致良知'，更不能不主张'知行合一'，'知行合一'代表了王阳明的讲学宗旨和学术精神。"

最早关于"知行合一"的说法在《论语》中就已经出现了。《论语》中曾说："贤贤易色，事父母能竭其力，事君能致其身，与朋友交，言而有信。虽曰未学，吾必谓之学矣。"这句话的意思就是一个人如果能够尽自己的全力去孝敬父母，能够身体力行的为君王办事，在与朋友的交往中能够说到做到，即使他说自己没有学习过，我也会说他已经学过很多东西了。孔子认为这样的人在他无意识之中就已经做到了"知行合一"。

朱熹曾提出"致知力行……论先后当以致知为先"的观点，认为知在行的前面，同时对"格物致知"的观点提出要求，要"穷尽事物之理"，这样才使人获得更多的知识。王阳明认为"知之真切处即行，行之明觉精察处即是知"，"知行功夫本不可离，只因后世学者分为两截"。他"知行合一"的说法其实是对于朱熹"知先行后"的格物致知说的反驳，强调人的主体意识，即为人的良知的能动性、自觉性和自足功能，主张人们向内下功夫来冲破长期以来程朱理学对人们思想意识的束缚。

"知"和"行"其实是属于认识论层面的概念，辩证地去看待的话，两者就是一个事物既有联系又有差别的两个方面，且两者在表里都有着牵扯不清的关系。王阳明自身认为"知"和"行"两者本身并没有什么区别，曾指出"只说一个知，已自有行在；只说一个行，已自有知在"，对于"我今说个知行合一，正要人晓得一念发出便是行了"这种观点进行了多次的强调，概括为"知是行的主意，行是知的工夫；知是行之始，行是知之成"。

这样的论断，从表面上看是将人的意识知觉与实践行动看作具有统一性的事物，混淆了两者的具体界限，对心体的作用进行了夸大，实则是为了强调"知""行"二者并无区别。梁启超对于阳明心学中的这点有着非常强烈的认同，他对"知行观"有着这样的见解："把知行分为两件事，而且认为知在先，行在后，这是一般人容易陷入的错误观念。阳明的知行合一说即专为矫正这种错误"，"世未有之而不行的知，知而不行，不是真知"。并用通俗易懂的个人对于臭鸭蛋、臭豆腐这类食物的偏好习惯来对"知行合一"进行举例说明。

曾有钱德洪等人对于阳明心学中的"致良知"和"知行合一"的观念提出这样的论点："三十八岁始以知行合一教学者，五十岁始揭致良知之教……表面上看来，从前说知行合一，后来说致良知，像是变更口号"，梁启超批判了这样的学术观点，他认为"致良知"和"知行合一"这两个观点的内容其实是一样的，同时，为了更有力的来证明自己的观点，梁启超引用了王阳明《与陆元静书》中的原文来进行说明："《易》谓知至，至之"，"知至者，知也；至之者，致知也。知此行之，所以一也。近世格物致知之说，只知一'知'字，尚未有下落，若'致'字工夫全不曾道着矣，此行之所以二也。"

关于"假的朱学"

对于清代学术，梁启超则认为是对于宋代儒学的"复古"。在《清代学术概论》中这样写道："'清代思潮'果何物耶？简单言之，则对于宋明理学之一大反动，而以'复古'为其职志者也。"这句话不仅揭示了清代学术与宋明理学的关系，还说明了清代学术的本质和主要特征是"以'复古'为其职志"。

宋代的儒学家并不止于儒学著作，对其他学派的思想言论都十分感兴趣，尤其是对自然知识和科技。张载作为宋代儒学的代表人物，对道家和其他学派也有非常深刻的研究，他主张"惟博学然后有可得以参较琢磨"和"学愈博则义愈精微"。朱熹也曾经说过"一书不读，则阙了一书道理；一事不穷，则阙了一事道理；一物不格，则阙了一物道理。须著逐一件与他理会过"。不管是朱熹还是张载，所申明的原则就是学者不要将自己的学识固定在一个范围内，应该对多个方面都有所涉猎，这样才能更加全面地做好学问。

与此同时，他们还强调要时刻保持怀疑精神，再结合求理精神这样才能在格物之后建立自己的义理之学。张载和朱熹都是这种思想和学法的支持者，"义理有疑，则濯去旧见以来新意"，"读书无疑者，须教有疑；有疑者，却要无疑，到这里方是长进"和"学者不可只管守从前所见，须除了，方见新意"等说法皆是对此思想的理论阐释。

梁启超作为一个深受这种思想教育影响下的学者自然也会对自己所学的内容提出质疑并有自己的解释，他就曾对朱熹的"格物穷理说"提出反驳，认为"天下事物如此其多，单一件已够消磨你一生的精力，朱子却用'即凡天下之物'这种全称名词，试问何年何月何日才能'即凡而穷过'呢？"

世间存留万物，万物都有自己的道理的话那就世界存有万种理由。一个事物就够一个人一辈子的世间去弄懂它的道理，那朱熹希望人"穷尽其理"，人怎么可能有那么多的时间？所以这段话其实是在一定程度上对于"朱学"的反驳，认为这样下去结果必然就是"泛滥无归宿"且"虚伪而无实着"的，更不可能会达成最终能够"致良知"的目的。如此的自相矛盾，梁启超自然就将此判定为"假的朱学"。

谈哲学依据：
重实践的唯心论者

王阳明有段关于善恶与良知的关系的话是这么说的："无善无恶心之体，有善有恶意之动。知善知恶为良知，为善去恶是格物。"其实，他说的就是人心本无善恶，善恶的定性之分是由人的意念目的所指使的行为决定的。人知道了什么是善恶之后就应该明辨是非，这就是王阳明所认为的"良知"，在此基础上惩恶扬善，多行善事就是"格物"的最终目的。

这段话不仅阐述了王阳明的善恶观，其实还是王阳明对于"良知"和"格物"这两个概念的认识，完全颠覆了传统理学中的思想禁锢。这样的"心学"思想也给了博闻强识的梁启超以非常深刻的思想启蒙，使他坚定不移地成为了心学思想的支持者和传播者。

对于儒家学派，学术界较为统一的一种观点认为在孔孟之后儒学在民间的发展并没有什么较大的突破，而王阳明的出现不仅打破了当时已经走向僵化的理学对于人们思想的禁锢，更是提出了与理学完全不同的观点，对于人们的思想解放起到了一定的推动作用。

梁启超曾经这样评价过王阳明，说他是"晚明士风冠绝前古者，王学之功不在禹下也"，认为王阳明对于人类历史的推动作用并不比大禹治水的功劳要小，甚至是可以相提并论的。他也曾毫不掩饰过自己对于心学的推崇，认为"心力是宇宙间最伟大的东西"。为什么梁启超会这么推崇王阳明的心学呢？

结合梁启超的人生历程，我们不难发现，他与王阳明在冥冥之中似乎有着一种天定的缘分。梁启超幼年求学，在康有为的教导下"乃教以陆王心学，而并及史学、西学之梗概"。从小就深受心学变革思想的浸淫，在为社会谋求变革的时候自然会选择心学的观点成为自己的理论依据，而在他晚年深入学术研究的领域范围内，心学也占据着十分重大的位置。阳明心学就像是一根血脉长在梁启超的身体里，为梁启超提供绵延不绝的养分。

将心学应用于实践

梁启超是最早对报刊的重要作用有深刻认识的少数政治活动家之一，也是中国历史上第一个以政治家身份从事报刊活动的积极分子。他十分善于利用大众的报刊来进行舆论宣传，参与创办的第一份维新刊物《中外纪闻》在封建地主阶级顽固派的打压下被迫停办，梁启超本人的"服器书籍皆没收，流浪于萧寺中者数月"，狼狈不堪。维新派的第一次办报活动遭到严重挫折，但他的如椽巨笔在中国政海几度翻起狂澜，推崇他的人称赞他"舆论骄子"，痛恨他的人诅咒他是"文坛野狐"。

然而梁启超并未气馁，他从《中外纪闻》的停刊中受到鼓励，从而看到了报刊的巨大作用。他决心继续创办报刊，利用报刊的大众传媒的作用，大力宣传维新思想，为维新思想的发展作舆论上的准备。1896年春，维新派人士创办了以"时务"为名的刊物作为维新派的理论阵地，梁启超也积极参与报社的筹备工作，几个月后，《时务报》正式创刊，该报以宣传维新变法、救亡图存为基本宗旨。创刊后，应众人之邀，梁启超任主笔。同时参加编撰工作的还有麦孟华、徐勤、欧榘甲、章炳麟、王国维，在他们的周围，还有马良、马建忠、严复、谭嗣同、容闳等人。

于是，在经历北京强学会和报社《中外纪闻》被查，国内的"渐讳新政"后，以《时务报》为中心，一大批维新志士开始重新聚集在一起。理所应当的，《时务报》就成为维新运动的一面旗帜，而扛起这面大旗的就是当时年仅 23 岁的梁启超。

由于梁启超的巨大付出,《时务报》出版后就受到热烈欢迎,"一时风靡海内"。它的发行点很快从十几处增至一百多处,发行地区由沿海城市延伸到边远小镇。超初每期只销四千份左右,数月之间,销行至万余份,最多时达一万七千多份。《时务报》因梁启超风行天下,梁启超亦因《时务报》名扬四海。

在此期间,除主编《时务报》外,梁启超还参与策划和支持其他报社的活动编辑。对在华南舆论重地的《知新报》,梁启超更是"全力助成"。他为该报拟定报名,筹措出版经费,撰写稿件,先后在该报发表了《说群》《新学伪经考叙》《保国会演说》等 18 篇文章。由于《知新报》远在沿海地区,清政府无法触及。因此,有时其言论之尖锐甚至超过了《时务报》。《知新报》与《时务报》南北遥相呼应,彼此配合默契,极大地传播了先进的思想理论,也促进了保守士大夫等知识分子们的思想解放。

当他日后再回忆起当年的意气风发,梁启超是这么形容的:"每期报中论说四千余言,归其撰还;东西文各牌二万余言,归其润色;一切奏牍告白等项,归其编排;全本报章,归其复校。十日一册,每册三万字,经启超自撰及删改者几万字,其余亦字字经目经心。六月酷暑,洋蜡皆变流质,独居一小楼上,挥汗执笔,日不遑食,夜不遑息。记当时一人所任之事,自去年以来,分七八人始乃任之。"

以心学寻济世之良方

戊戌变法失败后,梁启超亡命日本。虽然被迫离开故土,但他对国内政治变革给予了高度关注,参与思想斗争的热情丝毫不减,写下了《自由书》《少年中国说》《新民说》等一系列警励世人、自省进步的文章,并提出了"新民"说的理论。

梁启超认为"我国民所最缺乏者，公德其一端也"。从古代中国开始对于人的道德启蒙要求就发展得非常早且要求极其严格。但仔细研究道德规范的内容，更多的则是偏向于"私德"，即"一私人对于一私人的事"的方面。这内容对应在古代社会就是如君臣、父子等具体的社会关系，由此观之中国古代社会生活就体现出一种"束身寡过主义"，并且延绵了数千年的时间。"人虽多，曾不能为群之利，而反为群之累"就是对于"私德"极其真实的写照。但是在新伦理所倡导的"公德"下，是"一私人对于一团体之事"，"苟欲言道德，则其本原出于良心之自由"，是由公民超强的责任感而产生的。从此观点出发，也能非常明显地看出梁启超对于阳明心学的赞同和宣扬，"公德"其实也就是"致良知"和"知行合一"的另一种提法。

如果心学是圣贤功夫，那么"知行合一"在阳明心学中所强调的更像是一种俗世智慧。"知先行后"，守仁先生曾说"心虽主于一身，而实管乎天下之理；理虽散在万事，而实不外于一人之心"。梁启超不仅认为阳明心学是新国民道德的一个重要要素，而且还赞同苏格拉底、康德、黑格尔等哲学家与阳明心学有着极大的内在统一性，并且还把康德、黑格尔的道德主义与王阳明的心学调和为一。

作为一个从传统思想中孕育而生但是深处在风云际会时代的一位思想家，梁启超不仅能从以往的思想中找寻出能够帮助人们进行思想解放的部分，而且还牢牢把握住了时代的脉搏。对于任何一种思想，梁启超认为都不能够死板地去学习："凡一种思想，总是拿他的时代来做背景。我们要学的，是学那思想的根本精神，不是学他派生的条件。"

开风气之先河

如果说年轻时代的梁启超在儒家所讲求的"内圣外王"中较偏重个人道德修养中的"外王"，那么到了晚年，他则更看重个人道德修养的"内圣"方面。虽说在他晚年的学术上对于阳明心学提及较少，但从他对传统文化的热情中仍不难看到阳明心学的重视。

阳明心学中对于不同的具体行为要求也是不一样的，对于实践活动要求"诚意慎独"，君子的人品气节要"刚毅近仁"，所突出的是以人为主体的道德的主观能动性的重要性，认为"立国"的首要任务是在"立人"。梁启超对于阳明心学的解读有着自己的看法，认为阳明心学作为王阳明对传统儒学的修正和改良，其"知行合一""致良知"中都对人的主观能动性和实践颇为重视且具有良性的启发作用，这都为近代思想家提出"新民"或"立人"思想提供有利的思想基础。

这种思想体现了梁启超晚年即使是有了"为学问而学问"的倾向，但无论是早年的"改良群治"也好，还是晚期的"为人生"也罢，他对民众与生俱来的使命感和责任感却并没有任何改变。

梁启超晚年迷上国外的生命哲学，且对于生命哲学进行了更多的阐释，但这也间接促成了中国近代儒学向现代新儒学的转变，为儒学的发展赋予了更多符合时代发展的新内容。虽然从表面上看，梁启超对体系建立并非有明显且巨大的贡献，但新儒学思想家的思想无一不从梁启超的如何吸收西方先进文化来变革传统儒学等理论中启发而来。这样分析的话，梁启超在这方面仍是开风气之先的。

谈致良知：
除却良知还有什么说的

从哲学的根本属性上来说，王阳明的"致良知"思想虽然属于唯心主义哲学，但是他的学说却对后世产生了极大的影响。不仅是中国本土，还对日本等东亚国家产生了非常深远的影响。

梁启超先生对阳明心学思想的影响如此评价道："唯物派只能造出学问，唯心派亦能造出人物，吾国之王学，唯心派也。苟学此而有得者，其人必发强刚毅，而任事必加勇猛。"他认为心学对人的思想是比唯物更为深远且强大的，能对人的性格和品质起到与建设作用。他十分看重王守仁"知行合一"说在道德修养中的作用，十分赞同王阳明"知行观"的观点，认为"知是行的主意，行是知的功夫；知是行之始，行是知之成具有积极意义"。

对致良知的阐释

对于"致良知"的观点，梁启超是非常重视的，认为这观点是王阳明先生经过了一生刻苦钻研出来的，一个字也不能随意改动，且在此思想中，最应该被重视的是"致良知"的"致"。

"良知"一词最早是孟子提出来的。孟子对于"良知"的观点陈述为："人之所不学而能者，其良能也；所不虑而知者，其良知也。"意思就是人是有良能和良知的区别的，两者侧重的是不同的方面。良能更侧重于天生所得，即天赋；而良知就是人们依据本性来判断对错且明白事情的道理。王阳明将孟子的"良知"概念拿过来归纳到自己的哲学体系中，在本体层面上给予了他其多重的蕴涵。

在阳明心学中,"致良知"是王阳明知行合一学说中的基本核心内容。良知的本体义表现为存在的根据，德性的本原，先天理性原则等多方面的统一，在这里面非常重要的一个方面就是要"知本"。王阳明认为"致良知"是提高自身道德修养的最根本途径，可以恢复人天生的本性。

对于王阳明心学中对于良知的强调，梁启超认为良知是每个人都具有的东西，是天生都具有的不需要人们的额外努力。只是由于社会的种种遗传和熏染，把良知弄得黑漆漆的，变得凌乱不堪。要想恢复良知，返回到最初良知，人们就应该去挖掘自己的内心深处最本初的东西。而要去寻找儒学最本初的东西，梁启超认为有两点非常重要：一是梁启超吸收了王艮（心斋）的观点，认为良知就是指引着人们去苦求乐,"人心本自乐"。人生的目的就是要追求幸福快乐，这和边沁、穆勒功利主义思想非常接近，具有近代主义色彩。二是梁启超强调要独立思考，坚持自己的良知判断能力，不循规蹈矩，不盲目迷信，不绝对相信权威，这样才能有创造性的思维。

阳明心学在后世的发展中分为了两派，一派偏向于本体者（即注重"良"字），以王畿（龙溪）、王艮（心斋）为代表，他们被称为是泰州学派；另一派着重于功夫者（即注重"致"字），以聂豹（双江）和罗洪先（念庵）、刘文敏（两峰）为代表，这派是江右学派。梁启超的学术观点正是对江右学派的继承和改造。

梁启超从辨术、立志、知本三个方面，挖掘了王阳明"致良知"与"知行合一"的学说，把它们与救国实践紧密地糅合在一起，这又把私德与公德联系了起来。在谈到王阳明"知行合一"的道理时，梁启超说道:"知而不行只是未知两语，是先生所以说知行合一之宗旨也。故凡言致良知，即所以策人于行也。然则专提挈本体者，未免先生所谓闲说话矣。"他认为那种只会思考，而不肯去做事情的人，空喊口号是无济于事且流于形式的。现在的人口里讲着爱国,不仅仅只光激昂慷慨发议论,更重要的是去行,如果知而不行,那就是没有希望的人。用他的话来说就是"有良知而不肯从事于致之之功,是欺其良知也"。

致良知的道德力量

梁启超把王阳明的心学中将良知说成先天就有,每个人都一样,不具有任何真实的内容的学说认为是主观唯心主义。但是这种唯心主义对于人的道德教化修养作用是正面且积极的。他一再强调良知在道德修养中具有自我评价和自我调节的作用,强调善恶行为都是人们根据自己的道德信念和道德情感自觉选择的结果。肯定了道德修养是主体的一种积极的、高度自觉的思想斗争。这样就牵扯到了关于人本性之善恶的讨论。

在人性论方面,梁启超更倾向于孟子提出的传统的性善论。他曾用公羊春秋之三世说这个故事来阐述人性:"据乱世之民性恶,升平世之民有善有恶,太平世之民性善"。就是说,身处乱世的人民他的本性是恶的,而处在由乱世向太平盛世过渡的人他们的心性有善有恶,处在太平盛世的人的心性是善良的。人性的善恶是与人所处的社会环境有关的,孟子所说的性善,实际上是大同社会才能达到的现象,得益于大同社会的良好社会环境。不仅如此,他又用佛教学说来分析性善论和性恶论的区别。"则人性本有真如与无明之二原子,自无始以来,即便相缘。真如可以熏习无明,无明亦可以熏习真如。"即人的本性是有"真如"和"无明"两个方面的,这两个方面可以互相影响。

即使在儒学体系内,人们对于本性善恶的讨论也是有所争执的。孟子认为本性就是"真如",是善;荀子只承认"其无明者为性",认为这样就是恶。所以梁启超对于两者的评价概括就是"荀子不知有真如,固云陋矣。而孟子于人之有不善者，则曰非天之降才尔殊，其所以陷溺其心者然，以恶因专属后天所自造，而非先天所含有"。而孟子和荀子都两人只看到了其中的一个方面，因此对本性的把握并不全面。

由此看来，其实梁启超支持的还是性善论，认为人性的善是先天就具有的，而所谓的恶则是现世环境对人们的影响。在这种认识基础上，他认为道德修养相对于人心固有的性善来说是非常必要的，"其功专在矫正，矫正者，克治也，消极的也"。梁启超实质上是把人的道德修养的本质理解成为是两个方面的内容，分为积极和消极的内容，积极的能够让人心充满了善良；消极的方面会矫正人们因为后天环境所养成恶习。

在介绍道德修养的方法与途径时，梁启超大力推崇王阳明的"致良知"学说。王阳明的"致良知"具备认识论意义的很多方面的内容，而梁启超则主要从道德修养的角度来解释和扩充，将良知加上具有伦理学上良心的含义。梁启超把内心的意念和动机都作为行，认为每个人都具有这种不学而知处便是行的思想。实际上就是以知代行，是一种主观唯心主义的道德修养论。

与此同时，梁启超在推崇"知行合一"时又对其进行了一些新的解释。他说："既明知行合一之义，即非徒识良知之原理，且能知良知之应用，而所谓致良知之学，非徒善其身，迂阔而不足以救世变者，甚明矣。"梁启超企图通过这种说法来说明自己所说的良知是固有良知，是人性中善良的那一部分，人们要用良知来知道自己的实践行为，不管外物环境如何，都要保持自己的良知不要被迷惑。

但是梁启超的这种解释其实已经超出了于王阳明对于"致良知"的本意和要求，但是却使道德修养具有某种实践的意义，这也是与梁启超所主张的"道德者，行也，非言也"的观点相吻合的。

对于"知行合一"，梁启超还解释了道德行为及其动机的关系，他说：

"良知者，非徒知善知恶云尔，知善之当为，知恶之当去也。知善当为而不为即是欺良知，知恶之当去而不去即是欺良知。故仅善念发未足称为善，何以故？以知行合一故。仅恶念发已足称为恶，何以故？以知行合一故。"

关于善的理念，要做到"知行合一"才能达成真正的善，这样才能把良知投身给社会，但是对于恶，只要已经怀有恶的想法就是已经对良知的不忠。这种解释虽然是以良知为基础，具有主观唯心的部分，但是它对我们理解动机与行为的辩证关系却是有益的。

所以对于"致良知"的终极方法，梁启超运用了王阳明的话来定论："对良知尔只不要欺他，实实落落依着他做去，善便存，恶便去，何等稳当，此便是致知的实功。"他又进一步提醒说："此示致良知之工夫也，只要不欺良知一语，便一辈子都用之不尽，何等的简易。只要坚持不欺良知的宗旨，而私欲之萌，遂若洪炉点雪也。"其实，只要以良知为万事之标准，一切行动都会符合道德的标准。

谈圣人：
见满街都是"圣人"

梁启超认为在中国传统文化中，"圣人"指知行完备、至善的人，是有限世界中的无限存在。用古话来说就是"才德全尽谓之圣人"，这个词语最初讲求的是对"至善""至美"的人格追求，所以"圣人"这个词在传统印象中是个完美的人，达到的是尽善尽美的状态。但后来的诸子百家还有从古至今各种宗教、学派，也都有自己学派认定的圣人，这些人都对自己学派或者宗教的发展做出了极大的贡献，如道家的黄老列庄，儒家的尧舜孔孟，墨家的大禹等圣人，他们是被当时的人推举出来的，但是也都是受到了后世公认。

纵观历史，在古代先秦时期，"圣人"一词其实并非儒家专有。所谓"圣人"，在古代有着非常的道德要求的，这从"圣"字的繁体字就能看得出来。字上左有"耳"旁来表示圣人首先要有耳朵去"闻道"，以达到"通见天地之正理"的目的；上右边为"口"表以宣教正化于众；下为"王"要求圣人同时也要具有身为君王一般的能够作为典范一般的德行教化。这么总结之后，"耳顺之谓圣"。

所以在中国古代，圣明的君主帝王以及后世中有道德高尚、学术造诣高深者就能被称"圣人"。诸子百家的书籍中经常出现对于"圣人"的界定，而且有的宗教会专门通过一定的仪式加封圣人。但也有的人直接被大众尊奉为圣人。当然国外也不缺乏圣人，各大教派中都有圣人。一些新纪元运动的人也将圣人的概念融入他们的信仰。

梁启超认为圣人之所以成为圣人，就是因为他善于分利于民。如果圣人不能分利于民，就同普通百姓一样了。假使自己总是贪而无厌，又怎么能算是圣人呢？所以，国家有事就取用于民，无事就藏富于民，只有圣人才善于把产业寄托于人民。人的本性，越是开导就越是通情达理，越是堵塞就越是悖逆，所以，圣人的主张就是要顺民利民。

梁启超还从王阳明心学中总结并论述了"人人皆圣人"的观点，同时认为这种观点提出的背景非常重要，在这就要讲一个故事：有一天，王阳明有个性极强的学生王艮从外出游归来，王阳明问他："都见到了什么？"王艮以一副异常惊讶的声调说："我看到满街都是圣人。"

我们应该注意，王艮这句话别有深意。王艮来拜王阳明为师前就是狂傲不羁的人，拜王阳明为师后，也未改变"傲"的气质。王阳明多次说："人人都可以成为圣人。"王艮不相信。他始终认为圣人是遥不可及的，所以他说的"我看满街都是圣人"这句话，是在讥笑王阳明的言论："你瞧，那些在大街上的凡夫俗子都是圣人，我怎么就不相信，天下会有这样多圣人啊。"王阳明大概是猜透了王艮的心意，于是就借力打力："你看到满大街都是圣人，满大街的人看你也是圣人。"王艮尴尬地一笑："都是圣人。"王阳明点头说："对！人人都是圣人，谁也不比任何人差。"

除了故事的本义之外，梁启超还对这几句古文进行了深度分析，提出并论述了"人人皆圣人"深层内涵。"圣人与天地民物同体，儒、佛、老、庄皆我之用，是之谓大道。二氏自私其身，是之谓小道。所以为圣者，在纯乎天理，而不在才力也。故虽凡人，而肯为学，使此心纯乎天理，则亦可为圣人"，这是梁启超对于此观点的最详细的诠释。

梁启超分析圣人不要求别人一定有才能，所以每个人都能够成为圣人。换句话说：真正的圣人，不会太过斤斤计较，以严格的要求来衡量每一个人。所以在他看来,世界上的每个人都是圣人,满大街都是圣人。

这其实就是强调对于人内心的自我完善,在此基础上还要走向自我实现的道路,用于承担并真实的履行自己的职责。梁启超认为这就是阳明心学中最为核心的精神价值观念,也是王阳明留给后世最重要的精神遗产之一。除此之外,梁启超还对封建伦理对人的禁锢进行了大胆而彻底的否定,强调个性解放和对人性固有欲望的追求,且要选择适合自己行为处事的原则。

关于传统对人影响最深的问题,梁启超认为打破了封建阶级的等级论,要人不论身份的和社会地位的高低都应该去追求内涵,没必要因为粗俗或者低下而感到自卑或羞愧,生活中的不同事情都能够让人领悟到成为"圣人"的内容。总有一天,粗俗的人照样会同地位高的人一起平起平坐。

梁启超对王阳明的思想进行了深刻的阐述,提出:圣人之道,内心自足。这就要求人要想获得圣人的境界,其实不需要去读四书,也不需要去抄袭古人,更不需要盲目照抄经典,而要根据自己内心的良知,用自己的去实践回答,去探求。良知藏于内心,只要自己愿意找,就能越找越多。既然只要愿意找,都能找到,那就人人都可以为圣人。这就高度重视了内心和实践的作用。所以,王阳明的学问重视实践,梁启超也重视实践。按照该理论,人人都会充满自信,人人都会高度重视行动,所以人人都能成为圣人。

梁启超说,虽然"世人皆尧舜""满街都是圣人"是陆王心学家的说法,但与禅宗说的"人人皆有佛性""不悟,即佛是众生;一念悟时,众生是佛"是一个道理。当一个人说"我就是个俗人"时,其实反映的是其想做圣人之心对自己的自嘲与自责,他们内心渴望成为圣人。

其实,生活在现实生活中的每个人,皆想做圣人。因为人人本就具有一颗圣洁圣灵之圣人心。但在现实生活中,人的各种欲望以及人世间杂七杂八的各种人与事所反映出的杂思杂想不断在以各种方式遮蔽并干扰着本来纯洁的心境，使得许多人甚至绝大多数人在这充满着污秽的环境中逐渐失去了做圣人的信仰以及信心。因此，见嬉即嬉在随俗之中人就印证了"荒于嬉""毁于随"之说。师圣者圣，只有心怀圣洁心，一心师从圣者，才能在践行圣人思行的过程成就真正的圣人。

谈"物"与"我"：
物我合一，心外无理

元代以及明初以来，比较被大众接受的流行思想是程颐、程颢以及朱熹一派的理学，其思想强调格物以穷理。然而宋代哲学家陆九渊提出："宇宙即是吾心，吾心即是宇宙"以及"心即理也。"王阳明则继承和发展了陆九渊的这些思想，提出了："心外无物、心外无事、心外无理。"即最高的道理不需外求，而需要时刻反省内心，从自己的心里得到。王阳明由传统儒学和心学理论中加入自己的观点和价值评判形成了自己的学说，通常又被称作阳明心学。

王阳明所说的"心"，比陆九渊所说的个人本心意义更加广泛，王阳明所说的"心"，既指的是最高的本体，也指个人的道德意识，如说，"心一而已，以其全体恻怛而言谓之仁，以其得宜而言谓之义，以其条理而言谓之理"，所强调的是为人的内心才是最重要的，从人的恻隐之心来说那就可以归结为"仁"，从与社会整体的角度来说那就是"义"，从现实的道理来说那就是"理"。

黄宗羲指出："有明学术，白沙开其端，至姚江而始大明。"明代心学以陈白沙为先导，经过了数十年的发展，于王阳明时期到达了顶峰。而至万历后期，阳明心学被他学生们继承并努力传播并发扬光大，在全国范围内进行了普遍传播，逐渐成为了可以与朱学相抗衡的显学，对当时和后世都产生了深远的影响。

推崇心外无物

以梁启超为代表谋求近代社会变革的人士十分看重和推崇阳明心学，他们借鉴了其中含有思想解放的成分，阳明心学的影响不止如此，还对当时趋于僵化的朱学进行了突破，启发了世人的思想。

对梁启超深入了解以后，就会发现他博学多闻，一生游历了许多地方，其思想的来源也十分广泛，再加上受其师康有为的影响和流亡日本多年的生活经验，梁启超在学术上体现出对阳明心学推崇有加。

他曾表示王阳明是"一个豪杰之士"，因为王阳明在程朱理学盛行时期，不畏世俗所谓"权威"的眼光，挺身而出，敢于与当时的主流"理学"思想进行抗衡，用"心即理"的学说与之辩论，梁启超更是称赞其为"百世之师"。王阳明以"知行合一"的理论打击了那些道貌岸然的理学家，他的学说，对当时的社会，"像打一药针一般，令人兴奋"，"吐出很大光芒"，所以梁启超甚至毫不掩饰自己对于心学的赞美，认为"心力是宇宙间最伟大的东西"。不论是前期从事政治思想斗争，还是后期从事学术研究，梁启超的思想都与阳明心学保持着密切的联系。

对于事情，梁启超认为凡事都需要多"内省"，其实本质就是要给人生减负，减少外界事物和欲望对于自己内心的干预和影响，回归"本真"。要聆听自己内心的声音，弄清楚自己真正想要的是什么，真正生活的目的、生命的目的。这个过程需要不断的反思、反省、总结，善于总结的人才会进步，总结就是学习，反省内心过后还需践行自己的"良知"，使自己的行事和自己的认识协调和谐，这也是"致良知"的一种途径。因为一个通过亲身实践获得知识的人和一个只是在理论上学习掌握了知识的人是不能够相提并论的。

除此之外，"心"就是你的世界这种观点也受到梁启超的支持。因为他认为在博弈中，可以通过对"心"的干扰，达到自己的目的。一个内心强大的人，或者说一个通过不断"致良知""知行合一"而达到"内心强大"的人，他对世界的掌控是无与伦比的。

对阳明心学的扬弃

虽然心学对社会历史发展的影响比较明显且范围较广，但是阳明心学在历史的发展中并没有一直非常顺利地走下去。除却社会的动乱因素，心学本身也是有着自己的缺陷，且受到在一定历史条件下的发展制约。深受乱世浮沉之苦的梁启超非常明白这点，因此，他对心学的态度也是辩证且具有批判性的，梁启超在其对于心学的推广上既肯定了他的积极作用，也用全面的、历史的眼光来看待心学，希望能从心学里得到可以借鉴的内容。

"致良知"是王阳明治学的宗旨，也是阳明心学本体论的基石。在王阳明的观点里，心之本体即为良知，良知即为"天理"。王阳明的"致良知"其实是将孟子的"良知"说与《大学》中所提及的"致知"说结合起来，主张不假外术，反求内心，以扩展人们普泛性的精神内存与心中的至善之体——"良知"，他把这一功课称为"乃致吾心之良知者"。同时，王阳明又提出返求内心的良知说是有针对性的，即"格物致知即是诚意、慎独，即是致知"。

既然道德的目的是理性自身的实现，那么，每一个人都有人格；每一个人都存在于一个"目的的王国"，是这个"王国"的一员。受支配于自己制定的法律，同时又是这个"王国"的最高统治者，它只服从自己的命令。梁启超指出："自以自为目的，自以自为法令，唯能实守此法令者，乃能实有其自由。质而言之，则我命勿受我外之牵制，而贯彻我良知之所自安者云耳。"作为东西方不同时期的思想家，王阳明和康德的学说确有相似之处，它们都是关于道德理性或实践理性的诉求，都服从良心的命令，走着向内追求的路线，梁启超能将二者联系起来找到他们的共同点，这表明他在文化视野上的确要比同时代的学者开阔得多。

对于"致良知",梁启超另有解释,说道,它是"超凡入圣不二法门",人的先天的道德律是实践理性自身的要求。同时也给了王阳明非常高的赞扬,"心体问题到王阳明真正发挥透彻,成一家之言,可谓集大成的学者"。这样,梁启超就从心学本体论的高度对阳明"致良知"作出了高度的肯定。同时,又与康德追求真我联系比较,《论私德》《近世第一大哲康德之学说》等文中有记载到梁启超的结论:"(阳明)以良知为本体,以慎独为致知之功。此在泰东之姚江,泰西之康德,前后百余年间,桴鼓相应,若合符节。斯所谓东海西海有圣人,此心同,此理同。"由此可看,梁启超对于心学的研究和解读是颇为深刻和独到的。

关于"知行合一",梁启超则认为是"致良知"这一命题的自然延伸,"知行合一"代表了王阳明的"讲学宗旨"与"学术精神",是这位心学大师留下的一个很有价值的口号。梁启超认为:"阳明既然主张'致良知',更不能不主张'知行合一'。"从认识论的层面看,知和行既是有联系又是有区别的两个方面。王阳明的"知行合一"说将心思、意念等知觉与人的行为实践看成一回事,这似乎混淆了知行的界限,夸大了心体的作用。其实,王阳明提出这一命题,针对的是朱熹"知先行后"的格物致知说。

朱熹说强调"先后当以致知为先",认为知在先、行在后;同时又主张格物当穷尽事务之理,物的理穷得愈多,人之知也愈广泛。这种知行观自然遭到了王阳明的反对,而梁启超在此问题上则是王阳明观点的支持者,他说:"把知行分为两件事,而且认为知在先,行在后,这是一般人易陷的错误。表面上看来,从前说知行合一,后来说致良知,像是变更口号,其实二者内容一样。"他对王阳明的"知行合一""致良知"的分析是深入浅出、准确到位、合乎王阳明的本意的。

自梁启超的《儒家哲学》《王阳明的知行合一之教》发表以来，近一个世纪的时间内虽然各类中国哲学史、思想史著作汗牛充栋，但各种著作在对阳明心学的研究中几乎都没有离开梁氏当年所确定的"致良知""知行合一"这一基本理论框架，无不从梁启超对阳明心学的分析、评价中得到借鉴，这说明梁启超对于阳明心学的研究是很全面的，对后世的学术研究产生了无比深远的影响。

谈志：
人生当立志

梁启超受老师康有为的影响，对阳明心学服膺有加，他学术思想的出发点即王阳明的"知行合一论"。在《王阳明知行合一之教》一文中，梁启超详细介绍了王阳明的"知行合一论"，并认为"知行合一论"是陆王心学的精髓。梁启超说："'知行合一'这四个字，阳明终生说之不厌。一部王文成全集，其实不过是这四个字的注脚。"接着他在文中引了王阳明的两段话："未有知而不行者。知而不行，只是未知。""知是行的主意，行是知的工夫。知是行之始，行是知之成。知行原是两个字说一个工夫，知之真切笃实处便是行，行之明觉精察处便是知。"

真知受意志控制

知，即真知，就是说人的行为往往受人的意识控制。就如哲学中所说的世界观决定方法论，有什么样的世界观就有什么样的方法论。而志，既可以说是一个人的理想，也可以说是一个人的兴趣，对一件事情的爱好，也是意识的一种，也是相当于一个人的世界观。当你一旦立志，从心理方面就是一个真正良知的发动，同时就开始了心灵的纯化过程，可以说是"致良知"的开始。

梁启超在《饮冰室全集》中写了这样一个小故事：周莹向阳明先生寻求成为圣贤人的方法，而阳明先生就问他，你这一路走来路途艰辛，为什么没有想过放弃呢？周莹就回答说，因为我一心想向您学习成为圣贤。阳明先生就说，那我传授给你的方法就是这个了。周莹恍然大悟说，谢谢先生。

学做圣人就是立德，修养德行，而其下手处就是人心，人心是涵养德性的发始处又是它的归结处，从根基一直到枝繁叶茂，无不是人的心志处见，而立志无非就是它的发萌和奠基，即"种树者必培其根，种德者必养其心。欲树之长，必于始学时去夫外好。如外好诗文，则精神日渐漏泄在诗文上去，凡百外好皆然"。

知与行

在梁启超晚年给大学生的演讲中，屡屡谈及阳明心学的知行合一。《王阳明知行合一之教》则是梁启超在北京学术讲演会及清华学校讲稿。今天读来，依然很有教育意义。"现代中国式的教育，种种缺点，不能为讳，其最显著者，学校变成'智识贩卖所'。办得坏的不用说，就算好的吧，只是一间发行智识的'先施公司'教师是掌柜的，学生是主顾客人，订好的学生，天天以'吃书'为职业，吃上几年，肚子里的书像蛊肠一样，便算毕业，毕业之后，对于社会上实际情形不知相去几万里，若想把所学见诸实用，恰与宋儒高谈'井田封建'无异，永远只管说不管做。"

现代的教育休制也多如同梁启超所说的一般，只是教会学生认字、读书，却并没有教会学生如何真正地做一个品德高尚的人、一个如何对社会有益的人。现在的学生们学习大多为了应付家长、老师和无止境的考试，并没有人知道自己真正想要的是什么，没有一个目标去为之奋斗，努力。只知道不停地学习，为了在高考中得到一个优秀的分数。可是得到优秀的分数之后呢，又有什么目标在等着他们呢？并没有。然后又按照家长亲戚的建议，去学习一些所将来高收入的专业或者追求稳定继续研究学术。

学校注重如何把这些智识装进学生们的脑子里，好让他们在考试中多得几分，让学校的升学率再高一点，这样他们就可打出招牌，多收一些学生，多收一些学费，怎么会注意到教人立志，磨炼人格，即使极少数人注意到了，也没有人会去教，因为他们也没有一个确定无误的方法来应用，只好把它搁在一旁当作不知。学生们呢，有自己志向将来要走什么路子的，当然不满意这种什么书都教，而又只为应付考试都只教皮毛的畸形教育机制，但又无法说服那些老师家长，无法使自己从泥潭中脱身，只好跟从老师家长的意愿，去不断地被接受那些所谓的为自己好的东西，然后渐渐志气不知所踪，成为茫茫人海中的一个普通人。

志向是地基

志向对于一个人来说就相当于一座房子的地基，只有有了地基，这房子才盖得起来，否则，就是一堆砖瓦。有志于学者，都更不论气之美恶，只看志如何，匹夫不可夺志也，唯患学者不能坚勇。梁启超推崇阳明心学，阳明先生主张"心外无物""心物合一"，这也肯定了"志"对于一个人成长和前进道路上的重要性。

梁启超在《饮冰室专集》中的《教育鉴（立志）》概括古人的立志观时说道："括其大要，一曰必立志，然后能自拔于流俗，盖常抗心思为伟大人物，不屑于与庸流伍，其所以自待者既高，则其所以自责者愈不容缓，而无一线可以自恕，日自鞭策，则驽骀十驾，亦必有至焉者矣。二曰必立志，然后他事不足以相夺，王塘南所谓志有所专，则杂念自息，孔子尝言，好仁者无以尚之，试以爱国言，真爱国者必无以尚之向一定，无论外境界若何变异，而不足相异矣。三曰必立志，然后进学无间断，人之大患莫甚恒，一念之明，浩然与圣贤同位，不移时而堕于流俗堕于禽兽，惟恃志以帅之，然后能贞之以常。"这是梁启超从三个不同的角度谈立志的重要性。那么，人究竟应该立怎样的志呢？

一个人所立的志，应该是一个长期长久长远的目标。比如说，我明天要去吃一碗馄饨，我打算下个月去旅行，这都不算是志，这只能算是你的一个想法、一个计划。立志就如同一个工程设计或一个长期规划，它既是一个蓝图规划但又不同于一般的蓝图规划，而是一个准备去实施的蓝图规划和意志表白，就如同迎接一场战斗一样地树立目标、信念、信心、勇气等。因为立志本身就是一个下定决心在意志上准备面对各种困难的过程，否则就不能称作是"立志"。

同时立志要趁早赶季节，不要等到"夏秋之季"甚至更后才立志，立志为学太晚，就要付出远远超过常人的工夫才能达到目标。如果你立志立得晚，又不能一心一意为之奋斗努力，一路走走停停，三天捞鱼两天晒网，那就别谈什么成功了，因为根本不可能。阳明先生说过，立志不只是种子选取和播种的即时问题，它还是一个过程，犹如春种，至夏才见初步的端倪分晓，即"夫农春种而秋成，时也。由志学而至于立，自春而徂夏也。"

所以说，一旦人心中有志，则可以超脱于世俗之人，并且会专心致志地专注于此，人最怕的就是有恒心，只要你心中有一信念支撑，还有什么是做不成的呢。

第五章

如入无我之境界
——读梁启超《佛教》

梁启超先生的一生与佛学思想难舍难分。维新运动前后,梁启超便倡导人们学佛、信佛,到了晚年,他更是对佛学研究达到了如痴如醉的境界。1922年,梁启超在清华大学任教,在此期间他对佛学理论进行了系统性的概述,并最先指出佛家所言的法"就是心理学",这是对禅宗的现代理解的创造性突破。此外,梁启超还对佛学中晦涩难懂的"业与轮回""无常与无我""解脱与涅槃"等概念,从哲学的角度,用现代生物学、现代物理以及现代化学层面对其进行了解释,浅显易懂,帮助人们更好地理解佛学的真谛。

谈中国佛教发端：
外学可为己用

佛教创立于公元前 6- 公元前 5 世纪的古印度，传入中国之后，与儒、道并立，成为中国传统文化的重要思想支柱。儒学和道教作为中国的本土文化，具有顽强的生命力，而佛教由国外传入，与中国文化思想存在较大差异，因而在其传入中国后，经历了长期的中国化过程。佛教在中国的传播并不是一帆风顺的，是随着中国的政治、经济、文化、社会等实际情况不断调整，在教义理论的内容和形式、传播方式和修行实践等各方面，都逐渐适应中国本土国情，最终被中国强大的文化体系逐步吸收，形成了富有中国特色的中国佛教文化。

佛学的中国化

事实上，在佛教传入中国后，佛儒之间就开始争夺各自在文化领域的主导地位，而这一争论持续了近千年。在争论中，佛教主动融入中国文化，对义理、修行方式和政治价值取向都进行了调整改造，以取得在中国的发展机会。梁启超所说的"外来可为己用"，正是指佛教完成中国化，实现与中国文化的融合，并推动和影响了中国文化的发展。

梁启超认为，从宗教思想看，在佛教引入我国之前，我国古代没有出现过像佛教这样组织和教义都十分完整的宗教，它提出的许多宗教观念和理论都是新鲜的。但是中国文化具有明显的独立性，在庞大的家族伦理制度的体系下，宗教的发展推行极为困难。中国文化对佛教并没有全盘吸收，而是对佛教进行实践和改造，并有选择地接受了某几种教派。

禅宗在中国影响较大，中国文化也对禅宗精神情有独钟，"禅宗的精神完全是要在现实人生之日常生活中认取，他们一片天机，自由自在，正是从宗教束缚中的解放而重新回到现实人生的第一步。运水担柴，莫非神通，嬉笑怒骂，全成妙道。"钱穆的这一番话不但指出禅宗的精神，更暗示了中国禅宗的地位要高于印度的禅宗教派，以至有"中国佛教特质在禅"之说。中国佛教的这一特色集中反映了中国人对印度佛教的吸收、改造和发展，外来佛教就这样纳入了中国传统文化的轨道。

佛学与中国文化互相渗透

随着佛教的传入，大量佛经被译成汉文，数千卷佛教经典中的一部分成了典雅瑰丽的文学作品，丰富了中国文学的内容，也为中国文学提供了新的境界。同时，中国古代的书法、绘画和雕刻艺术中也吸收了很多佛教特色，早在魏晋南北朝时，就有许多画家以佛入画，到了唐代，佛教绘画更是盛极一时，特别是王维开创了一种别具风格的禅意画，对后代产生了深远的影响。这些都是佛学的中国化发展，在中国文化中开辟了新天地，拓展了新内容。

佛教对中国文化影响极大，汉语中汲取了梵文，由重视汉字的形象意义转向汉语发音，并从此建立起中国的汉语音韵学，定出"四声"。到了隋朝，汉语吸收佛语汇众多，如"清规戒律""一尘不染""因果报应""三生有幸""心猿意马""天花乱坠""心心相印"等都是来自佛教的语汇，可见，中国文化对佛学的吸收和运用是极为广泛全面的。

梁启超认为，中国佛教形态的演变，是外来宗教不断本土化的过程，"外学可为己用"，对中国的政治制度和学术思想能够起到重大作用。当我们处在中外文化的汇合点上时，对种种外来思潮无所适从或盲目追随时，都应该依据本土文化的需求，从中取其精华，弃其糟粕。

梁启超研究中国佛教史有明确的现实目的，那就是通过佛教的宗教形态和思想演变过程，说明外来文化是可以改造的，这也是梁氏佛教史观的特质所在。近代中国，帝国主义的坚船利炮打开了中国的大门，西方学术思潮汹涌而入，梁启超认为，西方科技文化应为我所用，当年的佛教可以成为中国文化的一部分，如今的西方科学技术，也可以帮助中国获得新生力量，创造出全新的社会形态，发展出自己的新思想。

"我之所以说它是留学运动而非迷信运动，是因为这些贤达，其所以能热诚贯注百折不回者，宗教感情之冲发，诚不失为原因之一部分"。梁启超思想开放但行为极为谨慎，经常在科学、哲学和宗教之间徘徊。他认为宗教和哲学相比政治有很多长处，国家没有宗教，就没有统一，没有希望，没有解脱，没有忌惮，没有魄力。从中国的实情出发，梁启超认为中国必须有宗教，但从世界文明的发展进程来看，中国在近代又必须走科学的道路。基于这些原因，他建议在原有佛教的基础上改造和复兴佛教，抹掉并削弱佛教中的迷信，使之成为与世界历史潮流和科学水平相一致的宗教，应该借助近代科学知识和方法用于佛教研究，将其改造为能造就"新民"的新科学。

中国佛学的丰富性

梁启超认为，中国佛教的丰富性主要表现在两个方面，一为典籍的浩瀚，二为宗派的繁多。佛教典籍现存汉语译本一千四百八十二部，五千七百零二十卷，除去重译本还约有四千四百卷。中国佛学文化历史悠久，文献之多，无与伦比，广泛流传到其他民族和国家。如汉语系佛教传入朝鲜、日本、越南等地，西藏语系佛教传入蒙、满各族。到了近代，这两语系佛教又传入欧美各国。从中国佛教发展和传播来看，外来文化、思想、科技等，是可以经过改造融合，从而使其更具本民族特色和传播影响力，中国佛教确实是中国将外来转为己用的伟大成果。

现在，我们处于有一个高速发展的时代，各种现代化的事物层出不穷，各种社会变化应接不暇，在这样的大环境下，我们更应该像梁启超所说的"外来可为己用"，取其精华，去其糟粕，吸收融合，为己运用，使之升华。我们相信，在未来的时代中，"外来可为己用"的观点会应用在文学、思想、艺术、科技等各个领域，佛教也定能进一步得到升华，给中国的文化领域再增辉煌。

谈佛教传入：
中国印度之交通与西域

在中国近代时期，研究和推崇佛教突然成为知识界的一种时尚，学者和知识分子纷纷开始了对佛教典籍的研究。从龚自珍、魏源开始，直到康有为、谭嗣同、章太炎，有许多知识分子都成为佛教的信奉者和宣传者，梁启超正是在近代这群知识分子的特殊选择影响下，走进了钻研佛教的殿堂，开始了对佛教的研究。

早在1929年，著名史学家张荫麟就曾认为"惟其关于中国佛教史及近三百年中国学术史之探讨，不独开辟新领土，抑且饶于新收获，此实为其不朽之盛业"。从现在来看，梁启超对于佛教文化的研究涉及范围很广，但作为纯粹意义上的对佛教哲学方面的研究，无论是在数量上，还是在质量上，都是远远不及他在佛教史研究方面做出的贡献。

对佛学史的研究

佛教自东汉初年传入中国起，直到梁启超所处的时代已经传播并发展了有一千多年的历史了。虽然已经有了这么长时间的发展过程，但是在梁启超之前很少有人对佛教在中国的兴衰变迁的历史进行过详细的研究考察。直至现代，对于佛教在中国的流传和发展的历史作系统而科学的论述的最知名者，仍要首推梁启超。

在梁启超的著作中，"外来之佛教，为何能输入中国且为中国所大欢迎耶？输入以后，曷为能自成中国的佛教耶？"他围绕着这两个问题作研究，并以此为佛教研究的切入点，对佛教在中国一千多年的历史沿革进行了细致的梳理、分析和研究。不拘泥于以往的考据，而是以问题作为研究的切入点的研究方式，让人有耳目一新的感觉。

梁启超非常注意关于中国佛教史的研究，写下了诸如《中国佛法兴衰沿革说略》《佛教教理在中国之发展》等许多很有研究价值的论著，较为科学和简明地分析了佛教的传入和佛教在中国的发展变迁，并结合社会发展、思想文化等角度详细论述了佛教消长的规律和原因，形成了大量非常有价值的观点。

公元前 6- 公元前 5 世纪，佛教在古印度恒河流域创立后，不久后就开始向周边地区传播。其中向北方的一路传播至中亚各国，并越过葱岭向东传入中国西域地区。佛教是最早传入西域的世界三大宗教之一，也曾是西域历史上流传时间最长、社会影响最大、信仰人数最多、文化遗存最丰富的宗教。

梁启超对佛教传入的考察

佛教对各民族政治、经济、文化、艺术等各个方面，都曾产生过深远影响。西域佛教在造像、绘画、音乐、舞蹈、佛寺和石窟建筑艺术等方面，都达到了很高水平，为现代遗留了大量珍贵文化遗产，极大地丰富了我国和世界文化艺术宝库。对于佛教最开始传入中国的时间，学术界长期以来并没有一个非常有信服力让大家都能够认同的观点，所以现在看一直是扑朔迷离。后人以各种线索和依据来揣测附会，以致种种传说数不胜数。这些说法大都是认为佛教是沿着丝绸之路，由中国西北向东南传播，先传入西域再传入内地的，而梁启超对于佛教传入中国的路径持有主流的看法观点，即佛教在古代印度起源后，先传入中亚地区，再经西域传入中国。这一段路线为陆路传入，和丝绸之路以及后来的西行求法有所相似。

汉代打通了中原与西域地区的交通之后，佛教又沿着丝绸之路逐步向中国内部地区传播。魏晋南北朝时期，古印度佛教向中国文化圈的传播势头由弱转强。它不但被当时的中国人普遍接受，而且中国佛教徒还主动发起了西行求法运动，有力地推动了中印之间佛教文化交流。隋唐时期，随着佛教中国化的完成，佛教又开始由中国本土向东传播。东北一路传至朝鲜、日本等地；东南一路传至越南，最终逐渐形成了中国佛教文化圈。这便是佛教传入和发展的简史。

从佛教的传入和历史发展来看，梁启超将其分成了四个历史阶段：

第一段时期为萌芽期，时间从1世纪初至4世纪初；

第二段时期为两晋南北朝时期，这是佛教的输入期。这个时期发生的主要事件，一个是西行求法，另一个是翻译经书；

第三段时期是隋唐时期，这是佛教在中国的发展与创新时期。这主要体现在"法相宗""华严宗""净土宗""律宗""禅宗"等佛家宗派的创立；

第四段时期是佛教的衰落期，时间为隋唐以后至清代。

可以说，梁启超关于佛教在中国的流传和发展的历史阶段划分基本上体现出佛教在不同历史时期的演进规律及其特点，从而较为准确地概括出佛教的时代特征。梁启超这种从整体宏观上加以考察研究、分析的思路，可以说是中国佛教研究史上方法论的重要突破。除此以外，梁启超还对中国南北佛教的不同特点、佛教最初传入中国的年代及输入地等问题作了独到的考察分析，并作出很多有价值的评述。

佛学与地理

梁启超的观点认为，中国自然地理环境的封闭阻碍了中国古代的对外交流。中国古代的文化未能和西方古代的文明一样"相互师资"且造成中国文化和民族性的"封闭"都是因为此种原因。所以中国古代少有的通过西域和另一大文明古印度的联系交流就显得尤为重要，中印交流产生的佛教文化传入也就更具有意义。

梁启超在细致考察研究佛教传入及其影响的同时，在自己的文章中较为准确和简明地评述了以佛教为主要内容的中印文化交流过程，记述了佛教在向中国传播扩散途中的艰难历程。

在佛教东传过程中起重要作用的是一批不畏艰险、求知若渴、才华横溢又品德高尚的高僧们，他们不畏艰险，前往"西天"取得了真经。梁启超称这些高僧们为"千五百年前之中国留学生"。据他调查统计，有史料可查的前往印度的高僧有105人，实际上或许有数百人，甚至更多。当时中印交通极其困难艰险，这条征途异常危险，可即便这样，居然有这么多人敢于去推进佛教的东传，这绝对是世界文化交流史上的一件大事。

中外佛教文化交流的历史，体现出中国文化强大的兼容并包的能力和广阔的胸襟，这不但是中国文化具有强大生命力的表现，也是中国文化能够繁荣发展的重要原因。中国文化一方面善于吸收和融合外来的文化，另一方面又将充满自信地走向世界，在全人类文化中显示它的独特价值。

谈中国佛教发展：
渐次发达之历史

在梁启超先生之前，很少有人对佛学的发展历史兴衰作过详细的考察。他对佛学的历史经过详细的系统的梳理与剖析，充分体现一代大家的风采。

梁启超认为，中国佛教形态的演变，是外来宗教不断本土化的过程，其决定作用是中国的政治制度和学术思想。虽然在佛法初传时，它也受到抵制，但是中国学术发展的客观形势使得佛教得以在中土生根，是有其原因的并不是人力或者其他力量可以阻挡佛教发展的。

对佛教历史的梳理

公历纪元前后，佛教开始由印度传入中国。自东汉佛教传入中国已有1000多年的历史。关于佛教传入的年代，史书上有不同说法，且不同书籍上的记录都不太相同，如"秦始皇四年，西域僧人室利房十八人持佛经来长安"，又如"汉武帝元狩二年，霍去病讨匈奴时得金人，安置甘泉宫"等。在秦汉初期汉恒帝时，安息国沙门高氏安来华，到洛阳各译经数十部，共一二百卷，极力推荐佛教。为以后的魏晋南北朝佛教发展奠定了基础。

在梁启超之前从未有人对佛教的兴衰历史作出如此详细的考察。他是佛教流传发展历史上科学系统的概论者。他认为两千年来公认的"汉明求法说"是没有根据的，因为在他的观点里，佛教传入中国乃由海路而非陆路。据考证，他认为佛教由于传入路线不同，特别是由于流传的地域不同，即使在中土，佛教亦显出不同特色，用他自己写在著作中的话就是："南方尚理解，北方重迷信；南方为社会思潮，北方为帝王势力。故其结果也，南方自由研究，北方专制盲从；南方深造，北方普及。"

梁启超的研究理论不仅在当时掀起了社会对于佛教的大讨论，而且也被现代学者们所接受。在他看来，佛教传播无非是要证明在其传播过程中有生态环境的变化必然会因时因地而变化。

应该说，梁启超关于佛教在中国的流传和发展的分期基本上揭示出佛教在不同时期的演进规律及其特点，从而较准确地概括出佛教的时代特征。这种整体上的分析概括可以说是中国佛教研究史上方法论的一大突破。此外，梁启超还对南北佛教的不同特征、佛教最初输入年代及输入地等问题作了独到的分析评估，多有先见之明。

佛教与儒道的融合

在佛教刚传入中国的同时，国内的儒道思想发展已经日趋成熟，且儒家思想在汉代更被奉为是主导思想，得到了统治者的大力推崇。佛教传入中国后，与儒家、道家思想产生激烈的碰撞和竞争，中国本土的固有文化思想遭到外国文化的巨大冲击，自然会在思想界和宗教界引起轩然大波。

民间对于佛教的接受度却远远要比官方高得多，悄然兴起了自由信奉佛教的潮流。随着时间的推移，顽固的知识分子们也逐渐接受了佛教思想。虽然在宗教的思想本质上可以看出不同的宗教所反映出的不同的文化背景，但是佛教在传入中国后，自然已被渗透了中国的特色。因为自佛教传入中国之后，中国士人一直坚持以道解佛、以儒解佛，从而使佛学与中国固有之学都换了面貌。

梁启超就是在外来和本土这两种文化激烈的冲撞和交融中探讨和

研究了佛教传入中国后的本土化问题。他这样写道："中国入迷信宗教之心，素称薄弱。"楼宇烈曾对梁启超的研究高度评价道："这些论文是中国近代资产阶级学者研究佛教史的重要成果，其中提出了不少有价值的观点和研究方法"，"是近代佛学史研究的开拓性著述"。

体现梁启超开放文化思路和现代人视野的正是他反复对佛教在中国文化史上的赞美，盛赞"佛教为最崇贵最圆满之宗教，其大乘教理，尤为人类最高文化之产物，而现代阐明传播之责任，全在我中国人"。

梁启超是在新文化运动高潮中开始研究佛学史的，在这样的政治背景下，他对于佛教的研究自然有极其强烈的文化使命感，而他研究佛学史的目的跟之前研究先秦文化和晚清思想一样，都是为了弥补自己文化的不足。如同佛教与中国传统文化融合一样，希望找到中西文化融合的最好道路。诚如他自己所说："把自己的文化综合起来，还拿来别人的补助他，叫他起一种化合作用，成了一个新文化系统。"可见，梁启超的中国佛教史研究蕴含着更新中华文化的深层思考。这也正是他在儒学衰微、道学偏于迷信时，潜心研究佛教文化的内在动因。

研究佛教的目的

梁启超列举了法显、玄奘等求法高僧的事实来解释自己对于佛教研究的目的："我之所以说它是留学运动而非迷信运动，是因为这些贤达，其所以能热诚贯注百折不回者，宗教感情之冲发，诚不失为原因之一部分。"最主要的是初传佛教者多二三等人物，且"非亲炙彼土大师"，到了清朝皇室对佛教采取限制政策，康熙雍正时期稍有松弛，然后大批名僧又重新奋起，振兴佛教事业。及至清末民初，梁启超先生等先进人士用佛教慈悲救世大无畏精神企图救亡图存，却失败。

梁启超研究中国佛教史是有明确的现实目的的，那就是希望自己能通过佛教的宗教形态和思想演变的过程，说明中国文化是可以改变创新的。在近代中国历史中，帝国主义用他们的坚船利炮打开了我们的国门，伴随着武力入侵的同时，西方学术思潮也汹涌而入，而梁启超则认为对待西方科技的正确态度应该是"为我所用"，中国佛教应该以西方科学为手段，创造出自己的新形态，发展出自己的新思想。

同时，他认为中国佛学数千年来能绵延不断发展兴旺的原因在于佛学本身的包容性，可容纳百川，具有极其开放的发展空间，无论是统治者还是百姓佛学都能从自身的学说中为他们提供强有力的支撑。佛家语："未能自度，而先度人，是为菩萨发心。"这句话在后来成了梁启超的口头禅。他通过对中国佛学、印度佛学"溯源竟流，观夫同一教义中而各派因时因地应机蜕变之迹为何如，其有矫诬附益者则芟汰之"，希望能够从中发展救亡图存的方法。正是因为梁启超用了科学、全面的方法对佛教史进行系统的阐述研究，才能够在佛学史上开辟一片新天地。

谈中国佛学特色：
发挥光大，自现特色

梁启超在其学术范围内也十分注重对于中国佛学的研究，且对多部佛经有过自己的注解，一生都与佛教文化有着不解之缘。尤其在他的晚年时期，更是从很多方面深入研究和考证了佛教文化，从文化价值的高度出发，从佛教文化史、佛教思想史、佛教学术史的角度，对佛教文化的许多问题作了很多有益的探索研究，并留下了诸多宝贵的研究著作。

对于佛教，大家认为佛教并没有被限定在某一个指定的或者特定的民族或者国家之内，较为习惯地默认二千五百年前的印度是佛教的发源国家，且现在在世界范围内有着非常广泛的传播。

中国佛学的变迁

在东汉时期佛教从外部流传输入中国，其发展和传播如果按照一定的标准划分的话，可分为两个不同但都十分重要的时期：一是两晋南北朝时期，佛学在中国扎根并生存了下来；二是隋唐时代，佛学在此期间得到巩固，并迅速发展。

对于佛学在中国能够落地生根且得到发展的原因，梁启超深入思考后将其归为了文化思想和社会发展两方面的因素。

其一，百家争鸣的局面也只是在春秋战国时期那种动乱的社会才能够得以出现，汉朝大一统以后汉武帝以颁布政策的方式确立了儒学的独尊地位，学术争鸣的状态被迫中止，国民之"学问欲"无法得以发挥。当佛学传入以后，那些不在主流文学研究范围内的文人对此会感到十分的新奇且充满了钻研精神。其二，在东汉战乱结束后人民生活困苦，对于现实的失望让他们转而寻求精神的解脱，渐渐地发展成为社会风气和较为统一的时代追求，因而佛学有了广泛的受众市场。

不仅是一般的平民百姓和知识分子，就连以皇帝为代表的统治阶级都对佛学有着非常大的兴趣，佛教自然在中国成为了一种大势，不断地发展传播了下来，其兴盛就成为其他外力所无法干扰的潮流。

具体的表现在佛教寺庙如雨后春笋般不断出现，僧尼的人数也以翻倍的趋势增加着。在一些朝代规定中，僧侣们享受很多特权，诸如治外法权，免徭役赋税等。但当信仰和政治特权结合在一起的时候，不可避免地就会被一些有异心之人所利用，自然也就促使了人们对于宗教的追求。这虽然背离了对宗教追随的本意，但是却促进了佛教的扩展。

在两晋佛学兴盛时，培养了许多佛学造诣非常深刻的高僧，促进了佛学在中国的生根立足且对佛教的传播发展做出了极大的贡献。梁启超对于这些高僧们是非常赞赏的，他认为如果没有这些颇有学术造诣的高僧们对佛学进行大力的传播，佛学也不会对后世中国产生如此大的影响，佛学也就不会有现在的地位。那些高僧们，如道安大师，将自己的个人才智和对社会的看法与佛法将结合，对于社会的稳定和谐发展也发挥十分重要的作用。梁启超从个人、政治和文化发展三个方面对佛教的扎根和兴盛原因进行分析，有理有据，令人信服。

梁启超对于佛学在中国的发展一直秉持着一种不断创新的观点和态度。隋唐时期是佛学在中国发展的重要建设时期，佛学思想与中国的本土文化相结合，形成了所谓的"中国佛学"。虽然隋唐以前的两晋时期佛学已经在中国有了一定的发展基础，但是其思想仍然带有明显的外来风格特色，并不能被本土的人民普遍接受。经过隋唐时期的高僧们，尤其是玄奘大师对于佛学的不断创建使佛学具有了更强的生命力。梁启超认为道安大师和玄奘大师对于佛学在中国的发展是具有非常重要的作用的，在他的观点里，如果道安被看作是让佛学在中国落地生根的园艺师的话，玄奘就是让佛学这棵参天大树发芽展叶开花的理论养料。

我们可以想象在当时中印交通极艰苦的情况下，有这么多人在从事佛学的传播工作，这是多么伟大的一项事业！这批高僧所写的各种游记，对于中国人了解西域文明和印度文化有巨大的帮助。此外，"西方之绘画、雕塑、建筑、音乐，经此辈留学生之手输入中国者，尚不知凡几，皆教宗之副产物也"。

唐朝时期，禅宗被统治者奉为国教，佛学里的其他诸宗因此而受到压制，并没有什么可以发展的空间。与此同时，佛教和儒教出现了合流的趋势，儒学中的一些人窃取只言片语的佛法进行加工整改后自立门派，对佛学甚至儒学进行排斥，佛法被归入了儒学的门派之下。且在玄奘之后，极少出现水平造诣都十分让人信服的高僧大师，佛学理论发展至此受到阻碍，甚至进入衰退的阶段。

梁启超对于佛学的研究十分重视佛学内部学派的争斗和分歧，都有过十分详细且内容深刻的评价分析，他将佛学的发展与世界其他国家的哲学流派的思想进行横向比对后提出自己独到的见解和观点，对于佛教发展和后世学者的研究都具有十分深刻的启发性。所以，梁启超所研究的"中国佛学变迁史"在本质上是中国佛学的学术发展的历史，是从佛学的理论发展和佛学学术流派分析的角度来分析佛学的中国化的。

佛经的翻译和传播

梁启超对于佛学的研究尤其注重对佛经的翻译和解读。因为佛经是外来的内容，是真正的佛学的发展基础，而研究佛经最重要的基础则是对于佛经内容的翻译。他曾经对佛经翻译发展的过程进行了详细的考察研究。

中国的佛经翻译一共经历了将近七百年的历史，在这个过程中因为翻译者、历史背景和对佛教文化的研究程度等因素都会影响佛经的翻译，所以每一点都需要被考虑在内。等梁启超终于将自己的研究进行整理的时候，已经可以出版一本非常详细的关于佛经翻译的历史研究书籍了。

据梁启超的研究统计，在这七百年的发展历史中"从事译经的主要人物有176位，翻译佛经2278部，合7046卷。如果从译经的内部变化及不同特色来分段，又明显地分为东汉至西晋、两晋南北朝、唐贞观至贞元三个时期"。从梁启超所给出的数字我们不难看出他当年到底做了任务量多么巨大的研究整理工作。

佛经的翻译过程，其实就是中印文化在意识形态领域进行交流的一个过程，也是佛学在中国传统社会文化思想的影响下的在深层潜意识发生的过程，对于中华文明的发展和佛教的传播与发展都具有十分重大的意义。梁启超认为"凡一民族之文化，其容纳性愈富者，其增展力愈强，此定理也。我民族对于外来文化之容纳性，惟佛学输入时代最能发挥。故不惟思想界生莫大之变化，即文学界亦然"。从这个角度来看，佛经的翻译就不仅仅是宗教的传播发展的问题，而是中国整个文化传播发展的问题了。

佛学的传播确实也对中国社会产生了深刻的影响，从社会的各个领域都可以看出来佛教对于人们生产和生活的变化，这些变化我们可以从现在流传下来的那些文学作品中找寻一些痕迹。

首先，丰富了汉语的内容。佛经因为是外来文化的作品，在翻译过程中有许多词汇是无法进行翻译或者在原有的汉语基础上不能够表达出来的，于是就有许多新词汇通过直译和再创造的方法被生产了出来，例如众生、三界、法界、世界、因缘等词汇，而其中的一些还成为了文人墨客所追求的人生新境界。

其次，为汉语注入了新的生命力。在佛经的翻译中要非常重视遵守外来语格式和语调色彩，而这种特殊的语法方式通过佛经的传播也成为世俗所能接受的新的语言格调，"及至宋代，随着佛经数百年间的传诵，汉语也或多或少渗入了上述特征"。梁启超对此指出"自禅宗语录兴，宋儒效焉，实为中国文学界一大革命。然此殆可谓为翻译文学之直接产物也"。

再者，佛学对后世的诗歌、小说和散文的创作和发展也有非常深刻的影响作用。佛经本就是优秀的文学作品，翻译者对其进行翻译之后也是一部优秀的文学作品，被后世的文人学士不断地效仿和学习。梁启超对此过程认为是佛经文学与中国传统文学的结合，他说："此等富于文学性的经典，复经译家宗匠以极优美之国语译写，社会上人人嗜读，即不信解教理者，亦靡不心醉于其词绩。故想象力不期而增进，诠写法不期而革新，其影响乃直接表现于一般文艺。我国自《搜神记》以下一派之小说，不能谓与大庄严经论一类之书无因缘。而近代一二巨制《水浒》《红楼》之流，其结体运笔，受华严、涅槃之影响者实甚多。即宋元明以降，杂剧、传奇、弹词等长篇歌曲，亦间接汲佛本行赞等书之流焉。"

中国佛学的特色

梁启超将自己对于佛教研究的内容整理成文了《佛教与西域》《中国印度之交通》等论文，该论文用简练的语言精准的评述了佛学在中国发展的过程。在《论中国佛学之特色及其伟大》一文中，梁启超认为，中国佛教的特色，是佛教深受中国文化背景影响的特色。中国文化的背景，总而言之，是以儒家及道家的思想为主流。儒家注重人与人之间的伦理关系和社会关系，道家重视个人与自然界的调和与统一。儒家的勃兴与活动，大多在气候严寒的黄河以北地区，道家的摇篮在中国南方，气候温和，具有山川美景及丰饶的物产。是由于在两种不同的生活环境的培养下，才产生出的两种不同性格的文化背景。

佛教努力去适应中国这种特殊的人文环境，从而具有了更强的生命力。释迦牟尼因为古代印度社会的不良风气才倡导不苦不乐的中道主义。在适应中国的这个过程中佛学同时也顺应了伦理关系和适应自然的观点，以佛教的戒律精神来配合儒家的道德生活，又以禅定与智慧的内容，诱导道家的自然主义。

使人能够正直淡定清静智慧，获得心灵的解放和自在。

中国的传统封建经济使自古以来除了仕宦及营商的少数人外，大部分的平民百姓都以种植为生。虽然其中也有一部分是逸世的高人隐士，以躬耕于山野之间为其谋生，但他们并不以农事生产作为自己生活的唯一目的。佛教传入中国后，僧侣们改变了印度那种依靠沿门乞食为生的修行方式，但朝代的更迭也让他们意识到不能完全依靠政府的供给与施主们的供养。统治者对于宗教的喜好会根据时代政治的变化而变化，并不是一个可以长久依靠的支柱。因此怀海方丈便倡导丛林制度的农耕生活，让僧侣以垦植山林农田作为主要的生活资源，而信徒的布施则属于其次，但此举并不被所有的僧侣们支持，他们要坚持印度的那种传统生存模式，还骂怀海禅师为"破戒比丘"。纵观历史，我们可以发现，佛教自唐末五代以后尚能在中国绵延发展，怀海禅师所创的丛林制度的农禅生活是让佛教能够得以坚持发展的最大原因。

佛教的中国化过程既体现了佛教在异域文明中的自我调适能力，从而具有了有中国文化特质的教义结构和宗派体系，体现了中华文明吸收和转化外来文化的胸襟和智慧。我们可以把佛教中国化的过程看作是传统儒道文化的批判，也是对儒道文化的深刻吸收。佛教在漫漫历史长河中不断去粗取精，形成了世俗化、简易性和圆融性的佛学，更好地发扬了佛教的根本精神，宣传了佛法。在政治和文化思想上起到了非常重要的作用，促进了社会的稳定和国家建设，最终在中华文化结构中获得了属于自己的一席之地，并取得了不俗的成绩。

谈中国佛法：
兴衰之沿革

中国佛法博大精深，从古至今几千年来，经历了兴衰之循环更替，却一直沿袭至今，其中的奥妙，是常人所无法理解的。

在梁启超看来，历史上能成就一番大业的英雄豪杰，有宗教思想的人居多。在我国，流传最广的宗教当属佛教了。就连梁启超本人，也十分推崇佛法，并身体力行。

佛教发源于古印度，公元前后由西域传入我国内地，在与我国的传统文化接触交融发展后，佛教逐渐成为了我国重要的民族宗教之一，并在很长的一段时间内产生了深刻的影响。梁启超在《说佛》一书中提到，佛法传入中国据说始于两汉时期，大概在公元纪元前后，佛法开始在民间流传。有史料记载显示，汉武帝时，张骞出使西域，其归来时身边还跟着一名从天竺随同回来的佛教教徒。当哀帝元寿元年（公元前2）时，当时的博士弟子还向朝中的大臣们传授佛教的经文。由此可见，早在汉代，佛法在我国就已经有了初步的发展。

梁启超分析，早期传入的佛法主要是依附着我国传统封建的本土思想来发展的，目前，不够成熟。而后期在统治者和社会学者们的支持下，佛法开始融入了中国元素，成为了带有中国特色的佛法。

在梁启超谈起中国的佛法史时，也曾说过，中国的佛教史，是以道安时期为分水岭的。道安之前，佛教信徒皆保持着他们原本的封建迷信，他们对佛法的学习与信仰还是盲目的，他们不懂梵文，却仍旧在诵读着经文，抄写着各种佛教文献；道安之后，这种情况就大不相同了。

来自天竺的佛学家越来越多，传教士的教学，使得国人们对佛法的崇敬有了更加模范的标本，他们组织了各种活动来宣扬佛法，信徒们具有极强的自制力、超凡的理解力与傲人的组织能力，使当时的人们的人格受到了佛法的感化，为他们的心灵找到了那么一片净土，佛教也因此兴盛起来。

中国佛法的空前飞速发展时期，是在社会及其动荡不安的魏晋南北朝时。梁启超曾断言，佛法的正式确立，实则是在东晋。在此之后，中国佛法逐渐走向了成熟，为隋唐时期佛法攀上高峰奠定了基础。但到了唐代末期时，儒道融合，儒家学派的弟子们开始攻击佛教信徒，并强烈抨击佛法，不仅如此，他们还在剽窃了佛教的理念后开始自立门户，冠以自己的名号。

当时国内盛传儒法，佛教的人才也因此缺失，这使得佛法的发展遭受到了不小的冲击，并开始逐步衰落下来。到了宋朝时，佛法中的世俗化倾向开始加深，与其他思想派别合流，并产生了当时的宋明理学，佛法发展开始走下坡路了。梁启超对这种现象表达了自己的观点，在他看来，宋朝之前佛法对于人们来说是一种洗涤心灵的精神食粮，但到了宋朝，人们对佛教信仰却具有了浓厚的功利主义和利己主义的色彩，这也使得宋朝之后的佛法逐渐被平民化。

到了明清时期，佛法的发展更是几乎处于停滞的状态，尽管其仍旧广泛地存在于社会生活中，但此时它的性质只是我国汉民族文化的一种心理积淀，在宗教和学术方面都没有什么实际的意义，没有任何实质性的发展，名存实亡。加上当时的统治阶层大都提倡以佛教作为对国民进行思想统治的工具，禁锢了国民的思想，因此佛教不仅没有得到实质性的发展，反而变得愈来愈衰落。

梁启超认为，佛教是一个以人为本、使他人心灵得到拯救的宗教，我国的佛教更是具有一种积极入世、觉悟人生的人文主义精神，这也是佛法文化能够在经历了跌宕起伏的兴衰变革仍沿袭至今的根本原因。据他分析，佛教发展在趋于衰落之后，便从哲学和政治斗争中走出，转而进入社会与当时民间的一些信仰水乳交融，使得民间信仰在其影响下条理化起来。正因为如此，中国佛教成为民族大众心理构成的一个重要方面，并成为中国传统文化的有机组成部分。

佛法的发展不仅在时代更替间有着如此大的差异，在地区上也大不相同。梁启超作为我国的佛学大师，曾经这样评价过佛法的发展历程：佛教的发达，是在南北方同时进行的，但两者间的性质却又大不相同。在他看来，南方崇信佛法的人大多都是对其理解甚多并强烈喜爱的，而在北方，人们大多都是因为封建迷信才开始传播佛法的。一样的佛法，在南方则是一种社会思潮，在北方却是在帝王势力压迫下封建迷信的象征。

在这样的情况下，南方人开始自由研讨佛法的奥妙，从而增长知识拓宽眼界；北方人却只是在盲目地跟从着佛法的脚步，并没有什么真正意义上的了解，只是一种形式上的膜拜。但不可否认的是，这两种截然不同的传播方式，都大大推动了佛法在国内范围内的传播，使其在社会上流传发展和壮大。

根据梁启超提出的观点，讨论佛法的机遇和挑战问题，应该跳出佛法发展的局限，考察佛法在当代社会的发展状况。佛法教育只有表现出佛法超越时空的生命力，才算是在真正意义上取得成功。学者们谈论佛法的问题，最先应该思考的应该是其基本特征和生存发展的基础，思考怎样才能在保证"契理"的前提下，配合当今社会发展的机遇。

纵观古今，自从佛教传入我国，佛法的发展可谓是历经艰辛坎坷。从最初不被理解的批判，到后来的局部地区的盲目崇拜，再到最后佛法被众人吸收并在各地的发展与繁荣，其中体现的，不正是佛法自身所具有的顽强的生命力吗？梁启超在《说佛》一书中说过，这种超越时空的生命力，正是佛法在兴衰的不断更替中得以沿袭下来的缘由。那么，这种强大的生命力又是什么呢？在梁启超看来，深深植根于其中的莫过于中国传统文化的基本特质，在社会的发展中，传统文化拉动着佛法的发展，使得深受其熏陶的国民们也开始崇敬起佛法来。只要传统文化不灭，佛法的发展道路就不会停止。

虽说佛法经历了如此坎坷曲折的发展道路，但直至如今，其仍旧兴盛不衰。其中的奥秘，梁启超只劝诫后世人要在社会文学之风里慢慢领略。刚酿好的酒，只有在经历过了时间的沉淀后，方能散发出醇厚馥郁的浓香。佛法也是一样，在历史的长河中，其历经风霜却仍旧顽强生存，最后保留下来的，都是具有极其重要意义的精髓，值得后世人用一生的时间去钻研欣赏。

谈翻译文学与佛典：
直译与意译之得失

佛学翻译史是梁启超在国学研究中最浓墨重彩的一笔。他的研究成果集中体现在其文化价值层面，深入探索了佛典翻译之源流、演变、代表人物和翻译技巧等问题，充分展现了佛教经典对文人观念、感情和生活方式的影响。

"佛教为外来之学，其托命在翻译，自然之数也"。所以，从某种程度上来说，佛教的传播与中国化过程，也就是佛教经典的翻译史轨迹。换言之，从中我们可以发现佛学在中国的发展史。

众所周知，从东汉佛典传入中国，至宋朝期间经历了七八百年的时间，共计翻译出的佛典有2278余部，7046余卷。这一活动历时极长，译者众多，涉及朝代广泛，影响深远，意义重大，在世界极为罕见。不论是在我国翻译史上，还是"在国史全体上，实占最重要之位置"。而从现存文献来看，梁启超对东汉末至宋朝一千多年的佛典翻译所作的深刻的剖析可以说是我国第一个考证佛典翻译史的行为，他的代表作有《佛典之翻译》《翻译文学与佛典》等。梁启超对佛典翻译史的研究的重视，一方面极大地促进了佛教在中国的传播；另一方面，在外来文化（西学）输入之际，在很大程度上振奋了民族精神，"我先民之精神，在在足资奋发，其长短得失，亦一一可取鉴"。

佛典翻译史的演变

梁启超对700余年的佛典翻译史进行了较为恰当的分期。

第一期：东汉至西晋，译者以外国人为主，这一时期是翻译佛典的启蒙时期，也是国人对佛典认知的启蒙时期。在这一时期，佛典翻译"率无原本，但凭译人背诵而已"，且"全为私人事业，译师来自西域，汉语既不甚了解，笔受之人，语学与教理，两皆未娴，谬陋浅薄，在所不免"。因此，该时期"所出经虽不少，然多零品断简……所译不成系统，翻译文体亦未确立"。这一时期的代表人物有安清、支谦等人。

第二期：东晋至隋，翻译方式主要以中外合作为主，同时也是佛典翻译的发展期。这一时期也可再划分为前后两个时期：前期为东晋二秦，代表人物分别为鸠摩罗什、佛陀巴拓罗、慧远、觉贤、道安。道安、慧远甚至因为其突出贡献被梁启超誉为"译界无名元勋"；后期则为刘宋元魏迄隋。相较于第一期，这时，"口宣者已能习汉言，笔述者且深通佛理，故邃典妙文，次第出现"。至此，"译学渐独立矣"。前期译出了大量经典，文采斐然，因此，到了后期人们开始着手研习融会贯通前人译出的经典，佛教诸宗派林立也成为这一时期的特色。

第三期：唐贞观到贞元，这时翻译人员基本为国人，即佛典翻译的全盛时期。这一时期，佛教发展到了鼎盛时期，富于民族文化色彩的著作大量出现。玄奘，这一时期的代表人物，他用毕生的经历西行求法并将其翻译，他的最大贡献在于"译大般若、瑜伽师地、大毗婆沙及六足发智、俱舍"。然而，晚唐以后，印度本土的佛教渐趋衰落，此后便难以为继，到宋朝翻译事业基本停顿下来，再无佳品。

直译与意译之争

在此基础上，梁启超总结翻译过程中的经验教训，并将目光对准翻译文体，讨论直译、意译中的得失。之后，他提出了"惟先信然后求达，先达然后求雅"的观点。所谓"译家之大患，莫过于冗杂主观的思想，潜易原著之精神"。由此，他在探求译学发展轨迹时，对历朝历代译体特征的流变进行了简要的概述。他指出："在启蒙时代，语义未娴洽，依文转写则为不成熟的直译；稍进，顺俗流畅，不甚厝意，则为不成熟的意译。"据此，梁启超对 700 余年间的译品进行了全面的分析。

梁启超认为，在译学初发展的东汉时期，译品大都属于不成熟的直译。

具体而言，则各家都带有各自的风格，以安清、支谶为例，安清译本纯粹直译，而支谶已然初具意译色彩。因此，可以看出直译意译两派的对峙，在汉代已初露端倪。梁启超对其进行考证，他发现"世高译业在南，其笔受者为临淮人严佛调；支谶译业在北，其笔受者为洛阳人孟福、张莲等，好文好质，隐表南北气分之殊"。梁启超关于地域文化对学术思想的直接影响的见解使后人深深地折服。

对于直译与意译的争论，梁启超本人有着独特的见解："平心而论，完全直译，因彼我文体悬隔太甚，必至难于所解，善参意译，乃称良工。"不可否认，梁启超对历代译体、译家及理论分析与评价，立论严谨，具有颇高的学术价值。加上他自身的文采润色，使之更加精彩，因此他的《翻译文学与佛典》成为后世研究佛典直译与意译的重要参考资料。

佛典与中华文化的共鸣

梁启超就佛典翻译的研究给中国语言文学的发展带来新的曙光。佛学，作为一种新文化，通过直译与意译的方法让国人认识并接受；作为一种外来文化，通过翻译，完美地与中华文化相融合，渗透到中国社会的各个领域，并对文学艺术与哲学等其他文化形态产生深远影响。从这种意义上说，佛典翻译的发展过程，既是不同种族思想文化交流碰撞的过程，也是佛学对中华文化产生影响的过程。

梁启超认为，中国语言文学深深地影响着佛典翻译。这种影响主要表现在三个方面：

一、使我国的词汇库更加丰富，国语含义增加。在翻译佛典的过程中，翻译家们除了音译佛典中的固有名词，更是创造了大量富有美好意义的新词语，如众生、因缘、涅槃、瑜伽等词。"此诸语者非他，实汉晋迄唐八百年间诸师所创造，加入吾国语系变为新成分者也"。可见，梁启超是极为推崇译业勃兴的，它不仅增加了词汇，更拓宽了我国语言的表现力。

二、促进了我国语法文体的演变。由于佛典文体中浓厚的外来语汇色彩，因此其表现力也与我国传统文体不同。佛典善用倒装提挈句法，铺排序列，散文诗歌交错成行，构成其独具一格的文体。它的这些特点为我国文章的构造提供了新的借鉴，有利于新文体的产生。

三、推动了我国文学情趣的发展。从文学的角度去研究，许多佛典本身就是文采斐然、风格弘丽的上乘文学作品，大多具有较浓厚的文学色彩。如马鸣的《佛本行赞》，实际上是一首3万言的长歌，通篇读完，就像读了《孔雀东南飞》一样酣畅淋漓。又如《大乘庄严论》，像极了"儒林外史式"的一部小说，这些佛典加速了我国新的文学形式的产生，更重要的是促进了我国文学的创作。

梁启超说："此等富于文学性的经典，复经译家宗匠以极优美之国语改写，社会上人人嗜读，即不信解教理者，亦靡不心醉于其词，故想象力不期而增进，诠写法不期而革新，其影响力乃直接表现与一般文艺。"基于此，梁启超得出结论，"我国近代之纯文学——若小说、若歌曲，皆与佛典之翻译文学有密切关系"。

从中国文学发展史角度来看，梁启超对文化史、思想史研究思路的重视，充分证明了佛典翻译对中国文化的影响与意义，并开拓了佛学研究的新领域，具有开创性的意义。

谈翻译文学与一般文学：
容纳外来文化

从古至今，人们的生活习惯在悄然发生着改变。这些改变在岁月中逐渐显现出滴水穿石的作用，积年累月下来，使得现今的社会与原来大相径庭。可是，在这些巨大且悠远的改变中，文化却始终一脉相承着，如流水一般，滋养万物生长。"人生来本是一个蛮物，惟有文化才使他高出于禽兽。"是出自《世俗智慧的艺术》中的一句话。由此可见，文化对整个人类的意义是重大而深远的。

在当今世界日新月异的发展下，全球化的脚步越来越快。英国首相丘吉尔说："不伴随力量的文化，到明天将成为灭绝的文化。"1840年鸦片战争打开国门后，中国遭受了长达百年的屈辱历史，使我们深深明白了对外学习的重要和迫切性。落后就要挨打，封闭国门就会落后，惨痛的历史使中国人深深铭记着这个道理。因此，梁启超在文学界发起革命时，着重指出翻译文学的重要性，翻译外来文学不仅是传播文化，更是让中国人了解其他国家民族的生活风俗和思想精神，正所谓知己知彼，方能百战百胜。

翻译文学的独特性

在一开始，翻译文学的归属问题就是翻译文学研究中的一个热门话题。1995年的《书城杂志》曾探讨了两种观点，即"翻译文学是中国文学的组成部分"和"翻译文学属于外国文学"。当时，主张"翻译文学是中国文学（或国别文学）的组成部分"的占绝大多数。

然而，是不是翻译文学就只能依附于本国文学和外国文学呢？其实并不是，翻译文学具有自己独属的独立性。翻译文学是融入了译者的智慧，是译者的再创造，变成了原作者和译者共同打造的文学作品，已经脱离了原语言外壳，具有了独立与原语言文学的活动能力，因而具有一种独立性。因此，翻译文学具有世界文学的意义，使它可以自成体系，翻译文学本身具有的独特性，也为其自成体系提供了恰当支持。

在这方面，梁启超已经为我们提供了很好的经验。梁启超对佛典的翻译文体作了较为深入的探讨，并对不同时期的代表人物及其译作、译论进行了评论。梁启超总结翻译的经验教训，把目光对准翻译佛经文体，讨论直译和意译之间的得失。平心而论，译品要达到完美绝非一朝一夕之功。翻译史上所标举的信、达、雅三原则，可谓深得要旨，然而要达到这个境界并非易事，为此，梁启超提出"惟先信然后求达，先达然后求雅"的观点，他认为佛典翻译最首要的问题是忠实审慎，正所谓"译家之大患，莫过于羼杂主观的理想，潜易原著之精神"。基于这样的思考，梁启超在深入考察、探寻译学进步轨迹的同时，对历代翻译文体的演变及特征作了言简意赅的总结和概括。

翻译文学与一般文学的区别

梁启超对"文化"的定义有独特看法。他说，"文化者，人类心能所开积出来之有价值的共业也"。所谓"共业"，就是留在个人所属的社会，乃至全宇宙中发挥着作用的那部分业力，"共业"中有价值的部分就称为"文化"。人类本着自由意志开发出自己想要的价值，这些价值经过历史的累积，最终形成了文化系统。

翻译文学在内容上依赖于外国文学，在形式上又依赖于中国文学。它与外国文学主要是质的联系、内容的联系，与中国文学主要是文的联系、形式的联系。梁启超认为，就中国的一般文学来说，过于注重字辞，像中国的唐诗宋词，那种精巧美妙的文字游戏，反倒在文学意境上不够宽广宏大，正因为如此，我们没有真正意义上的史诗。但是，中国的文学在描写上极重细节，通过人物神态以及周围事物的细节描写，将人物的感情丰厚得含蓄而内敛，给人心灵以极大的冲击。

相比来说，由外国文学而来的翻译文学很大气，有宏大的框架，有很多的人物和极长的篇幅、曲折的情节，有着广阔的社会气象，充满了力量和信仰，如出海巨轮、飞天火箭。另外，在艺术手法上，中国文学注重取神，外来翻译文学注重取法。对于这点来说，中国文学更为高明，在文艺作品中塑造的意境悠长隽永。外来翻译文学有极为丰富的手法生成，在文章的布局构造上很有经验，通过手法来将读者带入整个故事之中。由此，翻译文学与一般文学的区别就显现出来了。

如何容纳外来文化

中华文化有着五千年的历史，可谓博大精深、源远流长，文化资源、文化遗产更是丰富多彩，成为"文化强国"的优质资源。但是，任何一种文化都不可能与世隔绝，都需要从其他文化中汲取养分。以什么样的态度对待外来文化，考验着一个国家的文化自信。越是自信，就越能够以积极的态度对待外来文化，越能够在同外来文化的互动交流中得到丰富发展。早在晚清时期，梁启超就提出"淬厉其所本有而新之，采补其所本无而新之"，而他据此提出的新文化思想就是以中国传统文化为基础，同时吸收和糅合了西方文化的科学精神与民主自由等有益成分，在如今经济物质快速发展的时代要求下，广泛吸纳、融汇外来优秀文化，是推动中华文化繁荣兴盛的必然要求。

如何很好地容纳外来文化呢？梁启超在前期和后期对待中西方文化的心理态势上虽有所不同，但从整体来看，其中西文化观其实有着明显的前后一致性。具体而言，不论是在戊戌变法之前、流亡日本后，还是在游欧之后，他的文化立场从来没有改变过，他始终立足于中国的社会现实，主张在保持和发扬中国文化精神的前提下去学习西方。

知己知彼，方能立于不败之地。要想很好地容纳外来文化，我们首先要做的就是了解外来文化。如今，我们的对外交流越来越广泛，知识交流能力也越来越强，很多的外来文学流传进来，形成一股翻译文学的潮流。因此，我们要通过这些大量的翻译文学来了解外国的各种文化以及风情，我们要接受外来文化的优秀部分。

只有兼纳百家之精华，融合各种文化之所长，才能更好地促进本国文化的发展；如果自我封闭、排斥外来，就会失去发展的活力，甚至会走向消亡。中华文化之所以生生不息、经久不衰，就在于它具有海纳百川的胸襟，具有博采众长、兼收并蓄的传统，而从古至今，我们就有着积极吸收外来文化的传统。如汉唐时期的佛教文化，宋、明时期的阿拉伯文化，都是外来文化。我们建设社会主义，其基本理论也是来源于欧洲的马克思。现今，对于外来文化，我们不仅要接受它的优秀部分，更要学会吸收消化，使之变成中国本土文化的有机成分，促进中国文化的发展和繁荣。

由此可见，现今翻译文学在促进容纳外来文化方面也占据着重要的地位，起着不可估量的作用。其实，从梁启超所代表的新文化运动开始，我们已经开始积极地吸收、改进外来文化了，从而促进文化的繁荣富强。

谈玄奘：
中国佛学界第一人

佛教于东汉时期传入中国，如今，它已经成为精神领域不可或缺的部分。"我不入地狱，谁入地狱""未能自度，而先度人，是为菩萨发心"等佛语进入了千家万户，佛教思想同时也融入了梁启超的一生，晚年的他倾注了大量的心血，开拓出现代人理解佛学的新视野。

"可以涵养万有，鼓铸群主"，这是佛教传播的根本。正如每一个发光的整体都离不开凝聚它灵魂的个体的努力一样，佛教传播的背后是一代代佛教学子的辛苦，他们的身上熔铸着佛学的使命，绽放着时代的光辉，梁启超认为，玄奘就是其中一人。

天竺路上的厚积薄发

"中国的佛学，若只举一个人作代表，我怕除了玄奘，再难找第二个，我们想做一个人的传，把全部佛教说明，若问哪个最方便，我敢说没有谁在玄奘上面"，梁启超之所以给予唐玄奘如此高度的评价，主要是因为他孤游天竺十七年，对佛学的传播和引入做出了巨大贡献。

《西游记》中对玄奘的塑造可谓是出神入化，这让更多的人知道了"唐玄奘"这个人。虽说加上了神话的色彩，但他西行印度求佛法的种种艰难却是无法掩盖的，在佛教发展史上书写了浓墨重彩的一笔。玄奘西行背负着诸多的使命，之所以能坚持完成认为，是来自于他内心的强大信仰力量。

梁启超对于佛学的探究离不开玄奘的取经之路，对他西行经历的绝对赞肯也是有充足理由的。玄奘在中国佛学领域被称作"第一人"，足以说明他西行求经对中国佛学的发展兴盛所产生的重大价值和意义。唐朝时期佛教发达，但是佛经由于梵文的差异让人难以读懂，"先贤之所不觉，今昔之所共疑"，他指出了南北朝时没有解决的问题成了困扰唐代佛学者的广泛疑难。此时的佛教进入了一个非常关键的时期，一方面上层统治者大力宣扬佛教，给佛教发展提供契机；另一方面国家刚经历战乱不久，民间关于鬼神的道教信仰十分流行，大有跟佛教争信仰一争高下之势。

玄奘看到中国佛教的发展面临转折点，他抓住这个机会，横跨13800公里，深入天竺求佛法。在迦湿弥罗国，玄奘学习梵文经典，到巴基斯坦境内的一年里亲历四国，所到之处，都有他学习佛学的痕迹。他边学边行进入印度，一路研究佛教经论，巡礼佛教遗迹，住那烂陀寺留学，并被选为通晓三藏的十德之一。他前后所学经类的数目极其繁多，孜孜不倦的努力钻研最终获得颇多的收获。玄奘完成了自己的所学，把这些佛学知识运用到传播讲解佛经的方面，曲女城的佛学辩论大会上，任人问难，但无一人的诘难能将他难住，玄奘一时名震五印，并被大乘尊为"大乘天"，被小乘尊为"解脱天"。

唐玄奘是梁启超口中的"佛学界第一人"。对于佛学的诸多代表，梁启超对玄奘尤为钦佩，认为他不仅仅经历了一条曲折的取经之路，更是为中国佛经的发展开辟了全新的道路。

重返故土的超然奉献

玄奘在西行时期立志"若不到天竺，终不东归一步"，他九生一死来到印度学习佛法，完成了他最初的心愿，"春秋寒暑一十七年，耳目见闻百三十国……于彼国所获大小乘三藏梵本等总六百五十七部。"玄奘对于佛学的贡献正如梁启超所说一样，他谱写中国佛学史上最完美的一章，他是佛学发展的推动者，更是转折时刻佛学航船上的掌舵人。

"翻译是玄奘一生活动的突出方面，也是他对我国文化的最大贡献，占唐代译经总卷的一半以上"，玄奘在长安设立译经院，组织译场，完成了《大唐西域记》一书，在《大般若经》的翻译中，他颇为严谨，不删一字，终于译完这部多达600卷的巨著。他对佛学的造诣可谓是炉火纯青，"玄奘法师者，法门之领袖也；仙露明珠，讵能元其朗润"，这是唐太宗对玄奘的盛赞，在当时乃至今日都堪称获得了不可磨灭的巨大成功。玄奘发展兴盛的唯识宗，连印度本土佛教都无法媲美，他将全部的心血都献给了佛学，史献给了大唐盛世，他打造出一个鼎盛的佛学时代，在佛经翻译史上开辟了一个新纪元。

玄奘对中国佛学的发展所做的贡献是多方面的，影响也极其深远，他的五种姓说、唯识哲学，一直传到韩半岛和日本各地，创宗立派盛极一时，在规模上大大超越前人。从东汉至魏晋南北朝时期，中外翻译家虽对译经各有贡献，但从总体上说都远不及玄奘，由于玄奘西行取经，在中印乃至中外文化的交流上都起到了至关重要的作用。从玄奘以后，中国才有了真正意义上的宗教文化。

梁启超认为，评判历史人物要全面客观，还要考虑历史人物的时代背景，在不同的社会环境下，对于一个人评价各有高度，往往没有绝对的统一标准。玄奘其人以及他对佛学文化的贡献，历代评价者都给予高度的赞扬，梁启超对于玄奘的认知毫无疑问更是极为完美，这不仅取决于玄奘对佛学的信仰，还有梁启超对玄奘的崇拜，更是因为玄奘所进行的文化交流对近代中国人有至关重要的意义。

梁启超所处的封建社会已经到了腐朽衰败的时期，外来精神文化的启发变得十分重要。梁启超在维新变法失败之后，将更多的心血倾注在中外文化交流上，他希望像玄奘一样，取外来文化之精华，以弥补我国落后文化之不足。因此对于梁启超而言,玄奘之所以是中国佛学第一人,除了他的佛学成就以外,更多的是他对思想文化的引领,这一点是显而易见的。

第六章

少年强则国强
——读梁启超《少年中国说》

《少年中国说》是梁启超在晚清时期所作的具有代表性的作品之一，写于1900年，即维新变法运动失败之后。在中国半殖民地半封建社会的大背景下，西方列强为满足自身利益，在中国制造舆论，无耻地污蔑中国在封建专制统治下是"老大帝国"。为了回击帝国主义的嚣张言论，振奋国民精神，改造国民崇洋媚外、妄自菲薄和自暴自弃的奴性心理，唤起国民民族自尊心和自信心，激发人民的爱国斗志，梁启超写下《少年中国说》，极大地体现了中国文人的进取精神和对中国光明前途的希冀之情。

谈中国少年：
少年强则国强

《少年中国说》是梁启超诸多散文作品中的名篇之一，作于1900年戊戌变法失败以后。通篇洋洋洒洒千余字，极力热情歌颂了少年之朝气蓬勃，不乏犀利地指出封建统治下的中国是"老大帝国"，热切希望中国能成为朝气勃勃的"少年中国"。其中最为脍炙人口之语句"少年智则国智，少年富则国富，少年强则国强，少年独立则国独立，少年自由则国自由，少年进步则国进步，少年胜于欧洲，则国胜于欧洲，少年雄于地球，则国雄于地球"，以磅礴之气势表达了梁启超胸怀中那一颗拳拳赤子之心，对中华少年之殷切期望，对中国崛起之热烈希望。

梁启超是中国近代著名思想家、政治家、教育家、史学家和文学家，是戊戌变法领袖之一，亦是中国近代维新派、新法家的代表人物。纵观梁启超的成长过程和他之后对子女的教育，梁启超所推崇的"少年强则国强"可谓贯穿始终。

少年当自强

梁启超幼年时从师学习，天赋凛然，8岁时能作文，9岁时能缀千言，17岁时中举，后师从康有为，成为中国资产阶级改良派的宣传家。他的惊人天赋和远大志向早在少年时就已经崭露头角。

有一个小故事说的是梁启超11岁那年，去往省城参加考试，一举考下秀才。考试成绩公布出来，梁启超的名字也响亮了起来。当时担任主考官的是三品大员、广东学政使叶大焯得知广东出了这么一个神童，大为赞赏。专门请来梁启超和其他几个年龄偏小的秀才,与他们几个探讨经学、唐诗宋词等。较之其他几个新科秀才,梁启超年纪虽小,却对答如流,这让叶大焯不由得另眼相看。梁启超见机长跪于地,请求叶大焯:"老师,我的祖父如今已七十高龄,十一月二十一日是他老人家的农历生辰,弟子很快就要回乡探望他老人家了。倘若在为我祖父祝寿时能得到先生的笔墨寿言,不仅会使祖父心情大好、延年益寿,还可以告慰叔父和父亲的孝心,日后在我们的宗族交往中也会深感荣耀。"眼前这个稚气未脱的孩子竟如此洞悉人心、体贴人意,并说出一番如此成人化的话语,让叶大焯大为惊讶,也深深为这个少年的孝心所感动,于是他欣然应允梁启超的请求,大笔一挥,为梁老先生写下寿文。

回到家中,其祖父梁维清大喜过望,不想朝廷三品大员竟然亲自为自己写下寿文。对梁氏家族来说可谓双喜临门,当即摆下宴席,既庆祝梁启超高中秀才,又庆祝自己得到了高官亲笔所写的寿文。

由此可见,自幼聪敏好学的梁启超并不是一心只读圣贤书的书呆子;相反,他心思细腻,洞察人心,这般天赋也是他日后参政并名留青史的重要砝码。

在近代历史上,举人梁启超拜秀才康有为为师亦是一段佳话。少年梁启超从不以功名取人,而看重真才实学,年纪轻轻就已具备大家风范。

1888年,康有为在北京参加顺天乡试,向光绪帝呈上《上清帝书》,洋洋洒洒五千字,提出"强邻四逼于外,奸民蓄乱于内,一旦有变,其何以支",警告皇帝不能因循守旧,要主张变法。虽然康有为最终落榜,但他这上书之举却轰动了整个北京的官场。

当时梁启超已经考中举人,并在广州的学海堂继续读书了,他从同窗兼好友陈千秋那里听说了康有为的种种事迹,大为崇拜。正值康有为从京师回广州,梁启超专程前去拜访,并正式拜康有为为师。不仅如此,梁启超还请求康有为自己开学馆,不久康有为就在广州长兴成立了

"万木草堂",梁启超也结束了在学海堂的学习。

1890年,梁启超成为康有为的及门弟子,那时康有为还没有中举。所以,梁启超拜康有为为师是举人拜秀才为师,这在中国历史上是极为少见的。康有为学富五车、思想前卫,让梁启超大为折服。年仅十七的梁启超已然声名在外,但他虚心好学,只看重人的真才实学、不图虚名的做法可见一斑。

"开民智""养新民"的教育观

梁启超提倡"教育救国",以"开民智""养新民"的愿望为出发点,将教育视为让中国起死回生的良药。

李惠仙是清朝礼部尚书李端棻的妹妹,也是梁启超的原配夫人,年长梁启超4岁,生有三个子女,已长大成人,他们分别是思顺、思成、思庄。王桂荃是梁启超的第二位夫人,是李惠仙嫁到梁家时的贴身奴婢,1903年嫁给梁启超为妾,她生有六个子女,也长大成人,分别是思永、思忠、思达、思懿、思宁、思礼。梁启超所秉持的"教育救国"的观念也淋漓尽致地体现在了他九个子女的教育当中,他的孩子长大后个个成才,都有不俗的成就。

每当孩子们在学业上遇到困难或是产生疑惑时,梁启超总是引导他们战胜困难,帮助他们释疑解惑,鼓励他们继续前进。当年梁思成留学美国,一度对美国死板仿古的教学方式心生怀疑,担心自己非但学不到建筑设计的方法,反而沦为画匠。1927年2月16日,梁启超写信教导他:"你觉得自己的天才不能符合你的理想,又觉得这几年专做呆板工夫,生怕会变成画匠,你有这种感觉,便是你的学问在这时期内将发生进步的特征,我听见喜欢极了。"并且开导思成,在学习上要"莫问收获,但问耕耘"。

在对子女的教育中,梁启超讲究学以致用,重视培养孩子的动手和实践能力。他鼓励思成夫妇学成之后要开阔眼界，鼓励他们"行万里路"，游历欧洲，考察当地的建筑风格和人文风情。这次欧洲之行可以说为梁思成夫妇日后事业的发展奠定了坚实的基础。

梁启超的家庭教育不仅是知识教育，还包括道德培养。他常常教育子女，要热爱生活，勤劳节俭，并择良友与之交往。1927年8月29日，梁启超在写给思成的信中说："一个人想要交友取益，或读书取益，也要方面稍多，才有接谈交换，或开卷引进的机会。不独朋友而已，即使在家庭里头像你有我这样一位爹爹，也属人生难逢的幸福；若你的学问兴味太过单调，你在生活中本来应享的乐趣，也削减了不少了。"

梁启超是一位爱国思想家，也是子女之楷模，他竭力培养他们的爱国主义精神。旅居日本时，每天晚上，他都和孩子们一起围坐在小桌旁，一边喝茶品酒，一边给孩子们绘声绘色地讲着历史上诸多民族英雄的故事。孩子们留学国外后，梁启超也一刻没有放松，对孩子们学成归国后做什么早已有细致的打算。

少年强则中国强。可见，梁启超的家庭教育也旨在为中华之崛起培养一批能够与祖国共患难的有为少年。

谈旁观者：
天下最可厌、可憎、可鄙之人

在中国民族资本主义初步发展的背景下，为倡导救国，以康有为、梁启超、谭嗣同、严复等为主要代表的资产阶级维新派进行了维新变法，但由于维新变法过程中未得到更多的社会支持，导致最终失败，因此梁启超认为，旁观者是天底下最让人讨厌、憎恶、鄙视的人了。回顾往昔，在绵延两千多年的封建社会中，统治者利用违背其真实意义的儒家思想，对国民进行长达两千多年的奴性"教育"，他们教唆国民逆来顺受，不要试图反抗统治，于是，国民这种"事不关己、高高挂起"的旁观者心态根深蒂固。

在梁启超看来，旁观者就像那站在东岸袖手旁观地看着西岸着火，却不救火，反而以观看为乐趣的人。如果指责这种人为阴险狠毒，又并非真的如此，也不准确，只能说他们身上没有血性。对于血性，它是人类存在的基础，是世界赖以生存的根基；倘若没有血性，那人类和世界将不复存在。因此，那些旁观者，是人类中的败类和世界的公敌。在面临国家危难时，此种人仍袖手旁观，真是国家的不幸、民族的罪人。

旁观者，就是不负责任的人

梁启超说人存在于这个世界上，都承担着彼此之间不同的责任。能认识到自己身上所负责任的人，是一个大丈夫所为的始端，而履行责任的人，才是大丈夫意义的真正所在。主动放弃责任的人，则是自我的放任，放弃人的根本所在。人要对家庭承担责任，对国家和世界也要承担责任。对于家庭，当家人放弃责任，那么这个家庭定会衰落；对于国家来说，倘使国人都放弃责任，那此国必走向灭亡；世界上的人都各自放弃自己的责任，那世界就一定会毁灭。由此看来，所谓的旁观者，就是不负责任的人。

中国有警言二句，曰："济人利物非吾事，自有周公孔圣人。"中国亦有谚语说："各人自扫门前雪，不管他人瓦上霜。"由此种种都是旁观者一派的经典口号。在梁启超看来，这种经典口号，都已经植入中国人的脑海中，已经成为中国人记忆的一部分，成为了不可磨灭的记忆。换句话说，就是"旁观"这两个字已经成为中国人性格的标志，也就是说，在梁启超眼里，缺少"血性"基本上是全国的普遍现象。

《诗》曰："子有庭内，弗洒弗扫。子有钟鼓，弗鼓弗考。宛其死矣，他人是保。"在一个国家里，倘若官吏说，这不是我的职责范围；百姓说，这不是我的利益所在。这样一来，国家就没有了主人，国无主，则国乱。因此，缺乏责任感不仅是一个人的道德沦丧，也直接影响到国家的兴亡。

旁观者之分类

梁启超将一个国家的旁观者概括为以下六派：

第一派为混沌派，此派被梁启超称为无脑筋的动物，因为这一派别的观念中不存国与家的概念，他们只生存在个人狭小的范围，不懂得什么是责任，更别提关注国家了。当国家有难时，这种人很难为国家担当责任。

第二派别是为我派，这一派都是自私自利的人，如果事情不关乎他们的切身利益，他们就会冷眼观看，对于国家也是这样，即使国家灭亡，只要无关眼前利益，那就秉承着"事不关己，高高挂起"的原则。两次鸦片战争后，国家割地赔款，部分主权沦丧，但国内官僚主义盛行，奢侈之风不减，仍不改其封建做派，显然此这一派的人都是旁观者。

第三种派别是呜呼派。此种人常常痛哭流涕，扼腕叹息，担心国家前途，但却没有任何作为，他们的行为于国家无害，却有损国家的进步。梁启超谈到波兰的灭亡、埃及的灾难，曾感叹不已，这两个国家遭受苦难，但百姓只是哀号伤痛，丝毫没有行动改变现状。对于这些旁观者，梁启超只能扼腕叹息。

第四个派别是笑骂派。这种人常常于人后冷语相向，嘲笑、谩骂别人，希望别人担当责任，却忘记自己才是旁观者。

第五个派别是暴弃派。认为自己是无用的人，便把救国希望寄予他人身上，希望别人可以提出强国之略，由此便心安理得地推诿责任。

第六个派别是待时派。此派人观察天时，等待时机做事，如果办不到，就立刻放弃行动。因而这种人常常等不到时机，所做的事经常半途而废。

摒弃旁观者的特性

梁启超认为以上六派，已经概括了中国人的国民性。所谓的国民性，也可称其为民族性，就是在一定地域的民众，在共同文化影响下，形成某些特定的性格特征。他认为当时的国民四万万人，如果都是以上六种旁观者，那么国家则是无主之国，必定要走向灭亡。在面临世界激烈的竞争与其他国家虎视眈眈之中，梁启超主张启发国民政治觉悟，让国民摒弃旁观者的特性，担负起国家兴盛的责任。

在梁启超看来，阳明心学的知行合一，能给旁观者以很大启发，一个人了解却不去做，终究只是无知。如果知道得很清楚，行动起来必然也有勇气。正像猛虎在后，虽跛者却能跃过数丈之涧；燎火及于邻，虽弱者或能运千钧之力。这是为何？这正是"置之死地而后生"，猛虎、邻火，会伤及人的性命，而国家灭种族的惨状，又岂是猛虎和烈火比得上的。梁启超认为所有的旁观者应该警醒，如果国家不能存在下去，百姓何来悠闲自在的生活，社会何来歌舞升平的现象。西方资本主义发展，已经对中国造成了威胁，民族危机愈加严重，难道国民还要袖手旁观，民族意识应该觉醒了，正如古语说"天下兴亡，匹夫有责"。

在梁启超的观念中，聪明显达之士追求高官厚禄、闻名于世的时代已经过去了，如今只关注自身，不知世界的变化，终会被世界所抛弃。现在的青年，正是国家未来的主人，将要承担未来国家和世界的重大责任。国家如过兴隆，百姓都将受其荣耀；国家如果灭亡，百姓也会亲身体会其悲惨。这是一种责任，无法推诿，每个人都要负起自己的责任，别人是无法代替的。

对此，梁启超认为，国人应该积极承担自己的社会责任与为国家尽责的信念，知识分子也应自觉承担社会责任。国家不需要旁观者，只要求每位国民履行自己的职责。一人之力未免微小，然而集结全国之力则非常巨大。正如孔夫子曰："天下有道，丘不与易也。"于乱世之中，孔子深知艰难，却不曾放弃半分仁义。古人尚且如此，今人又何甘落后？孟子曰："如欲平治天下，当今之世，舍我其谁也。"倘使每个人都有为国为民的责任感，则是国之幸也。

谈正统：
天无二日，民无二王

梁启超在推行维新变法的过程中，对"正统论"有过一些分析论述。古代的正统论之所以兴起，有两个原因：其一，当时的史家臣属，对本朝存有私心。在王朝更替时，史家为了本朝的利益，在修前朝历史的过程中，往往会有正统之辨。另外，在皇位继承发生危机的时候，也会爆发激烈的正统之争。其二，由于一些儒家学派知识分子不了解经典本意，奴性发作，大力宣扬封建正统，并企图煽动别人的奴性，由此产生了正统论。由此看出，正统之说的核心内容，始终贯穿着"天无二日，民无二王"的封建专制主义原则，它是封建时代的一种政治理论，也是封建社会政治斗争的思想武器。

证明正统的方法和标准

如何证明自己是正统，自汉儒首倡以来，两千年间，方法上层出不穷：第一种方法，移用阴阳家的"五德终始"学说。五德相生相克的关系，即土生金、金生水、水生木、木生火、火生土。以邹衍之说，每一德支配着一个朝代，每一个朝代有特定的制度和政治，叫作"治各有宜"。当某一德被另一德所取代的时候，必定会发生某种奇异的自然现象，作为换代的信息，叫作"符应"。历史就是按照这种五德的次序，一代代循环往复。不言而喻，这是一种典型的历史唯心主义，然而，它却成了历代封建统治者自命"奉天承运"的正统天子的重要理论根据。值得注意的问题是，各个朝代究竟比附哪一德，带有极大的随意性，并无定式。然而，不管它比附的是哪一德，目的都是为了论证本朝是合法的正统王朝。

第二种方法，是移用"三统"轮回说。三统轮回，是董仲舒在继承邹衍的"五德终始说"的基础上，提出来的一种神学唯心主义历史观。他给"五德终始"说披上了一层"改正朔，易服色"的宗教仪式的外衣，实质上，仍然是一种历史循环论。

第三种方法，是伪造"传国玺"和编造"天授命"的神话。如汉高祖斩白蛇，陈胜吴广鱼腹中藏书。以上种种虽然以现代科学的视角看，都是无稽之谈，但古时却广泛地被统治者使用，专门用来愚弄人民，让百姓相信皇权神授，天命所归。

梁启超总结了历代衡量"正统"和"不正统"的标准，大致有六项：

第一，用土地大小判断。凡是统一天下，无论统治者是什么样的人，是何种民族，都尊奉他是正统，如晋王朝、元王朝。

第二，用政权存在的时间长短判断。虽然统一中国，但在宝座上坐的时间太短，也不是正统，如西楚霸王、王莽新朝。

第三，有前代君主血缘的是正统，如蜀汉帝国、南北朝的宋帝国。

第四，首都建立在前代首都所在地的是正统，如曹魏、后梁。

第五，后一个王朝被称为正统，它所继承的前一个王朝也就成为正统，如因唐王朝之故，隋王朝成了正统；因宋王朝之故，后周帝国成了正统。

第六，汉人建立的王朝是正统，如南宋帝国、南齐帝国，而其他民族建立的王朝全是僭伪。

此六者又互相矛盾，被梁启超嘲讽，"通于此则窒于彼，通于彼则窒于此"，其实，不足以为证据。

殊途同归成王败寇

我们会在历史中发现一些有趣的现象，同一个人，甲史书中称他是"匪"，乙史书却称他是"贤"。甚至在同一书中，今天称他"匪"，明天却称他"贤"。圣贤就是圣贤，乱贼就是乱贼，匪就是匪，贤就是贤。为什么同样一个人，会同时兼有两种人格。原来正如谚语所说："成即为王，败即为寇。"这才是所谓史书家所真正坚持的"正统论"。如完颜亮（金帝国四任帝），《宋史》称他是"贼"是"虏"是"仇"；《金史》则变成了某祖某皇帝，两书都是中国史学家写的，又都列为"正史"。像朱全忠（后梁帝国第一任帝）、朱棣（明王朝第三任帝），开始时称他们叛徒盗匪，忽然之间，却成了某祖某皇帝。这正是因为他们继承了帝位，以绝对的权威封住了史学家的史笔，不但不批判，反而让他们为自己立传，歌功颂德，以传后世。

因此梁启超说，不能不为西汉七国之乱的七国、西晋八王之乱的八王，以及刘安、朱宸濠之徒悲哀。也不能不为上官桀、董卓、侯景、安禄山、吴三桂之徒悲哀。更不能不为陈胜、吴广、黄巾军首领，以及窦建德、王世充、张士诚、陈友谅、李自成、洪秀全之徒悲哀。如果他们的运气再好些，百尺竿头，更进一步，坐上帝王宝座，成了"承天广运圣德神功钦明文思睿哲显武端毅弘文宽裕定业太祖高皇帝"，便不必忧愁后世没有博学多才、正言谠论、倡导天经地义的史学家来尊奉了。如若胆敢"腹诽"，罪状就是"大不敬"。史家胆敢批评，罪状就是"大不道"。要杀头和株连九族。梁启超认为，这并不是过激之言，试想朱元璋的品格，怎么比得上窦建德？萧衍（南梁皇帝）的才干，怎么比得上王莽（新王朝皇帝）？赵匡胤（北宋朝皇帝）的武功，怎么比得上项羽？杨坚（隋朝皇帝）传国的长久，怎比得上李元昊（西夏皇帝）？朱全忠（后梁皇帝）拥有土地的宽广，怎么比得上洪秀全？可是那些比不上人的角色，在数千年历史上,居然成了神圣帝王,这除了"成王败寇",难道还有更好的解释吗?

民自为主

梁启超认为中国史学家最大的错误,没有比强调"正统"这件事更为严重的了。强调"正统"的人,认为天下不可以一天没有君王,于是有了"统"的概念。又认为"天无二日,民无二主",于是又有了"正统"的概念。"统"的意义是:上天建立,人民尊崇;"正"的意义是:只有一家是"真",其他的全都是"伪",千百年来,头脑简单的儒家学派知识分子,都钻到这个牛角尖里,挥动手臂,瞪大眼睛,用笔墨口舌,全力争辩,东拉西扯,杂乱不可收拾。其实,一句话就可说明,那就是:自己被奴性所束缚,而又打算煽动后人的奴性而已。

阅读历史我们可以发现,"统"这个名词最早出现在《春秋》中。《春秋公羊传》曰:"何言乎王正月,大一统也。"《春秋》的主旨很多,但"通三统"是其最重要的关键。"通三统"的意义是说:天下,是天下人的天下,不能被一家一姓据为己有,使人惊奇的是,这和后世儒家所谓的"统"恰恰相反。细思便知,这因野心家想把国家据为己有,而又恐惧人民不能同意,才宣称:这是上天赐给我的,我生来就有这项特权,别人不能插手。"统"既已建立,然后他就有理由作威作福,淫虐残暴,人民也不能说他不义。稍微有点思考力、不肯屈辱的人,就立刻被罩上"不忠""不敬""大逆""无道"等凶恶的罪名,并加以铲除、毁灭。

又有《礼记》曰:"得乎丘民而为天子。"意思是得到多数人民拥护的,才可以成为君王。所以,没有"统"则罢,有"统"的话,无论开创国业或继承国业,抛弃人民,"统"将属于谁?西洋各国历史,主要是叙述一国国民的起源,以及发达、进步、盛衰的原因和结果。因为,人民有"统",君王无"统"。所谓君王的"统",不过是一家的家谱、一个人的传记，不可以假冒国家历史，更不必劳动史学家争论。把国家正统隶属于君王，等于把全国人民视同无物，使得全国人民的人格人权永远堕入九渊，无法自立，都是这种论调造成的灾害。不扫除君王就是正统的错误见解，却打算写作历史，史书即使再多，不过增加人民的痛苦。

对此，我们不禁要问，谁才是正统？梁启超的回答是："统也者，在国非在君也，在众人非在一人也。舍国而求诸君，舍众人而求诸一人，必无统之可言，更无正之可言。"他接着又说一定要确定正统的话，应该效仿英国、日本等君主立宪的国家，用宪法决定帝王继承的法则。当新君即位之时，把遵守宪法的誓言，向人民宣布，而人民也接受他的誓言。这样，才不违背"多数人民产生君王"的大义，才算是"正统"。试观中国数千年历史，哪有这样做的？由此，在近代资产阶级革命的过程中，先进的知识分子对正统观作出了批判性的总结"民权亡而无正统"。也就是说国家并非一姓私人之物，而是最广大人民的，当权者并非统治者，而是人们的公仆，政府并非管理之用，而是为人民服务的。

传统的正统观，是以君主的上下承继关系来替代"主权国家"的历史演变的，鼓吹的是"君统"论。用科学的观点来考察，与"正统论"相对立的范畴，应当是"人民主权论"。谁代表人民的利益，谁就是真正的"主权国家"的代表，所以我们不妨自此以"民统论"来代替。

谈书法：
独一无二之天职

书法，在中国悠久的历史长河中，顾名思义就是书写历史。孔子言，《春秋》的著录，目的在于"拨乱世反之正"；而司马迁写《史记》，则是为了"述往事，思来者"。在《汉典》中的"历史"的定义为"记载和解释作为一系列人类活动进程的历史事件的一门学科"，由此可知，历史一定要是真实的，不加任何修饰的、发生在过去的事实。

这些事实通过史学家收集整理编纂等文化活动，就形成了史学这一个文化产物。史学不仅是一门社会科学的学问或者说文化，它处于一定的社会环境和历史条件之下，这个时期的政治经济也会受到一定程度的影响，进而可能给人类社会带来不可思议的变化。

历史的书写

中国古代的社会是封建专制的，所以中国古代的历史就是封建专制下的历史，它表现着着封建专制的现象，也服务于封建统治。在这样的背景下，古代的史学家修史书法，就如同司马迁在《史记》中所言，目的在于"欲以究天人之际，通古今之变，成一家之言"，以达成资治通鉴的目的。

但是不管哪一种史书言论，终究不能脱离当时的社会背景。随着封建社会逐步没落，一代文人受近代文化所启蒙，越来越感觉旧的文化已经不能适应时代发现的要求，在提倡新文化的同时，也希望能开拓出一条新的史学之路。

梁启超的《新史学》就是出现在这样的一种革故鼎新的历史条件之下,他追古视近,以犀利的语言批判旧史学的荒谬缺憾,倡导一种能够适应当下社会的新史学。事实上,这种倡导也是梁启超以资产阶级史学家的身份对旧史学文化的深刻批判。

《新史学》一文可按内容来分为6部分,这6个部分对应的分别为"中国之旧史""史学之界说""历史与人种之关系""论正统""论书法""论纪年"。"论书法"作为新史论的重要的一部分,起到了不可磨灭的作用。

书法的功用

在《论书法》中,梁启超说:"新史氏曰:'吾壹不解夫中国之史家,何以以书法为独一无二之天职也。吾壹不解夫中国之史家,何以以书法为独一无二之能事也。吾壹不解夫中国之史家,果据何主义以衡量天下古今事物,而敢嚣嚣然以书法自鸣也'"。

这里所说的"新史氏"就是在"五四"运动以后在风起云涌的革命运动中成长起来的新的革命学家,他们用自己在西方留学中所学到的东西在我们的大地上使用,描摹想象出他们自己的历史观。他们不能理解为什么中国书法具有如此重大的功用,他们更不能清楚地了解到中国书法怎么会成为"中国之史家"以及中国文人和士大夫的"天职""能事",甚至成为"衡量天下古今事物"的尺度。这也就充分展现了中国书法在中国历史上的重要作用。

书法在中国历史的位置无可替代,如果要选择一种艺术形式来表现中国文化,哪一种合适呢?是占卜文化吗?不是。因为占卜是商代时期非常重要的政治活动,虽然在这样的文化氛围中创造出了文字,但那个时期的文字创造的目的并不像我们现在所认为一样,它并不用于人类之间的交流或者说感情的促进。

在中国文化中,最初的甲骨刻辞的主要目的只是用来和神灵、祖先交流、问卜；从另一个方面讲，书法几乎与各门学派以及中国的美学体系都有着各种各样千丝万缕的联系。在中国古代乃至现代社会，书法一直是用来提升自我修养的一种有效手段。书法艺术与其他自然科学门类的文化有本质上的不同，从一开始，它就具备了形而上学的哲学意义。

正因为如此，在世界文化流淌的长河中，中国书法文字具有明显的优势，也是传承中华千年文化的重要载体，使得我们的文化得以保存至今，没有发生过消亡或断层的现象。

但是，中国传统文化的固本思维，使得我们在自然科学领域虽然有一些创造发明，却始终不善于利用这些自然科学的成果。

与西方文化相比，在自然科学领域他们真的是非常聪明，他们确实发明了很多的东西，但是他们也聪明地利用了很多人类科学史上的成绩。就拿火药来说吧，火药是我们中国人发明的，可是我们并没有很好地挖掘它的深层功用。在被大规模运用于战争之前，最大的应用不过就是在节日里面玩玩烟花仅供娱乐罢了，而用在军事上的时候却是少之又少。

在梁启超的观念里面，中国人摒弃火药在军事上的用途，确实是一种具有哲学以及人类生态学的智慧的绝顶聪明，这不用是古代历代统治者对于人权的仁慈保护，是对于仁德的宣扬，是对于类未来可持续发展的捍卫。

在冷兵器时代，中国军事史占据了世界是的绝大部分。战争的目的并不是灭绝式的消灭种族，而是为了整个人类社会的可持续的生存与发展，但是为什么现在人们却常常津津乐道于火力具有如何猛烈的态势？原因显而易见，一旦地球人都牵扯到这些自杀式的疯狂的杀戮中去，当我们都忽略了生存与发展，当世界已经没有可供生存的土壤的时候，世界对我们还有什么意义呢？

现在，我们的自然科学逐步变得强大，我们开始知道小小的原子核爆炸开的巨大威力，于是乎，我们就发明了这样的武器。但是换个角度，我们设想，如果这样的工具被无良的恐怖分子抑或被很多无知的人们，得到的时候，会出现怎样的景象呢？我们没办法去想象那样的骇人的场景。况且我们有足够的理由可以相信，随着越来越多的国家都开始研制出这样惨绝人寰的武器，未来终将有一天，类似的武器会流落到恐怖分子手中。这才真的是可怕之至。

不过，也正是因为这样的让人心生寒意的假想，才更能显示出中国书法温文儒雅特质的难能可贵。

书法的真正意蕴

如果对中国的艺术进行深入的研究，很容易发现中国艺术一大部分都是在或"儒"或"道"的徘徊中慢慢形成自己的中庸的特性的。书法作品承载着作者情感世界，它是作者的情绪使用笔尖在纸上的展现。如果我们没有领悟到书法的这层审美意义，就没有办法进行真正的书法学习，也就没有办法达到"道"的至高境界。不了解"书以载道"的真正内涵，我们也就不能真正理解或者读懂古代经典的书法作品。

书法需要写字但绝对不是仅仅局限于写字。是的，写书法是写字，但写字绝对不会成为书法的全部。从更深选的意义层面上讲，在书法艺术中凝结着的，是一个民族伟大的审美追求与精神依托。尤其是对于像中国这样的文化古国，汉字的文化意义就显得尤为重要和深刻。

对于拥有五千余年的悠久历史文化的我们来说，书法对于中国的意义显然不只是艺术欣赏。不论是什么时代，抑或是如今高速发展的信息时代，我们对于传统文化的继承都是必不可少的，应将书法作为我们每一个现代中国人必学的技能之一，这样才能更好地完成中国青少年继承文化发展未来的历史使命。

谈希望：
失意人之第二灵魂

梁启超早年曾通过德富苏峰的作品翻译了歌德的十二条格言，并将其命名为《机埃的格言》，其中一条则是："希望者，失意人之第二灵魂也"。想必他对这条名言情之所钟，后来《说希望》这一文中开头就用了这一句。古人严谨的批判精神确是值得我们学习的，对于自己所喜爱的事物，不论其热爱程度有多少，总是客观地去评判，梁启超固然喜爱这句名言，但还是对其中的不当之处提出了质疑。

在《说希望》中，紧接着名言之后，梁启超便提出了对其名言中主体的质疑，他认为希望不仅是失意人的灵魂，凡古今中外的圣贤豪杰、忠臣烈士、宗教家、政治家、冒险家之所以能震撼宇宙、创造世界，都是借此第二灵魂——希望，并提出了"希望者制造英雄之原料，而世界进化之导师也"的观点，这可谓此文的一个重要论点。

从历史看希望

为了论证这一观点，梁启超把从野蛮人进化到文明人的过程作为引子，描述了动物只知饥饱无其他思想的生活状态，从而映射出蠕蠕然和动物没有区别，只知肉欲的野蛮人，而当它有了思想，知道除了肉欲之外，还有宗教道德、政治法律这些东西时，他便进而为文化之希望，当他的希望越大，他就会越来越有礼教，当每个人都是这样的时候，整个社会便会成为一个有希望的礼仪之邦，想必那样的国度必然不会差。联想当时内外混乱的局面，民不聊生，人们前途暗淡，黑暗的统治者荒淫无度，我们就会感知到梁启超为何如此迫切地倡导希望的重要性，他是如何的渴望有一个充满着希望欣欣向荣的祖国啊。

此后梁启超便从人类异于野兽，文明异于野蛮，过渡到豪杰异于凡民，进入辩论的中心。其中提到了亚历山大不吝啬身外之物，却唯独始终心存希望，最终名垂青史；摩西始终心存希望最终脱离犹太人束缚，开辟了新天地；哥伦布在大臣嘲讽、葡国政府拒绝支持他的情况下，不忘初心，发现了新天地。华盛顿完备共和国，皆因心存美国独立之希望。这些西方国度的前代贤哲，皆因希望才开辟了自己的新天地，成为了异于凡人的伟人。

除却这些以外，梁启超为了让其论点更具说服力，还提及了我国古代史上的伟人。其中勾践之所以能以五千名的士兵把夫差困在甬东，只因他心存希望；申包胥虽是逋臣却可以击败吴寇，只因他一心念着保全楚国；范孟博因有澄清天下的大志向所以登车揽绳；方文正因为有天下己任的雄心，所以成了秀才。

借古人的例子，梁启超更加深刻地分析了希望对人所造成影响的原因，说是心有希望的人，不肯苟安于现在的地位，所以全力以赴地奔向茫茫无际的前途，以达到目的为归宿，而伟人成就的大小往往也是和希望的大小呈正相关的。

希望的力量是伟大的，它作为正确的主观意识可以指导人的行为，人的行为可以改造世界，世界也是因有希望的人创造的，所以变得充满希望。这便是"希望者制造英雄之原料，而世界之进化之导师也"。梁启超除了用正面的典型事例来证明他的观点以外，还举了反例来增加其科学性。其中有信陵君的退隐封邑，项羽垓下悲歌，亚刺飞窜身锡兰，拿破仑之见幽蓂，他们都曾战功显赫，是叱咤一世的英雄，可在气索才尽、希望破灭之时，变得整日消极颓唐，唉声叹气，等待着死亡，前后判若两人。这让人联想到了生活腐化，整天混吃等死的庸碌小人，不禁让人叹息。于是我们在文中便得知，希望影响人的力量是伟大的，同时，"希望者制造英雄之原料，而世界之进化之导师也"这句话也得到反复论证。

希望的影响

梁启超除了对"希望者，失意人之第二灵魂"这句名言中的主体进行了辩论，还论述了希望之大小与否，希望大小对主体的影响如何，以及希望与失望之间的关系，其中写了净饭太子其自身的尊贵身份，却去山里苦行。路得拒绝教皇的赏赐，甘愿受朝廷的审讯；加富尔隐居耕田。哥伦布弃游乡之乐，奋身远航。常人看到其中状况，皆表示不能理解，这是因为他们只看到了眼前利益，而心中怀有希望的人，往往注重的是长远利益和更大的收获，所以眼前的利益不过就像是蚊虻过耳罢了，不足以芥蒂于心。正所谓贪夫殉财，烈士殉名，夸者殉权，哲人殉道。

每个人追求的希望虽然不一样，但他们都是为了希望而放弃所有的事，这样的人往往心胸宽广，致力于追求伟业，终成为一代大英雄。其中梁启超除了写个人之希望对其影响，还上升到了国家的高度去论辩，写了英国人因为希望拥有自由，虽然一贯不喜激进，仍然是为了抗争大宪章而纷扰了数世；法国人则希望民政和平，屡次革命，纷扰了数十年；美国人为了独立，在硝烟弹雨中，苦战八年，誓死反抗英国。如果是牺牲彼此的利益，从单个人来看，确是悲惨，但当这个希望是国民共同的，而且其伟大的目的在于未来，那么人们将会视其为牺牲。最后则是提到希望失望之间的关系，说是希望越大，其成就就越难，失望也就越大，并举出具体事例说明，说是就如乘船，在平静的江面乘船，容易扬帆而行，容易达到目的，可若是在巨浪滔天的江面上而行，则是艰难之极。若这个人是豪杰，他便能够不忘初心，他不会因为目前的艰难险阻而放弃自己已行经过的路，因为他内心的第二个世界不允许他如此。英雄是这样，一个伟大国民的希望也是如此。

希望对当下的意义

梁启超的辩论思路缜密、完整，不得不令人叹服，先是对这句话的失意人这个主体提出了质疑，再者是围绕这句名言的中心词——希望进行辩论，其中提及了希望的大小对主体的影响如何，希望与失望之间的关系，《谈希望》这篇文章乍看所举事例甚多，令人眼花缭乱，思绪焦虑，实则乱中有理，可谓妙哉，不过更奇妙的则是结尾虽话锋突转，却毫无违和感。

鉴于当时内忧外患的状态，梁启超对孔子的"知足不辱，知止不殆"进行了强烈的批判，指出其思想是毒药，正是由于其思想，人们始终恋恋于过去，没有未来的观念，始终持保守心态，从无进取之雄心。下面的百姓整天追求盈利、衣食，全神于肉欲无异于猿人。上面的统治者则是整天叹息国家大事不可为，精神沮丧。人人都是绝望的人，而国家就成了绝望的国家。

就在此时，梁启超反问读者我国是否真是绝望的国家，之后肯定地确认我国并非绝望之国，转而叙之，我国旭日方东，曙光熊熊，我们正处于光明之中，我国黄河从地下流出，狂涛怒吼，气势可以横绝五洲，我国有穆王八骏，正等待着一触即发，向往着竞进，我国有四百多州，山河重重，广阔的天空，辽阔的大陆，郁葱的草原，任我们飞和跳。我们还在猜测着，谁是我国的英雄，希望着他会拯救我国于水火之中。是啊，当时的国家虽然是昏暗无比，可还是有希望的国民，他们各立于所欲立之地，那么，我国又怎么会郁郁而终呢？

就这样，梁启超在作了大量铺叙之后，发表了自己的感想，如此一来，更容易令人产生共鸣，是啊，连我这个不与他同处于一个时代的人，都知道了希望是多么重要。

谈复古思潮：
以复古为解放

1928年春，梁启超游学归来后在清华大学等高校教书，与此同时专注于学术研究的工作。当时《欧洲文艺复兴史》的作者蒋方震找到了梁启超，希望他能为此书作序。梁启超听了蒋方震对于书中内容的讲解和介绍，对欧洲的复兴历史产生了极大的兴趣，便答应了作者的请求为此书作了序。

但有趣的是，这本书的序作完后，篇幅竟然与蒋书不相上下！于是梁启超干脆就将此篇序独立成了一本书，这就是我们所知的《清代学术概论》。梁在文学史学方面的造诣卓著，功底极深，由此可见一斑。

虽然《清代学术概论》的诞生，是源于梁蒋之间的一桩趣事，但如果仔细研究梁启超的这本著作，就会发现梁用文艺复兴这段时间的历史与清朝作了对比，用"以复古为解放"的精辟言论概括了清代三百年的学术思潮。

复古的内涵

其实，在《论中国学术思想变迁之大势》这本书中，梁启超就已经提出了要将清代学术命名为"古学复兴时代"的说法，只不过在《清代学术概论》中，他再一次，也是正式地提出了这一概念。

在《清代学术概论》书中，"以复古为解放"的真正内涵其实在于"反动""复古""解放"这三大要点上。其中，"复古"与"解放"是联系最鲜明的，其实这两点是完全对立且统一了，但梁启超对于这两点的解释却能够清楚地说明他们之间的关系。

先说"复古",梁启超所谓的复古其实指的是恢复旧制度和习惯,而"解放"说的是解除和释放对生产力的束缚。解释到此,"复古"和"解放"其实还是完全对立的两个方面,但梁启超又进一步提出了"复古四大步"的说法来解释两者怎样形成"统一"。

梁启超说道:"第一步,复宋之古,对于王学而得解放。第二步,复汉唐之古,对于程朱而得解放。第三步。复西汉之古,对于许郑而得解放。第四步,复先秦之古,对于一切传注而得解放。"梁启超坚信,对于传统的学术思想进行反思,并从中汲取有营养的成分,这样能让人得到思想上的进步。梁启超还曾经把清代与西方的文艺复兴时代相比拟,是因为他认为清朝的学术对于中国的发展是有所裨益的。这在清代的学术理论上是一次大胆的推翻,学习的对象虽然形式看起来是复古的,但是达到的目的却是为了解放人们的思想。

每个时代都有其核心的学术理论,且在经过不断的争执和创新过程中随着学术思潮的不断发展,旧观念终将被取代。清朝的学术发展也并不是如梁启超说的那样一直积极向上地发展,以晚明理学为代表的学术使人心闭塞,学术学风凋敝,使学术学风停止了前进,甚至不断地倒退。梁启超就举出了清末学术大师顾炎武猛烈攻击王阳明的例子。顾炎武为了证明复古而得解放的第一步"复宋之古",创立了以"经世致用"为主导思想的研究方法,对清代考证学产生了重大影响。

梁启超又举出来了启蒙时代的大学者的例子,认为他们虽反对方向不甚相同,但都要求要创新方法冠以新锐精神,对明末腐朽的思想都给予了严厉打击。

阎若璩所著的《古文尚书疏证》和胡渭著的《易图明辨》这两文开启了清代考证学的先河,梁启超对他们二人非常赞赏,将他们的文章与西方先进著作作对比,并感慨学术思想影响力之巨大唯有他们二人,认为他们的学术研究推动了当代学者的怀疑精神。

再后来，清学进入以惠栋和戴震为代表的鼎盛时期，戴震和他的得意弟子们校注了《说文解字》等大量的经书，对音韵、训诂的研究做出了极大的贡献。这便是梁启超对于自己复古解放中的第二步，即"复汉唐之古"的解释。

因为有前一步的铺垫，已经黯淡于学术界的经学又重新回到了人们的视野。除此之外，还有庄存与、刘逢禄等人对于经学的推崇，让经学重获新生并且再一次进入繁盛期，复古之路的第三步也顺理成章地发展了下来。

今文与古文之争

就像在学术研究的道路上总少不了争执和辩驳一样，今文与古文的发展道路也并不太平。康有为的两本著作中对于经学典籍的批判触怒了那些将传统典籍奉为圭臬的封建学派，引发了学者们强烈的怀疑和批评。在这个历史阶段，清帝国还屡次遭到西方列强的侵犯，侵略者们用长枪大炮轰开了中国的市场，在中国的土地上为非作歹。这样的社会背景开始让更多的学者开始反思孔孟之学的弊端。

清代学术史是在反思中不断壮大起来的，不断回顾以往失败的惨痛教训，努力寻求发展开阔创新，总结经验，摒弃不足，总结起来可以被称得上是一个"温故而知新"的过程。

如果追根溯源，到这里其实就已经经历了复古之路的最后一步——"复先秦之古了"。纵观整个复古思潮的过程，清朝考证学所表现出了科学的严谨与细致，梁启超称它成为"中国历史思潮的复古"，其实也当之无愧。

到这里我们难免会产生一个疑问：清代的思想已经较为落后，为何不另辟蹊径，反而还要走复古之路呢？这也是由当时社会的大环境所决定的。

在民国以前，中国长期处于君主专制的封建社会中，而君主专制的中央集权在明清时期更是达到了顶峰。在这种社会氛围下，知识分子的思想和言论都大大受到了限制和禁锢，一旦言语不慎便会为自身惹来麻烦，所以文人们若不想放弃对学术的追求，只能选择更为严谨的考证学。即便人们对现状有什么不满，也能以"打倒孔家店"的旗号来进行表达。

清朝的闭关锁国对于当时社会发展造成了不可挽回的恶劣影响。乾隆皇帝关上中国大门，隔绝了这个帝国与世界的交流，固守传统的旧文化旧制度。与此同时，西方世界世界正在发生翻天覆地的改变，诞生了先进的制度思想、艺术科技等事物，而这些都因为闭关锁国政策被清朝拒之门外。所以那时并没有新的路径可供选择改革人士们进行选择，只能在漫漫历史长河中探究寻找。

复古思潮又有什么现实意义可以为我们后人做榜样或借鉴的呢？

中国是有千年历史的文明大国，拥有无数璀璨夺目的传统文化。以复古为解放的方式实质上是一种对于这些在漫长岁月中积累下来的智慧的产物的继承，在继承中发展，在继承中创新的。

中国的传统文化影响了国人含蓄的意识形态，若新事物以缓和的方式出现的话，比石破天惊的诞生更容易被人们所接受，也更容易获得成功。这是一种充满智慧的方式，对我们现代社会同样有作用。

清代的学术思想是对旧学的复古，对新知的解放，更是对中国文明的不懈探寻。两千多年的历史积淀成就了如今中华文化的样貌，在继承中华文化的这一条道路上，一代代的学者们都以传递先进文化为己任。清代学者们在压抑的时代大背景下"以复古为解放"推进文化道路发展前进，不畏艰险，勇敢背负起这光荣的使命，成为浩瀚中华文化中浓墨重彩的一笔，将会被历史永远的铭记。

谈学问：
主张趣味主义

梁启超在吸收西方理论精华时，对于如何更好地做学问这一个重大课题，他所倡导的方法是应用趣味主义。梁启超其实是一个完完全全的趣味主义者，他自己也说过，如果把他身体中趣味的部分拿出来，那么他便什么都没有了。于是在梁启超关于趣味主义的观点上，他按照人生论的观点加以改造，把趣味、知识、人生三者有机统一起来，希望能用自己的人生经验来教会人民怎么去发掘学问的趣味。

趣味主义

趣味主义就是，以"趣味"为最大人生价值的人生观念。它的本质意义在于"趣味即生活"，为趣味而忙碌，以趣味为生活动力。趣味最好的状态是合理而自然的人生状态，这种状态不单单体现在一草一木以及任何具体的形象事物中，它更多地表现在生活情趣和生存方式之中。趣味从人的创造性活动中诞生，又在人们的生活中展现。它既不是虚无缥缈的，也不是短暂性的快乐，更多地表现在体验后的满足感。

趣味活动的主体与客体之间是相互的，人类的活动是通过一定的手段满足自身需要的过程。在这个活动中意志力起到了决定的作用。意志力由情感决定，情感又分正反两面。积极的情感可以引发趣味，这既使人快乐又使人充满斗志昂扬。身处这种情况下的人们会暂时忘记烦恼，全然不计较利益的得失，专心致志投入于活动中。在施展才华的过程中体会乐趣。

当一个人在所行事的活动中感受到快乐,并且遵循趣味主义,我们可以称其为趣味主义者。这样的人能够对生活中的小细节感到惊喜,感到快乐,感到有趣。他们对生活充满了激情,而这种激情让他们不觉得疲惫且保持长久的幸福感。以梁启超为代表的趣味主义者对生活的要求不仅仅只是生存下来,而是希望能够从中得到一些非功利性的东西。梁启超就是一个趣味主义者。

趣味的四大主体

梁启超认为生活要保持积极乐观的态度,在生活中寻找乐趣,在乐趣中享受生活。中国人常用"近来做何消遣?"作问候语。"消遣"一词听上去很风趣,仔细品味却是颓废至极,有消磨时间之感。由此看来"消遣"与"乐趣"算得上是一对反义词了。

劳作、游戏、艺术、学问是趣味的四个主体。

梁启超之所以把学问列入了四大主体之一,是因为学问能体现作者的趣味。对于学问的趣味,用"如人饮水,冷暖自知"来表达最合适不过了。你问我这水怎样的冷,我便把所有形容词说尽,也形容不出给你听,除非你亲自喝一口。所谓"一花一世界,一叶一菩提",趣味是从自己的体会中升华而来,即使是不同的人对同一事物也会有截然不同的感知,"一千个读者就有一千个哈姆雷特"就是最好的诠释。梁启超谈学问,也是在谈趣味,他不会直接给受众正面的定义,但从他的作品、他的语言中,我们可以看出他所定义的趣味是一种积极向上的、充满生机与活力的审美感受。

梁启超所提倡的趣味主义强调趣味要体现超越功利的"无所为"与责任心的统一,意思就是要为理想付诸行动,这种行动不以功利为目的。超越功力并不是抛弃功力,而是舍弃有狭隘的功利心。只要我们有了一个确定的目标,就可以为这个目标而制定一个长远的计划,并为此付诸行动，最终便可实现。手段只是实现目标的方法，目的达到了，手段也该抛弃了。这就是有所为。我们为什么做学问呢？可以说是因为学问而去做学问，也可以说是为了自己的趣味。这不是什么高尚，而是人类生活真正的人生意义。就好像我们小时候，如果游戏枯燥无味，我们还会沉入其中么？是的，不会。如果我们被迫玩游戏，那么游戏也是无趣的。将自己的责任心转变为自己的趣味，这样就可以把他律变为自律，把被动性转变为了主动性。这样的生活方式才是合理的真正意义上的生活。同时，趣味主义既超凡又脱俗，恰恰是因为对生活的热情投入，才得到了超出预期的效果，将得失化为动力，使责任与趣味相统一，感性与理性相结合，就能达到劳动艺术化、生活艺术化的境界。

人类有学习能力和学习行为，这是其他动物所不能及的。对于学问我们是具有欲望的本能的。梁启超倡导广大的青年，即使走上了工作岗位，也不要放弃学习，不要为了工作牺牲自己的乐趣。

深入研究寻求趣味

寻找趣味的过程是艰难的，这个过程和吃苦瓜一样有着相似之处，都要细细品味，慢慢回味才能品尝出甘甜，才能发现乐趣。如果只是停留在学问的表层，单纯地为了消磨时光，那你就永远体会不到学问的趣味。因为趣味很难得，它藏在知识的很深的地方。你想要找到它，就要深入探索和研究，如果你没有一定程度的积累和阅历，就体会不到趣味。趣味是要自己领略的，自己未曾领略得到时，旁人无法告诉你，这是很重要的。我们对一个领域有了一定的了解，也有了可以深入研究的基础，那么就可以选择自己喜欢的领域进行研究，可以把它作为你的终身职业，但是这只是说你的所从事的工作是学者的工作。如果不是的话，我们也可以把它作为自己职业之外的副业。不要惧怕未来道路的艰苦，正因为艰苦所以更要鼓起勇气，也不要怕道路狭窄，越狭窄就越能专心致志。要坚信，世上无难事，只怕有心人。

梁启超的观点虽然是老生常谈的问题，但是数百年来，这样做的人并不多，他在《人要生活在趣味之中》提道："唉！世上人多么可怜啊！有这种不假外求，不会蚀本，不会出毛病的趣味世界，竟没有几个人肯来享受！古书说的故事'野人献曝'，我是尝冬天晒太阳滋味尝得舒服透了，不忍一人独享，特地恭恭敬敬地来告诉诸君，诸君或者会欣然采纳吧？但我还有一句话：太阳虽好，总要诸君亲自去晒，旁人却替你晒不来。"

谈最苦与最乐：
未了之责任

悲伤和喜悦是人们一直在研究的两种人生形态，不只有智们学者留下了许多他们的思想结晶，平常百姓对它们也有很多感想。人的一生中，最大的痛苦"负责任"（没有尽到责任），最大的快乐则是"尽责任"。关于最苦与最乐，梁启超的观点中包含着许多儒家的进取思想和佛家智慧。

背负了未了之责任是人生最大的痛苦

"最苦与最乐"，分别对应着"负责任与尽责任"这两个事物。这两个事物是同一事物的两种状态、境界和阶段。

首先，我们先说到人的一生中什么事情是最苦的呢？贫穷和失望？又或者是生老病死？不，这些都不是人生中最苦的事。人生中最苦的事，是自己身上背负着一种没有完成的责任。如果一个人在日常生活中事事都能感觉到知足，那么即使很贫穷也不觉得辛苦；如果一个人对身边的人或事不作过多的期望，安分守己地生活，那么即使是遭遇到令人失望的事，也不会感觉到辛苦。

人总会经历生老病死，这是自然运转规律。对于一个乐观开朗的人来说，就会很理解并把它当作是很正常的事，也不会觉得有什么苦。只要人在世界上生活着，每天都会有自己应该做的事。对于一个懒惰的人来说，在自己责任内的事情没有做完，人的心上就会感觉到，好似有好几千斤的重担子压着一般。这才是最苦的事。因为自己的良心受到了谴责，这个谴责是无论如何都逃不掉的。

假设你许诺给别人的一件事没有做到，或是接受了别人的恩情或者好处，没有去报答别人，连对方都不敢再次见面，就算没有见到对方，在自己的梦境里却出现对方的幻象纠缠着自己……这些都是因为自己的良心觉得对不起人家，自己应该承担起来的责任没有去承担。

这个道理不仅仅针对于个人，对于家庭、对于社会和国家，都是一样的适用。

你接受过他人的帮助，你对他们都抱有责任。责任上是你应该去做的事情，并且这件事是自己的能力范围之内可以做到的，那么你对这件事是负有责任。这就好比是现在的你自己和未来的你自己制定了一个合同，有了一个协议，自己与自己之间就有了责任，应当对未来的自己负责。有了这个责任，良心也在行使监督的责任。只要有一天你是颓废没有做事，责任没有尽到，到了晚上你进入梦乡时便是受良心谴责的时刻，也是最苦的时刻。

如果人的一生都没有把自己应该尽到的责任做到的话，那么死去时坟墓里也会带着苦。这种苦在人的人生中比生老病死的痛苦还要难受。

但是解决的方法也是很容易的，就看你自己是否自觉。这便是人生最大的痛苦，它就在于背负了未了的责任。

尽责任是人生最大的快乐

如果我们身上的责任已经完全达成，那么这也是一件令人喜悦的事。如释重负这个词用在这里形容最好，这就好像心里的一块大石头落了地，人自然也就很轻松很快乐了。这种感觉是完全不能用言语词汇去形容的。人身上的责任担子很重时，他自己所背负的时间便越长久。一直到他的责任完成时，他自己的世界才变得很广阔，可以心安理得地享受休息下来的时间，那比平时的小快乐，要快乐很多倍。

人生在世都必须得知道负责任的苦，才能知道自己去尽责任之后的快乐。这样的苦与乐相交集的时候，就是人生在世别样的趣味，这也是人生的意义所在。

如果你不知道去尽责任时，你的良心受到了谴责，那么这些苦全都是你自己承受，也可以用自作自受来形容。人生到处都是责任，都是要尽责任的地方。如果每天都尽到了责任，那么你每天都是开心的。自己快乐的权力全都掌控在自己的手里，执行事务的权力也都在自己的手里。这便是人生最大的痛苦不是贫困老死的理由。

尽了自己的责任，不留未了之责任，便是最乐之事。

人生当勇于负责，而不能逃避责任

古人曾经说过，君子终身都负有着责任。这是因为他们身为圣贤或是英雄豪杰，身上所背负的责任比其他人还要重。更有甚者，还会经常把各种责任往自己的身上揽，身上的责任会一直压着，连放下的时间都没有。

任重而道远、死而后已，这两个词语用来形容那些仁人志士的忧国忧民，还有那些神与佛的悲天悯人丝毫不为过。虽然他们一生中都一直背负着苦难，但是他们每天都在尽责任，每天都有苦乐交加，他们的人生充满了意义。

也有些人认为，苦是从负责任中产生的，那么我们把责任从自己的身上丢弃不就行了，这样也就不用受苦了。这是完全错误的观点。身上的责任只有尽完才能卸下，并不是你丢弃了就没有了。这种说法就像是说人的一生中一直保持在小孩子的阶段，就可以一直没有责任，也就没有痛苦。很显然，这是不可能的。人总会成长，身上自然会背负起责任，想逃也逃不了。

你身上的担子和别人的区别也就是轻与重的区别。如果你尽的责任是大责任，就能得到更多的快乐。你尽的是小责任，那么你也只能获得小的快乐。这便是付出多少就能收获多少。如果你想要逃避责任的话，也就会一直生活在自我良心的谴责之中，一直在受苦。苦海无边，那么你也就只能回头是岸了。

从最苦和最乐两方面来谈人生的责任，告诫我们：人生在世，必须要对家庭、社会、国家以及自己尽到应尽的责任，这样才能得到真正的快乐。

谈敬业与乐业：
责任心与乐趣

敬业的意思是责任心，也就是说在学习和工作上要负责任，而乐业则是要拥有趣味，你不仅要很开心去做某件事，而且还可以从中领悟到趣味。同时，这里所说的业，不单指狭隘意义的职业，也指生活中任意的一件有意义的事情。

"敬业"一词来源于《礼记》中的观点，所谓的敬业乐群，意思是说专心致志于学业或事业，并且能够与人相处得很好。"乐业"一词出自于道家的经典《道德经》，其中的观点便是强调人民应该安心地住在那儿，喜爱自己的职业。

敬业

何为"敬"？所谓的"敬"是古时候的圣贤者教导别人做人做事的方法。提起这个说法，首推的就是宋代的理学家和教育家的朱熹，他思想观点的核心就是要专心致志去做一件事，不要分心。那么，业有何可"敬"？因为人们一边为了生活而劳作，一边又为了劳动而生活。每个人都有自己的地位和财力，也有自己选择做事的权力，只要能称作是一件事，那么它的本质就是可敬的。

当国王的和拉车的都是做事的，从名称上来说，在普通人眼中它们有高低之分，然而从本质上用科学的角度去剖析，它们却是没有高低之分的。总而言之，只要人活在世上，每天都需要劳动的，劳动就是光荣，不劳动就是罪恶。选择什么劳动就得看我们的才能和境界的高低了，如果能够利用自己的才能将一个劳动做到成功的状态，这就是人世间最好的人。

我们之间都是平等的，不需要相互羡慕，一样为了社会做事。我们做事最惧怕的就是这件事完成得不成功，而且会食之无味，就好像我们吃下了我们不应该得到的食物一般。这就启示我们在做一件事的时候，必须专心致志，不能分心。

清代军政大臣曾国藩也曾说过，如果我们坐在这个山头了，你还眼馋着另一座山头，那么你将一件成功的事都做不到。说起这点，梁启超提到自己在看一位法国学者的书籍时，发现上面有比较英国和法国的国民性质，上面描述了英国人处理公务时，都是全然忘记周围的环境，注意力全放在了自己手头上的工作。但是在这本书中法国人与英国人是相反的，他们在处理公务是都是神游的状态。走路时的状态也是一样的，英国人眼睛很专心地注视着前面，而法国人却都是左瞧瞧，右瞧瞧，完全没有认真对待走路这件事。

上面的事例就可以完美地诠释何为敬业了，英国人与法国人对待工作与生活的态度形成了鲜明的对比。同时也告诉我们，人生中最重要的，同时最利于我们的就是敬业主义。用庄子的话来说就是，我们要运用心思，专一而不分散，精神便会集中起来。依照孔子的观点来讲就是要按照我们自己所处的地位去做我们相对应的职业，而且我们不去奢求我们本分之外的事情或者利益。

古人曾说，只知道吃饱肚子却不肯动脑筋去做点事的人是难以造就的。就像一个人和别人在一起说话的时候始终无法涉及道义，只是卖弄着自己的小聪明，如果这样的话，那么这个人必然也是难成材的。

唐朝有一位禅师，直到80岁依旧坚持每天自己做家务，除此以外，他每天还需要上堂讲课。有一次，他门下的弟子见他自己做家务实在辛苦便偷偷帮他做完了所有家务，禅师知道后却毫不客气地惩罚了这个好心的弟子，罚他一天不准吃饭。在禅师看来，每个人都有自己的职业，每个人也都要不断工作，如果一个人不工作的话就与懒惰的无业游民无异了。这样的人在社会上就是蛀虫和盗贼，应当受到斥责。禅师通过自己的做法只是想告诉弟子，做人应该正确对待自己的职业。

如何能将一种劳动成功完成呢？要诀就是要忠实，忠实地对待自己的劳动就是敬。在《庄子》中，有一个驼背老人捕蝉的故事。驼背老人曾对孔子说，虽然天地这样大，万物这样多，但是我只注意蝉的翅膀。如此看来，只要是把做一件事当作是自己的生命来看待的话，不管有没有其他的益处想要来与自己所做的事交换，这样老百姓都会相信我们所做的事。就好像木匠做的木制品与一个国家领导人治理国家的成功一样，它们的价值都是平等的，也是值得我们信任的。

乐业

我们在做事的时候，总是会抱怨做事情好累好辛苦。这样的抱怨是时常听到的，而我们需要知道的则是，做事很辛苦，难道你不做事就不会觉得辛苦了吗？自从人出生的那一刻开始，我们的人生就开始了，除了睡觉以外，身体的四肢与五官都不能不做事，只要是用到了身体便是费力费神的事，苦自然也就来了。所以人生在世是不可能逃避苦的，活得很好的人便是很会在劳作的辛苦中寻找到让自己开心的东西。没有职业的游民才是最悲惨的，才是最苦的那个人，因为自己的身体不知道该做些什么，心灵也是空虚的。讨厌自己的职业的人也是悲惨的，明明自己非得去完成自己的事务不可，但是一肚子都是抱怨。抱怨有什么用吗？没有用，也逃避不了，这不是给自己找的不开心吗？与其一脸悲戚地去做事，还不如开开心心地去完成自己应该完成的任务。

我们都知道只要是职业都有它的有趣之处，面对你的职业时，你要善于去发掘，认真去做，长此以往，便自然而然地能感受到它的趣味，就好像做一件事总会遇到困难，但只要我们依旧认真去做，就如同玩游戏不断通关一般，你会发现重重的困难和阻力中间隐藏着许许多多的趣味。所以说，不管是面对什么样的职业，我们都不要放弃努力和奋斗，要学会在努力之中感受到快乐。开始的时候有多辛苦，结束的时候便会有多开心。

如果可以认真地做一件事，没有分心也是一件很值得人开心的事。孔子也说过，懂得自己的职业的人不如爱好它的人，爱好它的人不如以实行它为快乐的人。人的生活要有价值，就要在做事中感受到它的趣味。就好像作为一个人，用功便忘记了吃饭，全身心陶醉在学问里了，便忘记了忧愁，不知道衰老就要到来，如此而已。这便是人类所追求的最好的生活了。

梁启超认为他人生中最重要的两件东西就是责任心和趣味了。在他看来，敬业就是责任心，乐业便是趣味。他觉得能够将这两样东西在生活中调和得很合适时，便是自己最成功的时刻。他希望年轻人们都能了解到这个真理，让自己的人生过得更有意义。所谓有工作是前提，敬业是基础，乐业便是最好的境界了，在发展的当中领略到快乐，在奋斗中感知到快乐，在竞争中体味到乐趣，在专注中享受趣味。

谈科学：
科学精神与东西文化

关于科学精神与东西文化这两方面的内容，梁启超十分痛快地承认自己在这个方面的外行人。他想说这个话题是因为想要普及自己对于科学的思想表现出对科学的崇敬与喜爱，希望能够启示那些不懂科学的人，或者蔑视科学的人，或者是厌恶科学的人能够觉醒，正确认识科学，接受科学精神与东西文化。所以梁启超对于科学持支持的态度，认为科学发展是可以促进社会进步的。

国民错误观念：认为科学很粗浅

如今，生活中处处都有着科学技术发展对我们生活的影响，没有人会说科学是没有用的东西。但是在当时，蒙昧的中国人对于科学的认知较少，对于科学还是持有着错误的观点。

首先，当时的中国人认为科学很粗浅的粗鄙之物。他们觉得科学即使再深奥难懂，归根结底还是艺和器，这是学问在外的体现，所以认为科学根本没有什么难懂的，自然也不会认为科学是非常先进的。还有人认为中国的科学比不上其他国家的也没关系，比科学更加珍贵的是治理国家的理论或者是令人拍手称奇的本事本领，而这些在中国并不缺少，甚至已经形成了非常完整的体系，科学根本就只能算是一种有辅助作用的学问而已。

郭筠仙、张香涛曾经倡导着新学，以"中学为体，西学为用"为至理名言。

但梁启超对于他们的思想进行学习研究后并不觉得有什么可取的地方，因为他们的主流思想其实就是以西方思想为外包装，实质还是"治国平天下"等所谓的理论。他们所谓的在哲学与文学的方面上所体现的精神，实质上也就是在西方外包装下令人拍手称奇但却并无什么实用的本事与本领。

最让梁启超所诟病的一点则是他们并不重视甚至可以说是忽视实实在在的科学。没有人愿意去关注和研究科学，科学的书籍在国内几乎没有什么受众，这些现象都表明了人们根深蒂固的错误的观念影响了整个社会，在社会上并没有什么人重视科学，有时候甚至都比不上一些连篇空话有吸引力。

国民错误观念：认为科学狭隘与呆板

很多人认为科学是狭隘的和呆板的，因为他们只看到了停留在事物表面的科学。我们先不说那些厌恶科学的人，就说那些对科学还是喜爱的人都不一定知道科学的性质和概念。在一些人的观念中甚至认为，只有物理学、数学、化学才是科学，其实不然，政治学、经济学、社会学等等这些每一门其实也都是科学。

受当时那个社会背景的限制和影响，那些所谓的科学热爱者研究的只是科学的产物的价值，却忽视了科学的本身。而且有一个错误的科学观点便是认为只有学理工科的人才研究科学，不想当什么建筑师等等的便不用接触科学。包括到现在为止都有人不明白发展科技的意义到底是什么。奖励制度的建立也是在人们学习制作火炮、船只等，没有人奖励的是科学。其实，深入思考后我们就会发现，这么多年中国的科学落后的根本原因便是没有人愿意无偿地去研究科学。但是如果我们没有用科学的精神去研究科学，便无法知晓科学的意义所在。

真正的科学精神

科学精神就是广义的系统的真知识称为科学，教导别人获得系统的真知识的方法便是科学精神。科学精神又分为三点：

一是求真知识。普遍的人和动物都有知识，但是科学教导我们的是这个"真"字。我们日常学习到的认识到的事物，都会下意识地认为它们便是真理，但是用科学精神去研究时，发现它们有它们的奥妙之处。总而言之，我们想认知到一件事物的真实性质，需要涉及它的方方面面，而且从这个事物的更高的一个层面去研究，最后分析所有的结果才能总结出这个事物的大致属性。将类似的属性归类，找出它们的共同性，于是你才知道结果，就是事物的根本性质。这就是科学第一点的主要精神。

二是求有系统的真知识。知识之间是相互联系的，不单单指的是单个知识，还涉及知识与知识之间的联系。寻求系统的知识其实就是从已知的条件推算出未知的条件。而且需要注意的是，系统分为横和竖两种，横的系统就是事物的普遍性，竖的系统就是指事物的因果规律。若一个事物是因为另外一个事物才产生，而另外一个事物如果发生了变化，这个事物也会随之变化，这个就是所说的"因果律"。搞清楚了因和果，才能增长新的知识，这才是寻求系统知识的真理。因果律不一定说都具有"必然性"，但"必然性"的范围越精准越好，之前也要有"普遍性"，如果只有"偶然性"，那么就根本算不上是因果律。就好像太阳西边落下、东边升起一样，都是具有必然性的，因为它们没有过否定这个观点的现象。

三是可以教人的知识。学问都有传授学识的功能，人类的文化之所以繁茂，正是可以代代相传的缘故。学识可以进行传授以后，人就可以通过别人的学识来增加自己的生活经验，多了许多空闲知识去学习新的知识。如此积累下来就形成了文化底蕴。有一句话说的是"可以意会，不可以言传"，其实这句话并不利于学识的传播。中国的许多技艺是以家族相传的方式进行的，在家族内部还有着"传男不传女"之类的规定，以至于在遭受了灾难或者战乱以后，一门非常高深的技艺就有可能失传。再有，修习禅学的人所获得的境界是圆满而庄严的，但是别的人却感受不到那种境界，这只能是他一个人自己享受。

科学发展却与此种情况迥异。对于科学研究的过程是异常艰苦的，每一步都需要严谨的思维和逻辑以及非常有力的证据来证明自己的研究，而这个过程其实就是把自己的学问和研究过程向别人讲述和传授的过程。别人在这个过程中能够听懂理解并接受他的研究结果，自然也就接受了他的研究方法。如果有质疑的地方可以非常直接地提出来，还可以应用他的方法去批判他的错误。所以方法普及于社会，人人可以研究，那么人人都会有发明。这便是科学第三点主要精神。

梁启超认为，在中国，缺少这三点科学精神的学术界会出现以下五个特点。

一是虚伪。虚伪还分二种：一是语句上虚伪。比如隐藏真实性，编造假证据和理由等；二是思想内容虚伪。在研究过程中其实根本就没有自己的心得体会，但就瞎编胡造研究结果和论文，表面上看很深奥，实际上就是在骗人。

二是散失。这个就是上面所说的问题，成功的手艺人没有把自己的技艺流传下来，他们死去，技艺也随之消逝。而蕴含在技艺深处的那些学识自然也得不到继承和发展。

三是笼统。当研究者对自己所研究的内容描述非常笼统的话，会让听众不知道到底研究的对象是什么，可以解释出好多层意思。也会让人看不出作者的态度和主张的时候，自然也不能看出来特点所在，或许可以直接认为连学者都不一定知道自己的研究到底是什么。

四是武断。如果研究者在研究过程中轻率地作出自己的判断且不寻求证据和理由，这其实是一种非常不负责任的行为。有很多的有名专家所说的观点都是违反真理和常识的，也没有进行讨论学问的公认标准，即使是谬论也没有人矫正，于是谬论深入了人心。

五是抄袭。在发展过程中，真正有学识的人越来越少，有资格能够成为裁判的人也越来越少，人们只以为的追随所谓的名人学者，并没有属于自己的主观判断。如果这个学者的思想言论从一开始就是错误的，那么这个人就在谬误的道路上就会越走越远。

这五个特点都是自从秦汉以来两千多年思想界没有进步的原因。梁启超认为提倡科学精神，这就是唯一的解决学术发展和生存的真正的解决方法。

上面所说的五个特点，就是进入了教会垄断学问时代，中国全都具备了。一直到文艺复兴之后，我们的思想才开始复活。其实我们不需要去计较过去，我们现在只需要放眼未来，正视自己的错误，到了未来谁比谁厉害还不清楚呢！

梁启超还认为对于科学精神有或者没有的判断只能用在评论新旧的文化，而不能用来衡量东西文化。假如有人说西方人便是科学的人民，而我们中国天生不是科学的人民，我们绝对会对此种观点进行抗议。

就好像拿中国的战国时代和欧洲希腊时代比较，我们都不能说是具有现代的崭新的科学精神。谁都不是所谓的反科学的精神，东西方都也都没有反科学的精神。只有秦汉之后，中国才开始反科学的精神，甚至持续了两千多年。而西方，在罗马帝国以后，反科学精神也持续了一千多年。科学精神是我们一直要秉持的一个观点，谁也不能在脱离了科学精神的基础上进行所谓的研究，这样只会在错误的方向上越走越远。

第七章

学贯中西，囊括古今
——读梁启超《大家小集》

《大家小集》精选了梁启超先生一生各个时期的对社会产生重大影响的精彩散文，其中包含慷慨激昂的《少年中国说》、悲壮沉郁的《六君子传》、还不乏有脉脉温情的《致孩子们书》。梁启超先生是倡导近代各类文体革新的第一人，在散文、诗歌、小说、戏曲及翻译文学方面皆有建树，而散文的影响最为深远。梁启超的散文气势磅礴、汪洋恣肆，具有强烈的鼓动性。任公每一篇纵横捭阖、卓尔不群的新文体一经行世，必使全国民众为之震动，反响非凡。

谈变法：
不变法之害

梁启超在青年时期曾和他的老师康有为一起倡导变法维新，并称为"康梁"，他是戊戌变法（百日维新）领袖之一、中国近代维新派代表人。戊戌变法是中国近代史上一次重要的政治改革，也是一次思想启蒙运动，促进了思想解放，对社会进步和思想义化的发展，促进中国近代社会的进步起了重要推动作用。本文介绍梁启超的观点，以他的观点去谈不变法的害处。

变法的原因

为什么一定要变法呢？梁启超认为天地万物，并不是一成不变的，有了昼夜交替，季节更迭，山川河流的变化，才形成了人赖以生存的环境，人与变化是密不可分的，也只有变化才是推动人类进步的动力。观看人类历史，不管是政事法治还是军事教育，都在不断变化在进步。凡事变则通，在明显僵持的状况下，只有谋求变法才是出路。

通俗来说，变法可以用一间房子为例来说明：如今有一座大厦，它经历了千年的时光冲刷，屋瓦和墙壁已经毁坏，屋椽及栋梁的柱子也崩坏折损了，造成这样的原因，不是因为它不够大，而是风雨突然到来时，它就一定会倾倒。可是屋子中的人，有的还在酒酣嬉戏，有的还打着鼾在睡觉，一点儿也听不到看不到外面的风雨声；有人看到这样很危险，只知道痛哭，束手无策地等死，也不想拯救这种局势；又有比这个强的，采取修补堵漏的办法，堵住蚂蚁窝儿，苟且偷生地安稳一些日子，借此来收到一些功效。这三种人，用心不同，但结果是一样的，灾害一到，同归死亡。善于居住这屋子的人，召集木匠，准备材料，拆除它废坏的地方，重新去修盖它，形成新的结构，建筑的过程虽艰苦，到建成时，变得美好了，就可以高枕无忧了。其实国家也是这样，按照前面的办法来改造它没有不灭亡的，按照后面的办法改造它没有不强大的。

各国不变法的后果

　　印度，是大地上最古老的国家，它们遵守旧制，后来被外国人占领变为英国的附属领地。突厥（今土耳其）的领地跨越了三个大洲，从建国开始经历了千年的时光，在这千年中他们依旧遵循旧制，一成不变，最后被分裂成六个国家来统治这块领地。非洲的地域非常广阔，是欧洲的三倍，除了它的中部地区有沙漠一带，其他地区都有植被，各种植物生机勃勃地生长着，畜牧业也很繁盛。但是由于当地的土著还没有从蒙昧状态进入文明状态，所以他们把领地拱手相让给了强劲的敌人。波兰是欧洲及西方各国中有名的国家，因为国家领导人不理朝政，每天都有内讧在升级，俄国、普鲁士、奥地利三国便结盟一起去瓜分他们的国家。

　　中亚洲新疆天山南路的少数民族居住地区，这里的人骁勇善战，也很彪悍，擅长与别人战斗，但也是因为他们遵守旧制，没有改变，最后俄罗斯人用各种手段侵吞了他们的领地，他们的种族几乎接近灭亡了。越南、缅甸、高丽等归属中原地区以后，在当地逐渐形成一些不良的习惯作风，长期的奢靡之风得不到改正，最终导致汉民族曾经辉煌的统治制度，在不知不觉中黯然失色。在如今的俄国的苦寒之地，原属于蛮夷居所苦寒之地，受到蒙古的节制管辖，他们前任皇帝残暴，没有民众的爱戴，他自知情况危急没有一天是心安的；自从大彼得游历诸国，学习工艺，回来之后实行变法，接下来一任帝王受到他的指导，国势日盛，使领地扩大了数万里。

国家的政治变法是不容懈怠的，又比如西班牙、荷兰，三百年前属地遍天下，而内部整治后来逐渐松弛下来，便立刻变为弱小的国家。

这告诉我们，不知道怎么去做的时候，看看前人，前车之鉴，后人便可以以此为戒。

中国的变法

中国自古就是一个统一的国家，在它的四周都是些小国家，所以，历代君王只是担心内部问题，而没有理会外面的世界。所以中国都是防备出现危害内部统治的措施，想兴盛国家的想法很少，大多安于现状而没有思虑长久。

秦朝之后到如今，有二千年的时光，时局没有太大的不同，所以治理国家的方法也没有改变。中国认为与外面的世界不需要太多的联系，先整治好内部问题便能使国家不受到外敌的侵扰，便一直是一个独立的国家。遵守旧制，有时只需要稍微调整一下，就足够可以治理天下。比如，泰山以西地区的诸国有许多，大小以数十计，他们之间互相猜忌，稍有些懈怠，灭亡的危机就会出现在他们眼前。所以他们广设学校，奖励学会，就害怕人才不够导致国家没有立足之地。

振兴本国的工艺，保护商业，害怕自己的利益源泉被人抢夺走。将士需要学习文化知识，兵士也需要识字，每天进行训练的他们，每天都像是面对强大的敌人一样，文和武都需兼备。他们还制造新的船械，相互比拼，就怕自己的兵力弱于别人，一旦失败了便无法振作。

同样的道理，国家国力强盛，都是因为外来的威胁而迫其相互鞭策，促其成长。有些自称是独立的国家，看不到国家所面对的敌人，还洋洋得意，自命清高，因为老百姓的乖顺弱小而去欺负他们，恃强凌弱，又怕百姓太聪明影响到统治而去束缚他们，让自己的国家没有人才，日子久了，遭遇到变故时，他们的下场就和印度、突厥一样了。

有人说，国家的好的法制可以一劳永逸，这就是让别人家的国家灭亡的错误言论。就比如，今天的我们一天吃三顿饭，当有人说我们只需要吃一顿饭就可以饱一生，这简直就像是愚蠢的人在说话，这根本就是不可能的事。当你吃饱过几个小时之后，肚子里的食物被消化了又会感觉到饥饿了。这可以用在今天立法来治理天下的观点上，这个道理都是一样的。法制用在统治上十年，或者是数十年，或者是百年，但必然都会有不适应的时候。因为过时了，世界万物都在变，时局也在变，而你的法制不变，那是无法更好地统治治理国家的。这是正常的大自然定律。所以那些想吃一顿饭就饱一生的人肯定会死，一劳而求永逸人也同样会死。

简而言之，法制是治理天下的武器，而变法是天下的公理，不可逆的定律。变法，在变化中变化，在不变中变化。改变正确的法制，可以用更好的法制去治理国家，统治百姓，可以保卫国家，保护子孙后代，保护一切。

但变法也是有途径的，不是盲目地去变法。比如日本，是以自变的形式去变法的；比如突厥，是通过他人执政之手而改朝换代去变法的，埃及、高丽等国都是这样；比如印度，是通过统一国家学者的意见后而进行变法的，越南、缅甸等国也都是这样；等等。一个国家的兴亡，就主要在于看他们愿不愿意变法，怎么去选择最适合自己国家的变法。

谈世界文明：
中国人对于世界文明之大责任

文明，是有人类历史以来慢慢沉淀下来的精华，它有益于增强人类对客观世界的适应和认知、符合人类精神追求、能被绝大多数人认可和接受的人文精神、发明创造以及公序良俗的总和。本文为梁启超呼吁中国人对于世界文明的关注，也说明了他对世界文明的见解，对于发扬继承利用世界文明我们都有一定的责任。

新文明的诞生源于责任

文明是人类为了更好地认识世界而团结协作，进而构成了这种文明的物质基础。梁启超认为人生出来到死亡最终的人生意义，就是要对世界人类有贡献。他为何这么说呢？他觉得人类全体就是"自我"，我们要体现自己来到世上的价值便是，我们要去发展"自我"，我们需要一直沿着这条路一直努力往前走。

国家存在的意义又是什么呢？为何要有国家的存在？因为有了国家，才可以让这个国家里面的这一群人类的文化凝聚力发展起来，使整个人类群体和国家一起成长，也是帮助了国家的兴盛。所以在梁启超看来，建设国家是人类全体进化的一种手段，就好比如是市政府和乡村的自治结合一般，这便是国家成立的一种手段。

有人说，按照这个说法，一个人的生存意义是做出自己的贡献，使自己的国家变得富强起来，但这也说明，是想要让自己的国家也要对人类全体有贡献，不然这个国家存在的意义算是没有，这个国家便是一个摆设般的存在。从这个道理中我们知道了，我们建设的国家对世界来说也有巨大的责任。这个责任是什么呢？梁启超认为，这个责任便是拿西洋的文明来扩充我们自己的文明，然后我们也要用自己的文明去辅助西洋的文明，共同进步，共同发展，两种文明取长补短融合在一起便形成了一种新的文明。

不同文明相互融合学习

梁启超说他在巴黎曾经见过著名的哲学家蒲陀罗（Boutreu 柏格森之师）。蒲陀罗告诉他说："一个国民，最要紧的是把本国文化，发挥光大，好像子孙袭了祖父遗产，就要保住他，而且叫他发生功用。就算很浅薄的文明，发挥出来，都是好的，因为他总有他的特质，把他的特质和别人的特质化合，自然会产生第三种更好的特质来。你们中国，着实可爱可敬。我们祖宗裹块鹿皮拿把石刀在野林里打猎的时候，你们不知已出了几多哲人了。我近来读写译本的中国哲学书，总觉得他博大精深。可惜老了，不能学中国文，我望中国人总不要失掉这分家当才好。"梁启超听完蒲陀罗的这一番话，突然觉得他自己身上的担子有几百斤重，他想要把这一番话真正地传达给国民们。

有一次，梁启超和几位国外的社会党名士闲谈的时候，说起了孔子的"四海之内皆兄弟"与"不患寡而患不均"，接着他们又说起了井田制度，又说了墨子的"兼爱"与"寝兵"。于是，最后他们全都跳起来说："你们家里有这些宝贝，却藏起来不分点给我们，真是对不起人啊！"梁启超认为他说不上对不起外人，他觉得对不起的是祖宗。

近年来的西洋学者，他们都希望利用东方文明来使自己的文明得以发展。梁启超认为，中国有这个能力传播我们的文明。从前的西洋文明，他们把理想分为唯心和唯物极端的两类，宗教家偏重来生，唯心派深奥玄妙，他们都偏离人生问题。梁启超曾说道："顶时髦的社会主义，结果也不过抢面包吃。"这就是人类的最高的人生意义吗？后来，实用哲学和创化哲学被提倡，想要把梦想融入到现实中。

梁启超认为先秦的学术就是从这条路发展出来的。孔子、老子和墨子虽然学派不同，他们却有着共同的观点"求理想与实用一致"。如孔子的"尽性赞化"和"自强不息"，老子的"各归其根"，墨子的"上同于天"，从中看出"大的自我"和"灵的自我"加上"小的自我"和"肉的自我"同体，想要因小通大，推肉合灵。梁启超认为如果能利用起这三大圣的观点，让梦想与实际相融合会有很多种套路出现。

东西学问的融合

中华民族的文化同样也是世界的，它对于世界文明的进步有着不可或缺的作用，而世界不同文化的竞争与融合也是文明发展的助力。一个僵化的文明就必须要有新的活力。这样看来，东西方文化的交流与融合是大势所趋的。

在梁启超看来，中国文化的发展既要继承传统，推陈出新，又要取西方精华。他曾说先秦到隋唐的学者留下了许多他们的思想精华遗产，学问都要闹饥荒了，我们应当去好好发掘和享用它们，而不是想着坐享其成，什么事都不做。比如文学美术的各种方面，我们也不应当输给别人。中国总有些故步自封的老一辈人，他们认为中国不需要西学，认为西学中国也有；有些沉醉于西风的人又认为中国的东西都比不上西方的。梁启超认为这两种观点都很可笑。

要知道，凡是一种思想都是以它的时代来作为背景的，而我们所学的是思想的根本精神，不是它派生的条件。当关联到条件时就没有不受时代支配的，这就好像孔子有许多的贵族性的伦理，在今天并不适用，但不能否认孔子的学说。当我们理清楚这其间的关系，研究中国的旧学也能得到自己理性公正的判断，不会产生谬论了。

最后，想要发展我们的文化就必须借用他们的文化作为途径。研究他们的文化和方法，对于我们是很有利的，正所谓"欲善其事，必先利其器"。梁启超呼吁着我们这些可爱的青年们，一是要每个人都有尊重爱护本国文化的诚意；二是要用西洋研究学问的方法去研究他，获得他们学问的精华；三是把自己的文化综合起来，再拿别的文化去辅助它，取长补短，取其精华，产生出新的文化体系；四是把这新的体系发扬光大，让人类全体都能获得这新文化的好处。

梁启超认为中国的人数占全世界人口的四分之一，对于全人类的幸福应该负起四分之一的责任。我们逃避、不尽这责任便是对不起祖宗，对不起和你在同一时代的人类，这也更是对不起自己。梁启超呼吁着我们这些可爱的青年，迈开大步走，在大海的对岸有好几万万人，他们都在害怕物质文明的破产，希望我们去拯救，同时这也是我们超越他们的时机。

谈学生自修之三大要义：
人、事、问

1917年，梁启超在清华学校的演讲说到了学生自修的三大要义，即是为人、做事和学问。宗教界哲学界始终围绕着一个永恒的话题探究不止，那就是作为一个人的要求，他们说的很多也很详细，但归根结底，可以用四个字来表达，就是反省克己。

人之所以称之为人，关键在于人与禽兽的差别。在生理作用上来讲，人和禽兽并没有差别，饥饿时便要吃饭，口渴了要喝水，劳累了要休息，困倦了要睡觉。这是人与禽兽最基本的生存需求，但不同的是，禽兽的行为被生理需求所完全控制，而人在生理冲动时，能够先思考再去行动，这就是自我反省。当反省之后觉得有不好的地方便收敛起自己的欲望，这便是克制自己。我们常常因为看到别人困苦弱小而能够动恻隐之心，继而尽自己所能帮助他们，而不是被生理需求所控制，这就是反省克己的外化表现。

反省克己

反省克己该怎么做呢？《论语》所谓吾日三省吾身，又曰而内自省也，又曰内省不疚，皆申明此反省之要义。这就告诉我们反省克己的方法，即是不管做什么事都要再三思索，说话之前要好好斟酌，只有思考才能让人成长起来。然而知易行难，任何事情都不是一蹴而就的，我们要从谨言慎行开始，例如不要做些不诚实的举动去欺骗别人，不要因为一时的快乐而去说人家的长短，还去传播拿来当笑柄，人非圣贤，都会犯错，如果不加以自我克制，养成恶习，就会迷失自我，深陷泥潭而不自知。

梁启超提到，圣人教导学生，都是以纠正恶习开始的，首要便是反省克己。人的改变是以自身为前提的，如果自己本身都不自省，有再多的良师益友都没有用。很多年轻人青春正茂，激情飞扬，追寻着人生的方向与定位，但同样是他们最容易犯错的时候，几年的变化就会影响整个人生，所以在这个关键的时刻必须要谨言慎行，用自己的良心去衡量才去行动，如果任由自己的欲望支配行动，带来的后果是不堪设想的。人都应该从小事做起，如果小事都不能做到用良心去衡量，更何况大事呢？历史上的恶人行径比比皆是，不都是小时放任不羁，从而心性不正，遗臭万世。

在梁启超看来，为人的主体就在良心，必须自幼养成由良心为主导的思考性行动，不能成为四肢五官的奴隶，身体变为别人的奴隶还可以挽救，但是行动变成了欲望的奴隶便是无药可医，只有自己可以救自己。人的成长就是一个发现自身不足加以改正的过程，这个过程便是反省克己，为人处事，要时刻以良心为本，做人也是做事，要明是非知善恶，每日警醒自己，有则改之无则加勉，把学做人放在学业之前。

做事之要义

如果说做人是抽象的，表现的是大的方向，那么做事就是具体的，是做人的具体显化。在梁启超看来，做事一是要"精力集中"。阳光温暖和煦，但是将太阳的光都集中在一个点上，便会轻易点燃纸张，这就是"集中"的魔力。不管做什么事，只要聚精会神，一心一意地坚持不懈，就一定会有收获。

我们很容易发现，集中精力和时间去做一件事与同时做几件事最后所获得的效果是截然不同的，梁启超说做事要"精力集中"是最朴实深刻的道理，事分先后，一件一件，有条不紊地全身心地投入进去，将精神意志作为做事的核心点，和物力不一样，物力是有限的，但精力是无穷的。就好像有五百马力的机器，五百就是这物的定量了，但是精力只要善于运用它便是无限的，所以说，一切都是有无限可能的。

做事第二便是要学无止境。很多人认为做事是要天赋的，成功的人必定先天不凡，然而事实证明，天赋并不代表一切，天资愚钝的人一样能够功成名就。梁启超曾说政治家不需要天赋，只需拥有四种能力：一是组织，二是执行，三是著述，四是讲演。其实归根结底就是学习能力。中国留学生个体的能力都很强，但是综合起来就不如外国学生，差距就在于缺乏组织才能。孙中山的组织才能却是很厉害的，他创立了国民党组织，但因为他执行的才能不行，所以他推行的三民主义没有成功。很久之前的政治学家为了感动朝廷而常给皇上递奏折，如今的政治家是从事著述，但获得不了民众的同情心。最后是讲演，比如游说家苏秦张仪等，为了实现自己的主张进行游说，希望能帮助朝政。现在民主时期，政治家通过自由演讲让民众支持他。政治家四种才能都必不可少，缺了哪一个都不行。

想要做事成功，还需要有德操，德操即是德行与操守，这就要求我们不去无理由的诋毁别人，要客观地去评判别人的观点，少数服从多数。当你作为一个领袖时，最重要的不是你本身有多高的才能，而是要有德操，即是知人善用，不嫉贤妒能。汉高祖刘邦不擅长征战，但却开朝历代，创下辉煌基业，其中的关键之处就在善于用人。他能够将将许多人的长处集合在一起，合理运用。反观袁世凯、段祺瑞等人，他们不能知人善任，不任用比自己厉害的人，最终也只能落得功败垂成、身败名裂的下场。

想要有才能的人追随你，就需要有一个"见人有善若己有之"的好态度，然后是始终如一，推心置腹，用人不疑的信任。就比如唐玄宗，对于宰相姚崇询问他用人的意见时，并不回应，让姚崇感觉很是莫名其妙，道后来才知道唐玄宗这是信任他，相信他用人的眼光，所以他选择了不回答。从这里可以看出唐玄宗除了知人善用之外，还深信对方能力，不会去怀疑对方的才能，放手让他去发挥自己的能力。也正因为如此，才有了一代名相姚崇。在生活中，我们交往的朋友，他们身上都有优点，我们可以去采纳学习，这样别人的优点也就变成了自己的优点。但是如果我们看到朋友身上的优点，反而去羡慕忌妒他们，这不但失去了这个朋友的友谊，还失去了自我成长的机会。这便是赔了夫人又折兵。

关于德操，从政治的方面难以理得清楚，在政治这方面很少人能两袖清风，并且不接触到黑暗面，无论是哪个国家都是一样的。每个国家都有很多正当大好青春年华的有志向的青年，他们在政治论坛上出现，却很快就被政治的黑暗面给吞噬。一个国家的稳定与昌盛就必须有政治的清明为前提，这就要求国家的各层领导人必须有德行操守，打造一个相对清明的政治环境。

梁启超认为，在这个五光十色的社会上，我们要参与政治活动，就必须要有稳固扎实的根基。有预料到前面可能会遭遇到的危险的能力，并勇往直前的决心，学会怎样在动荡不安的政局中独善其身，还能真正的体现自己的才能。我们都需要有一定的觉悟，防止自己在这个旋涡中迷失而堕落。我们学做事，应该以做到这种程度为标准，这同样也是梁启超先生关于做事一事上对年轻人的美好期望。

梁启超先生说做事都要把握好一个度，就比如长辈的观点谁都可以去反对，但是他的学生不可以反对。大家都可以反对孙中山的观点，但是陈炯明与孙先生是同一个信仰，也是孙先生一手带出来的学生，他就不能反对孙先生。所以说我们用手段可以，但是要在一个限度里面去适当地运用手段。这就告诉我们做事的准则，不管做什么，都是有底线的，丈夫有所为有所不为，我们不要去一味地做某件事，而是要衡量这件事的意义与价值。有了这种有所不为的操守才算是具备了会做事、做好事、做大事的基础。

学问之要义

梁启超说，做学问与做人做事，三者是相通的。做学问如果天生聪明但是不专一，笨的人都会超越你。又比如学习算术，但同时又学文学，这样到最后可能文学和算术都没有学成功，这是人的定理。梁启超说，他也是有了这个经验，于是无论是写文章还是演说，都会专心致志于一件事情上。只有你的精神集中了，写出来的文字和说出来的话才能打动别人。想要假借别人的东西敷衍，都是没有办法打动人的。他呼吁青年们在日常生活中就注重积累优良的品行和才能，将来出去工作时才能更好地做事。

做学问的前提是专一，技巧便是勤奋与勉励，这是自古以来的著名学者劝谏别人学习时都会用到的话语。梁启超认为做学问，首先得开发自己的本能。常言道，授人以鱼不如授人以渔，这就是学习的技能，学习是自己的事，老师只能交给你学习的方法和知识，你能学到多少全靠你自己。学习了以后，你是否能够在用到自己所学的知识的地方，能将它发挥得淋漓尽致。如果你在学校学了很多东西，但是你一毕业就把知识全都抛在脑后，把从老师那学习到的东西都归还了回去。最后的你获得了什么？什么都没有。

所以说学以致用，才能将自己学习到的东西真正变为自己的。学以致用的过程就是勤勉的过程，学到的东西需要不断地复习巩固，然后把知识运用到实际生活中，让知识得到现实意义，这就是学问的精髓所在。

梁启超希望广大的青年们都能认真学习，发挥自己的才能。学习不只是学习知识的本身，这也是塑造自己的过程，让自己的能力和视野都能提高和扩展。现在知识更新的速度很快，我们必须适应这个社会，跟上时代的潮流，尽情发挥自己的才能，时不时给自己充电。只有这样，才能让自己的未来脚踏实地，闪闪发光。

谈人权与女权：
广义的人权运动

1922年11月6日，梁启超写下了《人权与女权》，向民众展示了西方社会学，成为又一部启迪国人思想，启发民智的著作。从孔子开始，很多人都在思想和伦理方面研究过做人的问题，但他们并没有把中心放在怎么做一个真正享有人格的人。梁启超的观点，有理有据地向人展示了如何做个有人格的人，阐明人必须得获得教育、职业和政治上的平等权，他谈论人权与女权的这些观点，在当时灾难深重的旧中国，是一颗令人耳目一新的重磅炸弹，对时代的发展具有了极其深远的意义。

人权运动的兴起

从字面上看，人权是包含女权的。人权运动和女权运动也可以这么理解。人权运动分为广义的和狭义的，广义的人权运动是指包括妇女在内的运动，而狭义的人权运动仅指平民运动，不包含妇女。但是"运动"有两个条件，一是运动是自动的，二是运动具有阶段性。妇女们应当充分了解到运动的价值和要有参与的积极性。如果只有一小部分进步人士带动，她们不积极参加，这便是他动。然而他动的后果仅仅只是暂时性的，不能从根本上改善和解放女权。要了解女权，根治问题，我们必须要撇开一切，首先研究"什么叫做人"这个问题。

有人说，凡天地间"圆颅方趾横目睿心"的动物自然都是人。这个答案是片面的，它只说明了自然界"人"字的意义，但并没说明历史上"人"字的意义。最先所定的历史上的人的范围是很小的，一百个"圆颅方趾横目睿心"的动物之中最多就三四个算是做"人"。也就说古时候能享有人格的人是很少的。你会问，都是"圆颅方趾横目睿心"的动物，为什么不是谁都平等呢？你能做的事我也能做，你享有的权我也能享有。但事实并不是这样，在历史上，总有人被称为"奴隶"。难道奴隶不是"圆颅方趾横目睿心"吗？在当时，那些非奴隶的人都只认为他们是货物，并不是人。

读过西洋历史的人，都知道古代希腊雅典的"全民政治"，它的核心思想就是人人平等，享有自由。柏拉图也说过人人都应参与政治，除了奴隶。最后说明除了奴隶，证明在当时奴隶并没被当作是人。然而雅典城中有几万人，只有几千人参与了政治。很大一部分不被当作人的"奴隶"，他们没有权利参与政治，被当作货物，就连平民相对于贵族来说，也只能算是半个人，在当时，也只有贵族是完全意义的人，教育、职业、财产等方面全权在于贵族，平民并不能拥有。这种不平等现象在我国古代也屡见不鲜，欧洲罗马帝国到18世纪都是这样。令人悲哀的是，在这种不平等的制度下，奴隶本身也不知道自己是个"人"，浑浑噩噩地过了几千年。

人总是会进步的，欧洲人在15、16世纪文艺复兴时代发现了自己应该享有人的权利，于是他们开始筹划，一是他们认为都是人，就应该有接受同等教育的权利，不能让贵族垄断人的权利；二是人都应该利用他自己的才能进行就业，不能让某种阶级的人一直霸占着一种职业；三是一国的政治，凡属于人都有权利过问。于是，产生了人权运动。教育上平等权，职业上平等权，政治上平等权，便是人权运动的三大阶段。

人权运动是真正的民主政治的手段，是历史发展的必然结果，是人之所以为人的抗争。1789年在法国爆发了革命，《人权宣言》诞生，要求自治属地、废除阶级、普遍选举和解放黑奴，统治法国多个世纪的君主制在三年内土崩瓦解。法国在这段时期经历着一个史诗式的转变：过往的贵族和宗教特权不断受到自由主义政治组织及上街抗议的民众的冲击，旧的观念逐渐被全新的天赋人权、三权分立等的民主思想所取代。

广义的人权运动难以兴起的根本原因

法国大革命成功了，但是人们还忘记了一类人没有获得解放。就是女性！人权运动，运动的是人权，搞得轰轰烈烈的人权运动却一点也没涉及她们。说得天花乱坠的人权，却不关她们的事！后来人们发现了弊端，女权运动也开始了，这也称广义的人权运动。

梁启超认为，女权运动也和平民运动一样具有两个条件。女权运动能否彻底和充分，首先看女性的实际自觉程度。自文艺复兴之后，平民们第一个要求的便是教育平等，获得了知识便具备有了能力，所以平民运动取得了成功。他们先把做人条件准备充实，才能充分获得做人的权利。女权运动也沿着这条路走，但女性的知识能力比不上男性，因为她们不能像男性一样获得接受教育的权利。女权运动进行得很困难。这时候有人主张"女权尚早论"，他们认为平民运动成功之后再谈女权都不迟。

这种观点是否正确呢？比如欧洲人制造铁路，是先有了狭轨才有了广轨；但我们却可以直接制造广轨。同理，狭义的和广义的人权运动，我们也能一起兴起。

但无论是狭轨或是广轨，都必须有路才能筑造，知识就是那路！中国的男性的知识还是很浅薄，但女性比男性又薄弱幼稚好多。要进行女权，女性就必须不依赖男性而独立，这便是女性必须得有职业。就好像有一个职业，十位女性和十位男性竞争，最后谁能获得？进一步去说，女性参政可以到公开场合去演讲，进行自由竞争，但以现在的情形，女性讲十次有九次就是失败的。原因就在于女性的知识能力比不上男性。这并不是天生的，而是从前的女子没有男子的教育权利，这即使不是她们的错，但女子不如男已经是成为了事实。

有一句英文 Knowlege is power——知识即权力。这便说明了从知识基础上求权力才是踏实的，即使侥幸得到了也不长久。

女权运动的推行

女权运动在教育、竞争职业和参与政治都很重要。梁启超认为，第一是教育，第二是职业，第三是参政。但是在当时女性并没有真的参与政治，实际上都是在选举人名册上凑些假名，然后让那些政客进行买票卖票的工具。在这种情形下，争取让女性参政毫无意义。所以广义的人权运动想成功，就要从基础做起，培养自己的能力，别谈空话。女权运动的真正意义，便是女性要有痛彻心扉的自觉性，从自我抓起，在学习上力争上游，要争取和男子立于同等的地位，而且只有这个办法。

当时，全中国的女子的知识来源只有十几个女子师范学校，但庄子有一句话说得很好，"水之积不厚，则其负大舟也无力。"梁启超认为，全体人民都有责任去学习知识，只有把学问精通了，知识能力提高上来了，女权运动的力量才是真正的储备好了。除了提高知识能力，没有捷径，梁启超呼吁当时的百姓，首先都应该彻悟自己是一个人，应当努力去争取作为一个真正的人的资格。教育、职业和政治不应该被某个阶层的人垄断，应当追求平等。这同样也是女权主义的核心。男女受教育机会的平等、从事各行各业的机会平等和参政的权利平等，即使是现代人的性别歧视还是存在的，要真正做到无差别的人人平等还任重道远，我们要充分理解人权，解释人权，做到真正意义上的人权解放。

谈美术与科学：
情感与理性的产物

美术与科学，是人们在情感和理性的结合中所衍生出的产物。关于艺术情感问题，梁启超有着非常精辟且较为系统的论述，这些论述是梁启超的整个美学思想体系的集中体现，在这个体系里，美术与科学是密不可分的。

美真合一

梁启超梳理西方历史，认为文艺复兴时代衍生出了现代的西方文化。但众所周知，科学是西方现代文化的根基，而文艺复兴时期重视的却是美术。美术是什么？美术是情感的产生，科学是却是理性的产物。美术与科学似乎是相距甚远，两者怎么会关联上的呢？实质上，美术从"真美合一"思想中产生出了科学，科学家认为真便是美，想要寻求美就要寻求真，美与真不可分割，美术与科学也是互通的。

梁启超曾提及两个故事。第一个与说达芬奇在意大利一个小村庄里发现的一尊温尼士女神裸体人像，但是很多基督徒说这个人像是魔鬼，于是把人像毁了丢到大海里。然而达芬奇非常痴迷，他和他的几个好友一起偷偷地到小村里挖掘，然后真的挖掘出了第二个人像。他把石像的长度都仔仔细细地用软尺量了一遍。当时有许多基督徒在场，他们都是因为人像而来。梅尔拉是古典派的美术家学者，他觉得达芬奇的行为无意义，他说了一句，美不是靠计算得出来的。但达芬奇也爱答不理地，他说："不错，但是我想知道的事一定要知道。"

第二个故事就是有一个年长但很有名望的天主教的神父，他演讲的时候呼吁着大家快点进行忏悔，因为世界末日来临了。听众中有达芬奇的弟子，他也受到了感动，但是他却发现达芬奇拿着笔在画那个讲话讲的口沫横飞的神父。

达芬奇不仅仅是一个美术家，他还是一位著名的科学家，近代的生物学的启蒙学者。这两个故事告诉了我们真与美、虚伪与丑恶的真实意义，告诉我们美术与科学的真谛。

美术与科学的重点是什么？是观察自然，发现真实，体会美，但只有在文艺复兴以后人们才重视起自然。美术与科学都要在自然这个本体中寻找。

对于自然的认识，梁启超认为我们需要做两件事，要愿意去观察自然和真的学会去观察。学会去观察是最重要的，就是要求对你所观察的对象有极大的兴趣，专心致志地去观察。在这个基础之上还要用客观的态度，不能把个人的偏见或者情感放在里面。达芬奇曾经画过他爱慕的美女蒙娜丽莎。他用了四年的时间去画美女的微笑，他认为虽然是自己爱慕的女神，也要克制自己的爱慕之心，用理性的角度去描绘，才能更准确地去诠释她的美好。热烈的爱慕之心和冷静的大脑思考相融合在一起才能后产生最好的结晶之作。

梁启超认为，艺术家在把握真情感的同时，也不能随性而至、随情而发，要用理性去陶养去规范，使本能的情感朝着"美"与"好"的方向提升。因此，梁启超的主情主义从感性出发，以理性归宿，体现了对东西方情感理论的化合与创造，也体现了他对情感与理性关系的辨证理解。情感与理性结合，这也是完成科学的重要的一点要求，人与物相结合。人能够从观察中，感受到对方的特性，这便是梁启超认为，即胸有成竹才能下笔有神。

在美术上，我们通过认真观察对象的细节而去描绘出它的特质。

就好像我们尝试画一个人，在面部的表情上我们必须让他看上去很协调，五官都相互照应着，充满着很精密的规律。如果你不能拥有一个很清晰的思路、很精密的头脑，你是画不出来的，也观察不到它的特质，这就是美术和科学的联系所在。科学对于中国来说是很重要的，但我们有一个错误的观点，我们需要去矫正它，很多人都觉得研究科学的前提是有一个很大的实验室，具备各种各样的仪器。这是错误的。实质上，在没有仪器时，科学就已经诞生了。在达芬奇的时代就根本就没有什么科学的仪器，但达芬奇已然成为了科学巨匠。

用情感去感受科学和美术

梁启超对"表情法"的总结对于艺术和美学理论具有重要的意义。科学认识与艺术的表达有内在相通和互补之处，创造一流的艺术品同科学发现一样，在梁启超看来，无不是"热心"与"冷脑"的完美结合，即求知的热情同冷静客观的科学态度、科学方法的内在统一。在此，他不是把自然看作外界之物，机械地为其认识真理、获得审美感受设置人为的障碍，而是以审美的方式对待自然，通过参与和转化使主体最终融入现实，充分发挥人类投入自然和参与实践的能力，以充实生活之美，医治精神世界的空虚干涸。他结合自己从事学术研究以及从人文视角认识分析问题的经历，开启了科学理性与自由意志、审美意义相结合的科学认识的新路径。

科学和美术一样，都需要尽情地运用你的五官和五感，最后运用自己的脑筋去总结。它们的结合就是艺术产生的最有力的武器。总而言之，科学与美术的根基就是养成细致的观察力，而科学的形成靠观察力，美术便是养成观察力最直接的捷径、最快速的通道。因为美术家专心致志地观察"自然之美"，最后便获得了成功。美便是真，就是要观察"自然之真"，在观察的同时，在美术的基础上体现了科学，所以科学可以比喻成一扇门，美术便是打开门的关键钥匙。

梁启超呼吁着大家都行动起来，要多练习自己的观察力，锻炼出非常精密细致的观察力，最后能把自己的观察方式总结经验，传授给别人，共享自己的成果，让别人同你一起进步。古人有言，"能与人规矩，不能使人巧。"遵守了合适的方式和方法之后，想要成为一个著名的大艺术家，就要看你的天赋了。这便是"巧"。

中国的教育，很多都是先教给学生设立好一个"规矩"。学习美术的学校便是这样，中国的古时候曾有一句话"只可以意会，不可以言传"，但是这样说的话，学校存在的意义便是虚无的，任何一个人知道了，然后自己进行意会即可。就好像是学习美术的学生，拿一些名画拿来依葫芦画瓢，然后便毕业了，这样的情况放到一般人身上都可以做到。学校也就没有了意义，国家也不需要设立学校了。梁启超认为公立学校存在的意义，便是让美术学界能创造出一条人人都可以走的光明道路，使美术知识形成科学的理论体系，从而有迹可循。因此，美术与科学的结合才是最好的道路，便是"科学化的美术"和"美术化的科学"。这样融合在一起的艺术结晶才能更好地增强中华文化软实力。

谈为学与做人：
求学问，学做人

1922年12月27日，在为苏州学生联合会的演讲中，梁启超谈及为学与做人。在这个主题上，他深刻地分析了当时的国情，就中国的教育问题作出了理性的论断，以其渊博的知识真挚的态度教导学生如何求学如何做人，清晰地指出了为学与为人之间的关系。

为学的目的为做人

在梁启超看来，当时的教育缺乏意育和情育。中国的大部分学校教导学生，都只仅仅是因为交钱了所以传输知识，实质上是一个买和卖的过程，这完全停滞在一个低层次的阶段。即使在近一个世纪后的今天，中国的教育界依然存在这样的问题。然而个人没有办法对国家的教育进行指导或者去改变它，我们只能从自我做起。作为一个家长，我们需要去学习长辈学者的知识经验，学会正确指引自己的子女的成长，把他们引导上一个成为一个独立人格的"人"的光明大道之上。学的目的便是为了成为一个更好的人，教育不是商业活动，是人类事业的繁荣，也是人类文明的延续与发展。

为学不是简单的接受教育。我们进学校的目的是什么？大多数人会说是为了学到知识，这是为学。那么，我们又是为了什么目的而去学习知识的呢？我们想学到什么呢？进一步去提问，得到的答案会各式各样的，有些甚至都不知道自己的答案。我们在学校里面学习很多课程，有数学、政治、历史、地理、生物、化学和文学等。这些学科带给我们只仅仅是知识吗？不是的。我们所学的这些科目都有一个共同的目的，就是让我们学会做人，这些都是教会我们做人必要的一种手段，但是，这并不代表我们靠这些就轻易地成功做人。就算你所有的科目都学得很好，门门科目都是优秀，但也并不能让你成功做到一个最好的自己。

究竟该怎么做到为学与为人的贯通？梁启超曾提到知、情、意这三种人类的心理，他说当这三种都成功达到一种饱满的状态时，便是哲学意义的"三达德"。"三达德"又分为知、仁、勇。孔子曾经说过，知道的人不会感觉到困惑，仁爱的人不会感觉到忧虑，而勇敢的人也不会感觉到恐惧。这三种人都各具有中华民族优良的品质，这也是人们日常生活中的道德标准。但是，这三种人的优良品质集合到一个人身上时，这才是一个完整意义上的"人"。因此，教育应该以"三达德"为根本，不仅传授知识，还要教"做人"。

梁启超说，学校就应该注重三方面的培养，才能做到真正的育才。在当时，知育、情育和意育三个种类只是被分为德育与体育。德育的范围太广大，真的讲学起来很笼统、很模糊，体育的范围又太狭小了。这三个种类应该是具体的、执行有据的。在知育这方面，我们可以得到知识的解答而不用感觉到疑惑；在情育中，我们可以得到情感上的辅助而不会让人感觉到忧虑；在意育中，我们能获得勇气而不会感到恐惧。老师教学生，可以教这三方面，没有老师教时，我们要学会自学。通过教育而为学，进而为人，我们要经过一个漫长的过程，达到一个个境界，最后便是为学做到知者不惑，为人则仁者不忧，做事则勇者不惧。

知者不惑

那么，如何才能知者不惑？梁启超认为秘诀便是增强判断力。一是，要具备生活中的常识；二是，要进一步学习自己的专业知识。三是，在日常遭遇到事情时，要有自己的判断力。前面两点都是基础，如果基础打不好，判断力也就没有办法养成。就好比一个人连基本的生活常识都没有，以封建愚昧的角度去看待生活，遇到紧急的事情连判断力都没有，只想着求神拜佛，这才是最悲惨、最愚蠢的人。

梁启超指出，人们在学校和生活中会学习到一些基本的常识，但是在工作上则需要专业的知识。专业知识的学习是建立在基本常识基础上的，是不可或缺的。比如有些人想当农学家，如何让贫瘠的土壤变得肥沃？如何抵御天灾？我们只有学习了前辈的经验和专业知识才能具备判断力，遇到事情才能知道解决方法。这些知识的来源便是学校。但是这些完全不够，我们还需要学习，而且是每时每刻的学习。因为世界在变，各种事物都在不断变化，如果认为学到学校的专业知识就够了，这种观点就是大错特错了。

这就要求我们要有能够应付生活中各式各样难题的"大智慧"。这种大智慧又怎么获得呢？首先，我们要先从锻炼自己的头脑开始，使头脑变得很精明而且务实。遇到难题时，我们便能理出头绪和条理。然后，我们从中清晰地看到事情的脉络，便能去判断它进而解决它。这便是达到不惑了。

仁者不忧

梁启超说，在我们生活中，有许多事情会让人忧虑，但是孔子说了，仁者不忧。仁者为什么不忧？我们又怎样才能达到仁者的境界？我们都知道儒家的思想之精华都在"仁"这个字里面，它可以称为大多数人的普遍的人格的体现。孔子说："仁者，人也。"即是说，"仁"便是人的人格的完成。但是人格不单单只是一个人来体现的，要从人与人之间的交往中才能看出来。

从我们和对方之间交往的关系中看出自己的人格，并在与和他人交往的过程中逐渐完成自身的人格。在一定意义上，人生是世界万物，世界万物是人生，个人的人格与世界万物是一体的，没有太大差别的。如果我们能够意识到这一点，站在世界万物的层次上考虑问题，不忧虑个人得失，不忧虑成功与失败，便能称之为"仁者"。当我们以"仁"的人生观去看待这两件事物时，便不会产生忧虑。这也是仁者不忧的原因。

当我们认定了一件东西是我们自己所有的才去在意得失。人格不是单独存在的，它也没有任何界限可以区分划开，我们分不清哪个是对方的部分，哪个是我们自己的部分。无法获得物质是归属于自我的感觉时，便是无所得，则无所失去。我们只是为了学问而学问，没有任何杂质，比如说拿它来达到自己的某个目的，让我们"有所得"。老子曾经说过："生而不有，为而不恃。""既以为人，己愈有；既以与人，己愈多。"我们可以感觉得到世界万物与我是一体的，那么我们还有什么可以去计较得失的吗？会有一种"无入而不自得"的感慨。这也是最厉害的情感教育，目的便是使人变成"仁者不忧"。

同理，常识告诉我们，世界万物和人生是不可能做到圆满的。在易经六十四卦，始"乾"而终"未济"的原因便是由此而来。永远不圆满，所以我们才会有进步的空间，世间万物才能让我们进行创新、改造和进化。但是我们做的这些小改造，在历史长河中只是不起眼的一段小距离，称不上是成功。

但做与不做又是另一回事，不做的话你连那一小段距离都没有，这才是真正的失败。"仁者"知道这个大智慧，只有做事了你才不算是失败的。古人都说了，君子以自强不息。但是，虽然算不上成功，我们还是去做了，这便是"知其不可而为之。"我们这么辩证地去看待这件事时，我们所具有的"仁"的人生观，我们便不会再去在意成败了。

勇者不惧

如果我们都可以具备了前面说的两种优良品质，不惑与不忧，那么我们的恐惧也就变得无关紧要了。恐惧关乎人的意志方面，如果一个人拥有很丰富的学识，但是关键时候却没有展现出来，肯定是他的意志力太过于薄弱。不惧的秘诀就在于意志力坚强。

如何成为勇者呢？第一，我们需要一个光明坦荡的心境。有一句经典的话，便是不做亏心事，不怕鬼敲门。我们能不能有勇气，就在于我们在平时的为人处事中是否坦坦荡荡。第二，我们不能受制于自己低劣的欲望，如果被社会上的各种物质利益蒙蔽了眼睛，我们的意志力便会孱弱。总而言之，人的意志力由强变弱是一件很容易的事，但是由弱变强却是一件很艰难的事。想要成为勇者，有坚强的意志崛起和奋斗，就要经过漫长的历练。做人如果意志力磨炼得很坚韧，就会自发扛起自己的担子，这便是真正顶天立地的人，躲躲藏藏、无知愚昧的人是这个世界所不齿之人。这就是意育，就是"勇者不惧"。

做人的条件

梁启超认为，把这三个优良品质做到了才可称之为人。如果认为人的知识越多越好，那就是错误的。比如秦桧，他实际上是很有才华的人，但是流传的只是他的卑劣的行径，令人唾弃。他知识可以说很渊博，然而他没学会做人。天下最为悲哀的事就是看着本来是有才华的青年，慢慢走上了邪路。秦桧便是前车之鉴。

当我们怀疑郁闷时，就是因为我们无知而产生的困惑。伤心难过是因为没有学会"仁"，不懂得以一个广大的世界观人生观去看待问题，所以忧虑。不敢去对抗外面世界对你的压迫，是因为不勇敢而产生的恐惧。知、情、意没有受到发掘和磨炼，我们是不能称为一个"人"。

梁启超希望青年学子都应该自觉地去学习，都说书中自有颜如玉，不仅仅是在学校的课堂上，我们自己也可以多读书提升自己，书籍是人生良好的导师。在关于这个主题演讲的最后，梁启超呼吁大家不可浪费掉在学校的大好青春年华！青年们，觉醒吧！

谈屈原：
理想与情感之矛盾

有人评价梁启超说："终其一生，悉于国耻世变中度过，日夜忧心，不能自已。故自少壮至病死，始终以救国新民为己任。"他的一生，都在追求救国救民的理想之中，他支持过康有为的君主立宪，但最终因为理想不同而与之分道扬镳；他与孙中山合作，但最终在观念上产生分歧，与之成为政敌；他支持过袁世凯，但对于袁世凯的称帝行为，却积极进行讨伐，成为了公开反对袁世凯的头号人物。梁启超为了个人理想，不顾一切，甚至甘愿与自己的老师、朋友变为敌对。

正因为如此，梁启超对爱国诗人屈原有特殊的感情，屈原的一生坚持"众人皆醉我独醒"，坚守高洁的人格和理想，即便身死亦是不悔，在淤泥之中始终保持自己的一身清香。

屈原低吟浅唱，行走于泽畔，行走于浪漫的楚国之风中，走进了一个水汽蒙蒙的节日，走进了民族感情的深处。

早在皇权时代，围绕着屈原和他的作品就已有种种争论，少的是艺术批评意味，多的是政治道德纠缠。古往今来，那些真正的诗人、文人对屈原皆心怀厚爱，刘安、司马迁、李白、杜甫，都把屈原之赋的精神融入诗文，融入血液之中。李白《古风》之一有云，"正声何微茫，哀怨起骚人"，李白是真正的诗人，所以能与屈原惺惺相惜，古今相和。杜甫在《天末怀李白》中说，"文章憎命运，魑魅喜人过。应共冤魂语，投诗赠汨罗"，在杜甫空灵的想象世界中，遭遇冤屈的李白也曾写了诗作，投入汨罗江中，与蒙冤受辱的屈原跨过时空对话。

当然，古往今来的诗人中也不乏厌恶屈原之人。就如中唐诗人孟郊，著有《旅次湘沅有怀灵均》一诗，其中评价屈原"名参君子场，行为小人儒""死为不吊鬼，生作猜谤徒"。在孟郊眼里，屈原最后以自杀终结生命是不孝之举。孟郊作为"苦吟派"诗人，一生追逐功名利禄却困顿半生，在他苍白无力的个人梦想中其实他本人早已成为了自己所不齿的"小人儒"。

直到清朝末年，在王国维、梁启超对屈原的解读中，那道皇权的阴影终于基本摆脱，文人对于屈原的认识终于置身于现代的、理性的阳光之下。在梁启超眼中，屈原恍若一面镜子，每个文人都可以用那面镜子来照照自己，看看自己在镜子中的模样。

梁启超眼中的屈原之死

梁启超对屈原其人和他的作品都进行了研究，其中最为成型的一篇就是《屈原研究》，虽然只是一篇不长的散文，但却为我们认识和了解屈原提供了很好的视角。梁启超认为，研究屈原，应该以他的自杀作为出发点。

梁启超在《屈原研究》一文中说："他是一位有洁癖的人，为情而死。他是极诚专虑地爱恋一个人，定要和他结婚；但他却悬著一种理想的条件，必要在这条件之下，才肯委身相事。然而他的恋人老不理会他！不理会他，他便放手，不完结吗？不不！他决然不肯！他对于他的恋人，又爱又憎，越憎越爱；两种矛盾性日日交战；结果拿自己生命去殉那种'单相思'的爱情！他的恋人是谁？是那时候的社会。"归根结底，屈原在仕子外壳的包裹之下，内里是一个清高文人，在他的头脑中含有两种矛盾，日日天人交战，其一是高处不胜寒的理想，其一是热烈澎湃的情感。

屈原《九歌》之一的《山鬼》，就是用象征笔法来描写自己的人格，传达自己的理想。倘若有人能看见彼时独立于寒山之上的屈原，眼前定会看见这样一幅画作：他一袭长衫，独立于山上，袅袅的云雾缠绕在脚下，身旁是杜若、石兰等诸多芳草，如此芬芳的气味不仅来自大自然，更来自于他人格的高洁。在梁启超眼里，屈原"一生儿爱好是天然"，所以"一点尘都染污他不得"，然而他的"心中风雨却没有一时停息"。

在梁启超看来，屈原最终选择投江自尽、而无法身处于世的根本原因在于他在理想和情感上的矛盾。屈原在哲学上已经有高明的见解，但他并没有选择通过哲学来从凡世解脱，他不愿意沉溺于幻想之乐，而把现实世界中的人生丢弃掉。一方面，屈原了然浩荡天地间的通达乐观；另一方面，他又悲悯于人生的悲苦与无奈。这两种念头仿佛头脑中的两个小人，感情上的羁绊将他缠得紧紧的，无法达到自己理想的境界。或者说，这种类似于道家的精妙思想让他能领略庄周之闲适，却不能让他洒脱地放下身外之物，去享受那一份倏然自得。就像屈原在《离骚》中说的，"余固知謇謇之为患兮，忍而不能舍也"。

社会之所以会如此痛苦，屈原将其归结于道德的败坏。从发心之日起，屈原就下定决心，要与社会的恶斗争到底，并且他践行了自己的诺言，而且没有丝毫的让步。无奈，社会中恶的势力太过强大。所以，当最后无计可施时，屈原只能在这个污浊的世道保留最后一份高洁而投江自尽。

在《屈原研究》中，梁启超引用了易卜生最喜欢讲的一句话：All or nothing。要整个，不然宁可什么也没有。屈原正是持有这种见解的人。他认为方圆相周一样，是绝对不可能的事。中国人爱讲调和，屈原不然，他只有极端："为决定要打胜他们，打不胜为就死。"这是屈原人格的立足点，他做如此说的，也是如此做的。在理想与情感的矛盾中，屈原最后选择了宁为玉碎，不为瓦全。

迁就，抑或丢开。

在梁启超眼中，屈原心中纠结之关键在于迁就，抑或丢开。如果不肯迁就，那么就丢开吧。把这一切都丢得远远的，眼不见为净。在屈原的心中，所谓丢开有两种，其一是丢开楚国，其二是丢开现实社会。

丢掉生他养他的楚国吧，但《离骚》中屈原又说："世溷浊而嫉贤兮，好蔽美而称恶。"屈原以寻找意中人为比喻，经历过失恋的人，即使变一个样子，即使走遍天涯海角，终究找不到一个可心的人结成良缘。看看现实世界，到处都是一样的污浊，那么，丢掉楚国远走他乡又能如何呢？

对于丢开现实社会，与屈原同一时代的庄周确实做到了。梁启超认为，屈原其实也常常想效仿庄周，就如《远游》一文所说："悲时俗之迫阨兮，愿轻举而远游。"他被现实社会的污浊压得喘不过气来，常常想要与现实脱离关系。然而，他与生俱来的悲天悯人的情怀让他也不过如此想想而已。

正如梁启超所说，"超现实的生活不愿做，一般人的凡下现实生活又做不来，他的路于是乎穷了"。短短几句，可以说道尽了屈原心态之百转千回。

谈杜甫：
文学界的情圣

梁启超认为蕴含艺术的老古董不能被轻易抹去，因为其存在是有特殊价值的。艺术是情感的表现，进化法则没办法支配情感。用文字表现出来的艺术，多少有几分代表国民。梁启超认为杜甫情感的内容非常丰富，非常深刻，非常真实。杜甫表达情感的方法极为熟练，能够鞭辟到人心最深处，能将其完整表现却不变形，一振一荡动人心弦，梁启超认为他是中国文学界写情的圣手，无人可及，没人可比，因此梁启超赞其为情圣。

时代经历造就其人格

杜甫极热心，也极有脾气，他从小心高气傲，不肯曲意奉承。《奉先咏怀》中"以兹悟生理，独耻事干谒"一句道出他的诗道，而《赠韦左丞》里的"白鸥没浩荡，万里谁能驯"则道出了他的气概。严武做四川节度，杜甫无家可归之际去投奔他，但他却一点也不将就。相传他有好几次冲撞严武，让其忍无可忍。其作品《佳人》则可以象征他的人格，在此诗里，佳人身份非常名贵，境遇极尽可怜，性情温厚，性格高尚，简直是杜甫本人的写照。

梁启超觉得杜甫极富同情心，杜甫经常注视着社会底层人士，那些可怜人的状况，别人瞧不出，他却知道；底层人民的情绪别人传达不出，他能传达。梁启超认为，他的著名代表作"三吏""三别"是当时社会状况最真实的写照。他将作者的精神与诗中所写之人的精神合二为一，作《垂老别》之时，他便是六七十岁被拖去当兵的老头，作《石壕吏》之时，他就是那位儿女死绝、衣食不给的老太婆，因此他说的话，完全像他们自己所说。

梁启超认为，《又呈吴郎》用诗论的方式并没什么好处，但叙述了当时的一件琐碎实事——一位很可怜的邻舍妇人偷他的枣子吃，因为那人的惶恐，引起了作者的同情，这也是杜甫注意下层社会所在。《缚鸡行》则表出他对生物的泛爱。有人批评《茅屋为秋风所破歌》结尾的几句："安得广厦千万间，大庇天下寒士俱欢颜。风雨不动安如山。呜呼！何时眼前突兀见此屋，吾庐独破受冻死亦足。"是名士说大话，但梁启超却不敢苟同，他认为杜甫确实有如此胸襟，因为他真切感受到下层社会的痛苦，常视他们的痛苦为自己的痛苦。

他对一般人都如此多情，有关系之人就更不用说了。他对那位因陷贼贬做台州司户的朋友郑虔，用诗送他道："便与先生应永诀，九重泉路尽交期。"对因附永王璘造反长留夜郎的李白，他说："故人入我梦，明我长相忆。"这些诗不似寻常应酬话，他是真心将他们当朋友，对他们境遇感同身受，痛苦万分，因此所作之诗，句句血中含泪。

杜甫前前后后有二十来首诗集中想念兄弟姊妹，首首真情流露。他的小家庭虽然困苦，但是情深意切，《月夜》这一首缘情旖旎的作品便能看出杜甫温柔细腻之处。中年以后，杜甫命途多舛，长受离别之苦，战乱前回家，小儿子却生生饿死。他以《自京赴奉先咏怀五百字》道出悲情，以《述怀》描述乱后和家族隔绝之际的心境。后来他从得以逃归，与家人团聚，写出了《羌村三首》《北征》。杜甫一生颠沛流离，却也因此造就了他关心民众疾苦，情真意挚的作品风格。

诗歌与现实情绪

梁启超认为杜甫诗中最大的价值，是能确切的描绘出社会状况，讴吟出时代心理。他的《后出塞五首》中的第四首，读起来便能使人联想到军阀的豪奢专横,尤其逼近奉、直战争前张作霖的状况。如实地再现客观现实,自然会让读者直瞪眼叹气。比如《丽人行》,把主意一逗,不加议论,完全让读者自行评价。梁启超认为这可以说是讽刺文学中的最高技术。在他看来,人类对于某种社会现象的批评,有共通心理,作家只要把那现象写得真切,自然会使读者心理起反应,若把读者心中要说的话,先替他倾吐无余,那就一点意思都没有了。

出了讽刺社会,杜甫也有社会美好面的写实作品。像《遭田父泥饮美严中丞》将乡下老百姓纯粹的真性情,展现得活灵活现。梁启超觉得要是拿这首诗作画题,把篇中各人的心理从面孔上传出,便成了一幅绝好的风俗画。

梁启超说杜甫能将许多不同种的情绪,聚拢为一篇,从而有浑然天成的美感。例如《北征》篇,算是忧时之作。而"青云动高兴,幽事亦可悦"以下一段,是写天然之美。自"夜深经战场,寒月照白骨"以下一段,则追忆往事。"况我堕胡尘"以下一大段,写家庭实况,忽然而悲,忽然而喜。从"至尊尚蒙尘"以下一段,就正面感叹时事,一面盼望内乱速速平息,一面又忧虑到凭借回鹘外力的危险。最后"忆昨狼狈初"以下到篇末,则是过去种种一齐涌上心头,不由人悲戚唏嘘。梁启超感叹,这么多杂乱情绪并在一篇,调和得恰当,不是具有大力量,内心充满巨大的情愫是绝对不行的。

杜甫的情与景

梁启超觉得杜甫写情是越转越深,像《哀王孙》,几乎一句话一个意思,如果加上现行的标点符号,则每句都要用句号或者冒号。他的情感,就像是乱石突兀在胸中,时断时续吐出,在无条理中见条理,写尽文章所能写的。有时杜甫则又像八股家评语说的"大开大合"那般淋漓尽致一口气说出,这种虽不凭曲折见长,但也别具一格。像《忆昔二首》

第二首，从"忆昔开元全盛日"起到"叔孙礼乐萧何律"止，大力追述从前太平的景象，通过赞美社会道德，从而使意义格外深厚。而自"岂闻一缣直万钱"到"复恐初从乱离说"，又反过来说现在乱离景象，两两比对，让读者心惊肉跳。

梁启超赞叹杜甫，说他的才情是别人学不到的，他最擅长用极简语句，道出无限情绪，并且深刻隽永。像《喜达行在所三首》中第三首的头两句："死去凭谁报，归来始自怜。"仅十字就将十个月内虎口逃生的酸甜苦辣都写出来；又如《垂老别》里："势异邺城下，纵死时犹宽。"梁启超说他的死是早已安排定了，只能用活得久些安慰自己。又比如《公安送韦二少府匡赞》中的"古往今来皆涕泪，断肠分手各风烟"，都是用极少的字表达复杂深刻的情绪，梁启超认为他洗练工夫非常到家，所以说："语不惊人死不休。"所以他被称为文学家的文学。

悲哀愁闷的情感易写，而欢喜的情感难写。梁启超认为古今作家中，能将喜情写得逼真的，除却杜集《闻官军收河南河北》外，怕没有第二首。他说杜甫彼是写忽然剧变的悲情，此是写忽然剧变的喜情，都是用快光镜照相照得的。

杜甫流连风景的诗比较少，但每有所作，一定是观察入微之后，借景抒情。比如《倦夜》中景物从初夜写到中夜后夜，是独自一个人有心事，睡不着，疲倦无聊中所看出的光景，所写环境，句句与心理反应相合。

梁启超认为美的作用，不外乎令自己或别人起快感；痛楚的刺激，也是快感之一；就像是肤痒的人，用手抓到出血，越抓越畅快。而情感那么热烈的杜甫，他的作品当然具有巨大的刺激性，主张人生艺术观的人一定不能错过。但还要知道：他的哭声，是三板一眼地哭出来，含着真美。主张唯美艺术观的人，也非读他不可。

谈治国学的两条大路：
文献与德行

梁启超认为研究国学有两条应该走的大路，一条是关于文献的学问，应该用客观的科学方法去研究。另一条是关于德性的学问，要用内省和躬行的方法去研究。

用客观科学方法研究的文献

文献的学问是近人所讲的"整理国故"这部分，其中最有趣最渊博的当是历史。中华上下五千年璀璨的历史，给全人类留下了多姿多彩的宝贵财富，是弥足珍贵的历史文化遗产，而这些宝贵财富大多都掩藏在故纸堆里等待挖掘。尤其是历朝历代的史书，对于我们研究过去，回顾历史，把握现在展望未来都有巨大的现实价值。

梁启超认为，站在历史家角度，章实斋的"六经皆史"是说得通的。以此类推，可以说诸子皆史，诗文集皆史，小说皆史。因为其一字一句都包含着宝贵的资料，与史书价值相差无几。他认为，国家的史料可以算是世界第一个丰富矿穴。并且说只要依据西方的科学方法，不厌其烦地整理研究，自然会将学术界的无尽宝藏好好开发，不仅不负古人期待，还可为世界人类的发展做出贡献。

上述方法在梁启超所著《中国历史研究法》及其所讲的《历史统计学》里都有所论及。他认为虽有很多不尽如人意之处，但却是前路可行。他深知国学的丰富性，必须要分段开采，一定要开采至深处才能得到宝贝，仅凭个人之力是不可能成就这份事业的。只有发起合作运动来开发国学,要联合众人,在同一目标以及共同计划之下,根据个人喜好以及平时的学问功底,每人分担两三门研究,努力十几二十年就能够让这个宝库的开发有所进展。

以躬行内省方法来研究德性

与文献学应以客观科学方法研究不同,梁启超认为德性学应该用内省躬行方法来研究,这也是国学最重要的部分。他还强调虽然整理国故迫在眉睫,但除此之外,对于人生哲学的研究探索也势在必行。

在梁启超眼里,西方形而上学的独到之处以及客观科学,并不是我们所能及的,但西方用这种方法探索人生哲学就是匪夷所思的,他认为人生观应该从人生本体来自证,用形而上学的方法讲人生是背道而驰的,西方的方法,只能研究人生之外的各种问题,欧洲人之所以今日困惑烦闷,就是因为不能领悟自证的真谛。

如何解决这种问题呢?关键就在于躬行内省,遵循祖宗之法。梁启超说先儒眼中的知行是贯通的,即后人所谓知行合一。从孔子言论可看出,孔子一生处处知行一贯,认为"学"即是"为","为"即是"学"。因此梁启超认为知识的收获,在于人的努力自为,而不像西方人从知识方法中学习知识。

另外,儒家认为宇宙与人生不可分割,宇宙是人生的活动,宇宙进化基于人类努力创造。梁启超借用《易经》中"天行健,君子以自强不息"来说明人生在无尽宇宙中,犹如浮游、朝露,应该关注自身,明确自身的特殊与定性,从自身的角度去关注宇宙,认识宇宙。孔子说:"士不可以不弘毅,任重而道远,仁以为己任,不亦重乎?死而后已,不亦远乎?"的说法,告诫我们,虽知道道远不能轻易到达,还是要努力持之以恒。对此,梁启超极为推崇。

儒家虽然强调躬行内省,但也不是承认人可以单独存在。在他们看来,"仁"的社会才是理想的大同社会,仁的基础就是人与人的相遇,人格专靠自己是不能完成的。要躬行内省，让自己人格向上，唯一方法就是社会人格向上；相反亦如此。因此孔子教人"己欲立，而立人；己欲达，而达人"。即是自己要立身，完善人格，达到完人的境界，就必须先成就他人。

因此说儒家学问，是研究"人之所以道"为本，把仁弄明白了，人的道理就通了。实质上仁与人的概念是相包含的、互通的，人与人之间彼此共生，即我的好恶就是人的好恶，我的精神也包含人的精神。不说现世的人，即便是远在两千年前的孔孟，他们的精神，也滞留在国民的脑子里。达到了这种境界，才能够躬行有道，人格完善，这也就是德性学的核心，是国学的主要目的之一。

在梁启超眼里，德性学不是用科学的方法可以研究得来的，而应用内省的办法，实行体验。体验后再身体力行，这样就会自发地去感悟德性。这种内省的方法在中国表现为多种形式，儒释道三家各有所长，宗教学也是今人研究国学，陶冶德性的主要手段。

梁启超认为禅宗的方法很适合，他说世间的佛教能够表现中国人的特质，出世法与入世法并行不悖，佛教讲的宇宙道理还在儒家之上，譬如宇宙流动不居、永无圆满的道理，是与儒家是相同的，"一众生不成佛，我誓不成佛。"与孔子立人、达人的主张完全相同。总而言之，人生的终极目标，应该是求得社会人格的圆满，不是少数人的出类拔萃，而是世人的平等自由。

国学是人的学问，它的核心在于人自身的完善与社会的和谐，研究国学不仅要回首过去，以史为鉴，还要关注自身，躬行内省，知行合一，学问不是简单的整理与记录，而是学以致用，用有所得，从而指引我们前行，梁启超呼吁我们，外界的束缚、他人的压迫最终都会被解决，但人心的沉沦是无人能助的，要更好地继承传统宝藏，获取力量，作为安身立命的根本。

谈知与为：
知不可而为，为而不有

梁启超评价孔子的"知其不可为而为之"以及老子的"为而不有"，他说"知不可而为"主义容易奖励无意识之冲动，"为而不有"主义容易将精力消费于不经济的地方。这两种主义对人类精神生活价值非凡，而且目前看来也不是中国文明进步的障碍，因此我们应该享用它。

"为而不有"主义与"知不可而为"主义，可以说是一个主义的两面。"知不可而为"主义可以说是"破妄返真"，"为而不有"主义可以说是"认真去妄"。"知不可而为"主义使世界从烦闷变清凉，"为而不有"主义则使世界从极平淡上显出灿烂。

知不可而为

"知不可而为"主义是我们做一件事时明知道不会有成果，但认为应该做的就用心去做。换句话，就是做事的时候抛却成败，只在乎做的本身。

这种主义是如何定义成功的？梁启超认为成功失败是相对的，一般人所说的成功并不一定就是成功，一般人所认为的失败也不一定是失败，天下有许多事从一方面说是成功，换个角度可能就是失败了；从目前看是成功，站在将来看可能是失败。因此成败是相对的，那么"可"与"不可"也就不再重要。孔子说："我则异于是，无可无不可。"他这句话看起来是滑头，事实上是洞察出天下事没有绝对的真理，也就是不存在绝对的成功与失败。梁启超说出自己的第一层解释，"知不可而为"本来是晨门对孔子的批评之语，晨门看到的是孔子的"知不可而为"，而孔子则是不关注可与不可，只在乎做与不做本身。

进一步说，梁启超认为宇宙中根本没有成功，都是失败，成功、失败分别代表圆满、缺陷两个概念。圆满是宇宙进化的终点，如果进化停止，则生活休止。平常所提及成功、失败不过是人类暂时的休息。

具体来说，在无限世间中，无限的人做无限的事，每个都是不可，没有一件成功，按照数学上零加零仍等于零的规律讲，合起来就会是个大失败，但众多"不可"加起来却能变成"可"，许多"失败"合并却是一个"大成功"。如果有人不想做事，除非不做人。因为生活就是事，从起居饮食到言谈思虑。佛劝人不做事，便是劝人不做人。要是不能不做人，就一定得做事。这样看来，全天下的事都是"不可而为"的事，全天下的人都是"不可而为"的人。由此来看，孔子与一般人区别就在于前者"知不可而为"，后者则"不知不可而为"。认为"不知不可而为"的人，遇事总要先算计结果可成功，能成功的就去做，必失败的就躲避。事实上全是自己骗自己，就果实不能预料的，成败一定要事后才能下判断。事前横计算竖计算，反而减少做事的勇气。

梁启超曾解释"知不可而为"的人的具体状态。第一层：他的预算册子上件件"失败"事都是结果，用不着计算，谈不上拣择。第二层：既做了人，就不能不生活，因此无论生活是段片，还是微尘，只要在这微尘生活段片生活里，觉得要做的，就迈开大步去做，不需要打算，不必犹豫。"知不可而为"主义解放为人做事的自由，不为结果而打算。

梁启超还赞成孔子建立在"知不可而为"的人生观，是事事都透着快乐，且能够生发出最圆满的人生，凭借它虽不至于达到乐乎悦乎的境地，至少也能减去许多"惑""忧""惧"，让我们的精神安稳。也只有这样的境界，才能让我们感到人生满足，生活幸福。

为而不有

讲到为而不有，罗素曾解释说人有两种冲动，一是占有冲动，二是创造。梁启超很赞同，他觉得这是为倡导人类创造而说的，并认为"为而不有"不以所有观念作标准，不因为"所有"观念才开始劳动。简单地说就是为劳动而劳动，这与佛教的"无我我所"相通，而常人每当做一件事，必定会要报酬，经常将劳动视为利益的交换品，这种交换品只许自己有，不许他人同有，称之为"为而有"。如求得金钱、名誉，因为"有"，才去"为"。不管是为了自身、家庭或国家而有，在老子眼中看来，都不是劳动的真正目的。

关于这一点，梁启超赞同韩非子对老子"上仁为之而无以为也"的解释——"生于其心之所不能已，非求其为报也"。换句话说就是无所为而为，即无所为，所以只好说为劳动而劳动，为生活而生活。他认为可以将老子的"既以为人己愈有，既以与人己愈多"作"为而不有"的解释，就是我要帮助别人，自己却要更有，不至于亏损减少。我要给别人，自己却有更多，不至于亏损。梁启超了解的老子本来并没有存"有""无""多""少"的观念，只是为了让平常人理解而嘉定的差别。

老子说："含德之厚者，比于赤子……终日号而不嗄，和之至也。"梁启超借此说出不是什么都可以问为什么的道理，他理解的是成人应该和小孩子一样，小孩子不知道什么原因天天在那儿哭，或无端大哭一场，好像有很多痛心的事，其实并没有什么原因，成人有时也是这样。因此不能问"为什么"，有些要做的事，本身是没有理由的，是要做就做了。

人们只记得老子"无为而无不为"的"无为"，忘了他所说的"无不为"。梁启超评价老子的主义是不为什么但是什么都做了。"知不可而为"主义与"为而不有"主义都是要把人类无聊的计较一扫而空，喜欢做就做，不必瞻前顾后。所以归并起来，可以说这两种主义就是"无所为而为"主义，也可以说是生活的艺术化，把人类计较利害的观念，变为艺术的情感了。

谈谭嗣同：
作吏一年，无异入山

梁启超是我国著名的政治家、文学家、思想家、教育家，在中国近代史上做出过卓越的贡献。他从小被公认为"神童"，聪明机智，但他并没有就此洋洋得意，止步不前，他在学习和研究方面付出了极大的热忱和耐心。他曾说过："人生须知负责任的苦处，才能知道尽责任的乐趣。"他的一生，都是这句话的真实写照。

戊戌变法期间，梁启超与谭嗣同结为战友，两人都在国家危难之际坚持不懈，用自己的才学和能力，全身心的投身于救国事业之中，用聪明智慧挽救国家和民族。

谭嗣同年少倜傥，博览群书，写得一手好文章，可以说是全才。他年幼丧母，父亲又严格，所以年少孤苦，喜欢沉思，到刚成年他在巡抚刘锦棠手下做幕府，获得了刘大人的赏识，之后十多年间谭嗣同奔走在直隶、新疆、甘肃、陕西等省，兢兢业业，为国民谋生计。

学习探索不停歇

谭嗣同一生为救国图存奔波，尤其是甲午战事后，他越加发愤，在浏阳设学会倡导新学，遍游各地考察实况，向全国推广新式教育。梁启超曾跟谭嗣同讨论南海讲学的宗旨、经世的条理，谭嗣同高谈论阔意气风发，加之当时和议刚定，人人心怀国耻，士气高涨，谭嗣同便振臂疾呼，号召同胞要牢记耻辱奋发图强。他候补知府时，就闭门专心读书，不理杂事，也经常到上海去，与同志探讨学术，商讨天下事，谋求救国良策，所以他说自己"作吏一年，无异入山"。

当时湖南巡抚陈公与前任学政江君标，商量着集结广大豪杰到湖南共同经营新政，谭嗣同受陈公敦促，立马就丢弃官位留在长沙，与众志士办新政，倡导创立了湖南的新政新学，又开设南学会，将南部各省志士联合起来，探讨救国图存道路，在此基础上他以湖南为模范，向全国推广，扩展了学会和地方议会的规模，而所谓议会就是地方有事，公议之后再施行，这是开设议会的含义，谭嗣同就时常以学长的身份，给大家演说万国大势及政学原理，大开了湖南学政风气。

在梁启超看来，谭嗣同的学习精神，正是需要大力提倡，应该引为模范的，当下社会，动荡不安，只有不断地学习探索才能找到出路，年轻人一定要有这种沉下去的姿态，以海纳百川的精神去对待知识，也才能够充实自己，进而报效国家。

当时国家动荡、风雨飘摇，清皇朝丧权辱国危在旦夕，所以皇上要谋求变革，于是重用康有为、谭嗣同等人，但是畏惧西后，所以畏首畏尾。后来皇上终于决心要变法，却威胁到了西后以及贼臣，结果变法短短几天就夭折，一时间皇上与变法大臣都岌岌可危。

梁启超说当时谭嗣同与康有为捧诏恸哭，皇上却无权无势，没有什么计策，只有袁世凯经常出使朝鲜，讲中外差别，力主变法。所以康有为密奏皇上可以依仗袁世凯。皇上召见袁世凯，封他为侍郎，梁启超说，当时谭嗣同劝说袁世凯："要是有变动，要以保护皇上恢复大权为重，必须清君侧、肃宫廷，事成之后，就是不世伟业。"袁世凯则说："如果皇上阅兵之时飞奔到我的营帐，下令诛杀奸贼，那我必能跟从诸君子，竭尽全力补救。"

为救正义慷慨赴死

当时虽然听袁保证，但谭嗣同仍非常担心皇上安危，如果袁世凯不能对付荣禄，那么皇上必定危险，而袁世凯却信誓旦旦，一力保证，谭嗣同遂才放心，谁知世事难料，袁世凯私通荣禄，致使变法功败垂成，戊戌变法彻底失败，变法大臣也一一被捕，梁启超说当时谭嗣同表情从容，对他说："昔欲救皇上既无可救，今欲救先生亦无可救，吾已无事可办，惟待死期耳。"当此危难之际，谭却为梁启超想好生路，让梁启超住在日本使馆，自己却等待抓捕。

谭嗣同在事后曾对梁启超说，如果没有人行动，还图谋什么将来，只能用死来报答圣上，康先生生死不明，如今你我一个做程婴西乡，一个做杵臼月照，为救国图存献身，便一抱而别。之后，谭嗣同再次和侠士谋救皇上，却不了了之，然后就被逮捕。被逮之前一日，日本志士苦劝谭嗣同东游，谭嗣同却不听。谭嗣同说，各国的变法，没有不从流血开始的，而中国却还没有为变法而牺牲的，所以才不能强国，如果有流血变法的人，就从我开始吧！之后他就遇难了。在被斩首之日，谭嗣同依然慷慨神气不少变，刚烈赴死。

梁启超评价谭嗣同，说他天资聪颖，博古通今，一生以革新变法为宗旨，坦荡激昂。并且舍己为人，勤奋好学，孜孜不倦。谭嗣同听康有为阐发的《易》《春秋》义理，说尽了大同太平的真谛，便无比佩服，始终跟随康先生求教；又听到《华严》性海的说法，就悟出了世界无量，无人无我，无去无住，无垢无净，除了救人以外，其他事不必要存在的道理；他一生不断求索，虚心学习一切新的理论，所以能够融汇贯通，举一反三，因此做事也越来越发自内心，浑若天成。

佛曾说："我不入地狱，谁入地狱？"要想救天下苍生，就要循着条理去救。因此孔子写《春秋》，规定大同小康的制度都是为了家国天下，为了黎民百姓。

在梁启超眼里，谭嗣同也是这样的人，一生颠沛都是在为国家，为百姓奔波，心中永远存着救亡图存的大志向，也正是有了国家利益，谭嗣同才能始终保持着热忱,存着一腔热血不畏生死。梁启超非常赞同孔子所说不忧不惑不惧,佛说大无畏,都是仁智勇俱全。对此通晓的人,就能自在于世游行,可以出生入死,可以仁,也可以解救苍生。谭嗣同不正是这样吗?我自横刀向天笑,去留肝胆两昆仑。他的豪迈与热血也将永远激励着后人。

第八章

非谓有大楼之谓也，有大师之谓也
——读梁启超《清华大学演讲录》

民国初年，国立清华大学聘请梁启超、陈寅恪、王国维、赵元任四大国学大师同任国学研究院教授职务，四人皆是我国近代最杰出的学者大家。清华大学的老校长梅贻琦曾说："所谓大学者，非谓有大楼之谓也，有大师之谓也。"也正是他们，使得清华大学国学仅仅创办两年之余便声望卓然而立，使之不逊蔡元培北京大学的明星中文系。清华国学院也由此开始，创建了中国学术独立的传统。梁启超先生在清华大学任教时，经常受到在校学生邀请，举行声色并茂的精彩演讲，他的清华大学演讲录，经人整理，得以后生可受其规勉。

谈成败：
凡任天下大事者，先破成败之见

梁启超认为想要破除成败之见，并不容易。要想在天下成就一番大事，就必须要打破对成败太过在意的看法。然而，对成败一事无所谓，并不那么容易，对这个道理参悟透彻并且深信不疑的人很少。梁启超还说天下进化之事，都是没有穷尽的，前进一层有更高层，明白一层还有更让人困惑的一层，现在看来的文明大事有可能在未来人眼中为野蛮，不值一提。

然而所谓的成功指的是什么？在梁启超看来，人在世上要做的事无穷无尽，不可能做的每件事都完美，有的事业在当下看来可能是成功的，但放在不同的境地、处于不同的时间可能就会被认为是失败的。再者说，个人的事业可能在国内有成就，但是着眼世界，可能就有大问题。做事要想完美无瑕不留缺憾是不可能的，如果有缺憾就认为是失败，是非常可笑的，人力有穷而事无穷，我们一定要合理衡量成败得失。

天下之理，不外乎因果

世界的道理，不外乎因果二字。没有因则断然造不成果，而结果的速度快慢、来的早晚是受内部与外部因素的共同影响的。有些人没有马上看见想要的结果，就把它说成是失败，却不明白当下的失败可能是为了下一次更好的成功。

梁启超说尽一份心就会有一分好处，所以要孜孜不倦，现在给一件事种下了因，那么在将来某一天一定会有不可估量的收获。如果因为眼前的结果犯怵，认为现在的失败就是永远都成功不了，不再专注于事情甚至于没有办事的决心，那就不会再有成功的那一天。

因此梁启超说，唯有脚踏实地办实事的人是不会失败的，要想有所成就，就必须懂得这些道理，不计较一时得失，不看重一时成败，要有持之以恒、不达目的不言弃的决心与毅力，要把握好因果关系，理性地看待成败。

成不一定为成者

我们眼中的成功就一定是真的成功吗？梁启超以吉田松阴为例来讲述他的成败观。日本维新的首要功臣，是西乡吗？是木户吗？是大久保吗？答案不一。是伊藤吗？大隈吗？是井上吗？还是后藤、板垣呢？没有结论。人们都觉得当时成功的人就是成功者。而梁启超则认为吉田松阴是成功者，他在当时虽然失败了，但正是因为以吉田为首等人的努力，才有了后来的明治维新与日本崛起。如果没有吉田生发的因，就不会有后来的好果，但回头看吉田松阴生平想做的事，没有一件是看起来成功的。最初去海外求学没有成功；想要征集有识之士去京都勤王没有成功；想要派遣相同志向之人阻止长藩东上也没有完成。想做的事情都被当时执政者打压阻拦，甚至后来执政之人听从了官吏的意见，吉田被下令戮杀，去世时年龄不过只有30岁，在当时看来，吉田是十足的失败者。

但是正是由于吉田的引领，在他去世后，有识之士掀起激荡全国的风浪，顷刻间就将幕府赶下台，维新得以成功，最强有力的原因当属长门藩士——全属吉田松阴门人。看了这个例子之后，想必大家都会明白。大丈夫以一己之身干天下之事，是为了天下，而不是为了一己之私，对天下有利，对天下来说是成功就行了，哪需要管自己成功与否呢？一定要求自己成功，那就是为了自己，不是为天下。

梁启超借用吉田的语句向世人表明自己的看法：如今号称是身怀正义的人，却站在一旁冷眼观看的人比比皆是，为什么不迅速地打破局面，通过变法，让中国自立自强？人没有志就算了，一旦有志于道，却害怕获罪，不敢直言心中所想，甚至谄媚邀宠，耽误将来大事，这些都是不可取的。当下的事业与机会稍纵即逝，就必须志存高远，不惜身，为中国的自强创造条件。

人生转瞬而逝，生老病死是自然规律，梁启超认为，只要志存高远，以天下为己任，那么个人的生死荣辱也不足为道。他读松阴之集才知道日本维新的成功并不是偶然。开天辟地的局面都要有一个敢为天下先者，事业成功之初肯定要遭遇失败，但是天下之人都害怕"为先"，那么事业怎么能开展下去？

吉田松阴敢为人先，不畏惜身，才有了后面的局面。梁启超觉得天下之事就是要有一人站出来提倡，慢慢地跟着唱和的人就会越来越多，不需要多少年就会传遍天下；要是没有倡导的人，也不会有新的局面出现。

谈志：
立志养志需两不误

梁启超认为人生在世，立志是免不了的，只有立下志向，人才有奋斗的目标，人生才不会无聊，人才能够充分体味到人世间的乐趣，才不会愧对降世的自己。有志的人生虽说奋斗过程可能会很艰辛，甚至于漫长，但是志存高远，人生也会精彩。

人的志向多种多样，各有不同。梁启超志向可以是科举及第，也可以为衣食奋斗，人若是志在科举及第的话，就要深入认真学习；如果志在生平衣食的话，那要学习市侩的道理。意思就是不同的立志，就需要不同的应对方式和准备方式。立大志之人，不会被小志夺去精力，会专心追求大志向，一心一意，不会动摇。所以说要想有所成就，就要会立志，立大志。

立世要先立志

梁启超认为要想在世上立足就要先立志。学问进步与否，学得成还是学不成，全由你是否树立志向决定。如果你定下了非常明确的志向，并且不停歇地努力，精诚所至，金石为开，虽一路荆棘，但会奔腾直冲一直到达目标点。然而人的眼界随着见识而增长，志向也会随之变化，如何才能立志然后立世呢？这就需要我们必须进一步使自己的见识变得广大，所知所见日益变多，志向则日益变大。梁启超还借用古话来解释立志之后应该做的功课之一，必须先有智慧学识才行。

拥有了学识基础，还要懂得在细节中培养自己树立志向的方式，通过留心自己在什么方面感兴趣，若是实在找不出什么兴趣点，就要通过慢慢培养自己的爱好，在此基础之上人们能够找到自己的兴趣之所在，树立各自的志向。细节可能为人提供非常重要的信息，并可能影响人的一生。

一旦拥有了明确志向，奋斗期间就会产生无穷尽斗志，生发出勇气无限，在前进期间遭遇到的所有危险以及困难都会拜服在志向之下，磨炼人的意志并不断增强人的胆识，立志者能够更好更快地成长；反观志向不明者，只要一遇到失败，立马就会产生害怕怯懦之心，不敢前进分毫，最终只能止步，一事无成，完全干不成什么。

立志后要尽心养志

立志虽然至关重要，但是之后仍需要一系列后续努力，梁启超在《湖南时务学堂学约》中明确提出立志的后续：就是要养志从而避免其稍微衰微。他用吴王夫差作为例子：吴王正值准备复仇之际，让人每天在其耳边提醒：不要忘了越人的杀父之仇。学者立志之时，也应该这样。其身边总有时时提醒的人，让其时时体味到立志时的坚定，自己也要时时内省。为了落实志向，人还要奋斗不息积极进取，志向远大，再高远，要是一直不去实施，那就永远不可能实现，只能是空想。立志非常重要，但若是不与实际行动搭配行动，只有二者合一才可能收获成功。

充实志向

梁启超认为立志、养志都有了，随后就要用知识、学问来充实自己，不断让自己的志向提升，不然志向仅仅会成为一句空谈，立志之人也会在不久后产生堕落。当一个人知识修养达到一个层次，他的志向也会更加明朗，立志之心也变得更加坚定，志向的层次也会变得更高，很明显，这对于人们实现自身志向，追寻梦想是至关重要的。

确立自己的志向、拥有理想，是人生道路上非常重要的一环，它能够激发人的上进心，让人在拥有奋斗的方向以及目标的基础上能够收获令自己满意的生活。因此人生奋斗之路上，正确并明晰的理想志向的树立非常重要，能够使人们朝正确方向前进，而不是在人生道路上徘徊不前。

我们很容易发现有理想、有志向的人更容易成功，更好地达到自己想要的效果；没有志向的人则大多只是循规蹈矩，天天不知趣味何在，乃至蹉跎到生命尽头。志向决定人生到达的高度，是个人奋斗不断前进的动力所在，在梁启超看来，每个人都应该拥有自己的志向以及理想。

但大多数人都对如何树立志向产生明显的疑问。在梁启超眼里，很多人之所以能够达到自己想要的高度，主要是他们对自己充分了解，对自己长处了如指掌，能灵活根据自己的长处定目标，确立适合自己发展的志向。要是只是看到自己一时的兴趣，而对自己的长处了解甚少，那志向的确立就具有很大的盲目性。如果不太清楚，就可以先作一个自我认识分析，发现自己优势所在，在此基础上再立志。确立好志向后，不要认为自己没有多少时间实现，而应该下意识引导自己朝那方面发展，同时还应该考虑与社会趋势是否相符，尽可能让自己的志向与其相适应，这样对志向的实现才有更好的推动作用，并努力付出实际行动，使梦想成真。

当然，在志向实现的路程之上，最好能够有一个可以时刻开导自己的人，能在关键时候给予你力量，同时不断鼓励你朝自己的志向靠近。让你明白志向不是轻易就可以实现，但是当遇到问题之时要学会放开思维，任何时候都要相信只要坚持，立下的志向就近在咫尺。这样在困境中的你也能继续拥有坚持下去的勇气。

志向并不是一直不变的，如果在刚开始并未找准正确志向，在不断摸索之中可以逐渐调整，使之与自己的实际情况相符合。最重要的就是立志后要记得养志，付诸行动，并坚持下去，志向才能更好地实现。

谈德性：
十种德性相反相成

梁启超由《中庸》"万物并育而不相害，道并行而不相悖"获得感悟，他说野蛮时代的道德虽然看起来简单但是却不能互相包容，但是文明时代的道德虽然性质看上去繁杂但是却各有分工，把道德形象化，就如数学有正数负数，就像电学有阴阳两极。

当时的有识之士提出讨论公理应当讲究公平，不可"循俗以自画"，不可"惊世以自喜"。梁启超认为"循俗以自画"是奴性的表现，而"惊世以自喜"是客气的表现。他在读书思索之后得出结论：德性有十种，物质上虽然相反，但是精神相辅相成，但凡人类都应该有，缺其中一种都不行。

独立对合群，自由对制裁

讲到德性，先从独立开始。梁启超曾借中庸"中立而不倚"来解释独立。他说独立是文明区别于野蛮之处，当时的中国之所以未能成为独立之国，是因为国人缺乏独立这种德性。一说到做学问就倚仗古人，说到政治就倚仗外国。官员君王互相依赖，百姓政府互相依赖，因此举国上下全放弃应该担负的责任，只是互相依赖。

然而举国上下却没有一个可以真正依赖的人。梁启超认为可以改变这种局面的方法就是提倡独立，要独立，首先要使自己独立，才能说全国甚至于全社会的独立；先要使得道德独立，才能让国家形势变得独立。在他看来"合多数之独而成群"，借"物竞天择"，合群的力量越大越坚固，就越能够占据世界的优胜权。

在合群上，中国也是很欠缺的。中国虽人口庞大，数千年聚族群居，但是各省的小群体也有很多，就形成一盘散沙的局面，这也是中国没有合群之德的原因。那么什么是"合群之德"？简单来说就是以一己之身对击众敌，能够做到牺牲自身成全群体；凭借小群体对抗大群体之时，能够牺牲小群体成就大群体，然后才能聚集联合内部固有的群体来对战外来入侵的群体。因此梁启超认为当时最应该做的就是养群德。他还认为合群的反面不是独立，而是营私；而独立的反面是依赖，非合群。

独立是为了自由，自由是权利的象征，几乎各个国家的宪法形式上都有自由，而真正的自由是什么？梁启超认为真正的文明之国的自由，权利并不是官吏代行的，而是交给国民。所以说中国还没有真正的自由，当时之所以还能有自由，是因为官员没有禁止，一旦官员采取行动，"自由"二字就消失殆尽了。官吏之所以不禁自由，是因为政术不佳，事务荒废，无暇顾及。

国民如何做才是自由的呢？真正自由的国民，在梁启超看来要遵循三点原则：一要服从公理，二要服从本人所在群体所定的法律，三要服从大多数人的决议。梁启超认为文明人和野蛮人是最自由的，文明和野蛮的区别就在于是否有制裁力。孩子未成年就不能有自由，因为不能自治，没法制裁。文明程度越高法律就会越严密，而因法律上须服从的义务愈发严整，几乎只看见有制裁而没有自由，所以梁启超以"故自由与制裁二者，不惟不相悖而已，又乃相待而成，不可须臾离"。他以此来解释其对自由与制裁关系的理解。

自信对虚心，利己对爱他

德性之中，自信是成就大业的源头。梁启超认为如果缺乏自信，那么最初秉持一种宗旨，担起一份事业，等到外界毁其声誉，就会半途而废,不能到达目的地。在当时要是人人都能用自信力奠定国权,哪个邻国谁能够侮辱中国。国民都觉得不能兴民权,不是不能兴;要是人人都能凭借自信力争夺民权,民族之贼谁能够压迫人民群众?自信才是国力兴盛的动力。

有自信还要能虚心,自信和虚心是相反相成的。人要是有自信力,其精神必定开阔,胆识必定雄远,既然决定了目的地,肯定会坚持完成才止。所以越自重之人越不敢轻看天下之人、越不敢轻视天下之事。梁启超眼里的自信和骄傲是有不同之处的:自信之人经常沉着,骄傲者经常轻浮;自信者重视主权,骄傲之人则客气。何为虚心之自信?梁启超以"故豪杰之士,其取于人者,常以三人行必有我师为心;其立于已者,常以百世俟圣而不惑为鹄"作解释。

接下来再看利己与爱他。利己即为我,在中国古代之义上是"恶德者"。但梁启超却不赞同,他觉得天下的法律,都是为自己设立的。芸芸众生,在世界中平等竞争,其中利己的人必定会优胜,而不利己者肯定会失败,这也是他认为人生在世的公例。

另外,梁启超认为利己心和爱他心是合为一而非分为二的。近代哲学家,说人类有两种爱己心:一是本来的爱己心,二是变相的爱己心。而变相的爱己心就是爱他心。凡人不能独立处于世界,因此有了群体。群体中就不能为一己之利而不顾群体之利,要是这样,那利益还未出现则害处就先到达。所以善于利己之人必先利群,然后才自利。因此凡是爱他者,也是为我,利己与爱他是异名同源,所以不需要用"兼爱"来显高名,也不必说"为我"来自我蒙蔽。只要是真正的利己,自然就会成为爱他之行为;爱他之力量充分了,自然就能够收到利己的效果。

破坏与成立

梁启超将破坏比作药。梁启超说药不能简单说它是否好,而应该用有没有病和药是否相适应，把这两者提出来并比较，然后才能说药性。梁启超认为世界蒙垢积污的时候非常多，不时时清理是不能够进步，所以破坏的效果就非常明显。

梁启超并不惧怕破坏，相反担心今日不破坏，那他日的破坏就免不了，而且会愈演愈烈。破坏主义之人，实际是冲破阻挡文明进步的力量，梁启超认为当时还有人忌惮破坏者，是保守的心理，想要布新但是却不除旧，是不可能成功的。破坏和成立并不是不能相容的。与成立不相容的是自然之破坏；与成立相辅相成的是人为的理性的破坏。凡是能破坏的都是能成立的，所以持有破坏主义的，得先明白这个目的。破坏和成立是一分为二、合二为一的。天下的事要成功难于登天，但是要失败却很容易。不先明白目的，而是为了破坏而破坏，是不可取的。

谈教育：
精神教育者，自由教育也

梁启超虽出身寒门，但他却接受了良好教育，他的学识一方面来源于其不懈努力，另一方面则是他所受教育的功能。梁启超爷爷梁维清，在其子放弃科举入仕之后，专心培养梁启超。为教育好梁启超，梁维清在宅子后建了一间小屋，将其命名为"留余"，用来给梁启超读书。白天梁启超跟他学"四书五经"，晚上就教他书法并为他讲故事，久而久之，他培养了浓厚的求知欲。

祖父的教育并不局限于表面，他常教育梁启超要有爱国情怀，不仅要遵循传统孝道，还要追求仁义礼智。这对梁启超的影响很大，甚至于是他教育观形成的基础，另一方面梁启超非常敬佩父亲的为人处世，常以父亲为榜样。他认为做人要做到"淑身"，即加强自身修养，所作所为要符合礼仪；还要求做到"济物"，严格要求自己，不管遇到什么情形，能帮上别人的要毫不犹豫地伸出援手。

注重道德教育

梁启超认为的修养品质，简单说来就是爱国、正直、清白以及自强。他认为学问与道德相通，高道德之人才可能精通高深难懂的学问。他对自身修养提出高标准，以"三省吾身"为标准。并认为国人拥有一颗爱国之心特别重要，"人必有爱国心，然后可以用大事"，他大力倡导爱国心，教导国人要具有坚韧毅力，以应对人生道路上的各种挫折与挑战。

毅力对个人来说必不可少，对于整个民族来说也至关重要。梁启超认为要培养国人追求知识的兴趣，要他们学会深思。即便是遇到什么艰难之境依旧不气不馁，永远坚持向前。他还认为学问需要"猛火熬"以及"慢火炖"交相运用，强攻完之后要慢慢咀嚼才能好好消化。学问分为"纸上学问"及"事的学问"，要将两者有机的结合。

教育是教学习做人

任凭你将件件事情都学得精通，也不能够说真正学会做人了，梁启超在《为学与做人》中就明确讲过这一问题。

大家为什么要进学校？梁启超说大概所有人都会异口同声答：为求学问。再问：你为什么要求学问？你想学什么？这时候大家的答案可能不尽相同了，或是根本不知道怎么答。梁启超则说：为求做人。在学校所有学的科目全是为做人铺垫，只是为更好地做人，但不是说只靠这些就可以真正学会做人了。

在梁启超看来，教育的目的就是教学生做人，学习做一个合格的人、一个真正的公民。在很多人眼中，有知识就等同于有学问。梁启超也赞同要是做成一个人，知识自然是越多越好的；但若是做人是失败的，那拥有的知识就是帮凶了。历史上有多少人学富五车，但是却违背道德，无视社会责任，做出诸多损人害己的事情。

合格的人是什么样的呢？梁启超觉得能够"三达德"——智、仁、勇，可以说是做人的基本要求。人类有三部分心理，分别为知、情、意。梁启超赞同孔子所说"知者不惑，仁者不忧，勇者不惧"，即如何达到这个标准的方法，他说教育分为智育、情育、意育三方面，所谓智育即教人不疑惑，情育则教人不忧心，意育则教人不害怕。

梁启超提出要教人不惑，在具备一定常识的基础上，要拥有专业知识，不仅要当断则断，还要头脑清醒。人生在世，让人忧的不过是成败得失。正确认识自己，积极面对人生，这些全做到了，即能够无忧了。

还有想做到不惧怕,就要有超强意志力。培养意志力最基础的就是要心里坦坦荡荡,勇敢前行;再者要心存善良,不被世间污浊所浸染。梁启超认为品德教育是第一位的,要待人真诚,梁启超认为没有诚信的人是站不住脚跟的。

莫问收获,默默耕耘

在奉献和名利上,梁启超教育子女要"莫问收获,但问耕耘",要把握住现在,不停努力,享受耕耘到收获的过程,将收获看成是自然产生的成果。人不管做什么都在乎结果,但太过在乎,将收获当成人生目标,希望越大,失望就会越强。他建议应该教育学生重在过程而不要太看重结果,不要太在乎回报,要看轻名利,不要太在乎"将来能否成大事",只需要做到"知足不辱,知止不殆"。

人生重在过程,既然选定方向就要坚定地往前走。梁启超体会了世间的不容易,了解并不是每件事情都可以成功,只需要静静体味生活为自己准备的意外惊喜,并在这条路上好好走自己想要的路即可。以梁启超子女为例,其父盛名在外,可是却个个自立自强,靠自己的努力实现人生价值。

拿趣味主义作为人生底色

人生价值的实现需要源源不竭的动力,而梁启超的动力之一就是趣味主义,他认为生活一旦没有趣味,将会失去意义。生命短暂,要活在趣味里才有趣、才有价值,这样才意味着没有厌倦。厌倦在他眼里是人生最苦难的事。人生在世,就必须工作,不管是不是自愿,厌倦会让人产生不想工作的情绪。要如何逃开厌倦呢?厌倦是逃不开的,就要好好做,培养兴趣。梁启超认为除了睡觉,所有事都有趣。借着趣味主义,他涉猎多种领域,在各领域的成就都非常突出。

独处勿懒散

人生价值的实现需要信仰，也需要勤奋。梁启超认为懒散之人不会有前途，他教育学生一定要有事可做。梁启超本人就是闲不下来的代表，他一生著作颇丰，内容广泛，他一点时间都不浪费，将时间利用得非常合理，将自己的生活过得充实而幸福。即使偶尔生病，亦不放过丝毫时间。

梁启超对待他认为在世上最重要的东西可以说是非常珍惜，不仅自己珍惜，而且认为也教育学生千万不要荒废学业。梁启超认为教育学生不仅需要言语，而且行为也非常重要，不仅要在精神上鼓励学生不要懒惰，还时时处处以身作则。

谈真实：
一切物境皆由心造

梁启超认为"境者心造也"，所有的物境都是虚幻的、不真实的，只有心所创造的情景才是真实。同一月夜之下，一面是琼浆玉液，轻歌曼舞，绣帘半卷，月色下无尽欢欣。另一面则是相爱家思念担忧的妇人，对影独坐，促织鸣壁，月色下不尽悲切。

同样的月色，为什么会差这么多？梁启超认为这不过是心境不同，兴味之境就变成形单影只之人眼中的哀景。梁启超还对比"月上柳梢头，人约黄昏后"，与"杜宇声声不忍闻，欲黄昏，雨打梨花深闭门"的情形相比，同一黄昏之下，一为欢乐，一是愁苦，感情有很大的差别。"舳舻千里，旌旗蔽空，酾酒临江，横槊赋诗"，与"浔阳江头夜送客，枫叶荻花秋瑟瑟。主人下马客在船，举酒欲饮无管弦"相比，同一江，同一舟，同一酒，而一个雄壮，一个萧瑟。"桃花流水杳然去，别有天地非人间"，与"人面不知何处去，桃花依旧笑春风"相比，同一桃花，一个清净脱俗，一个清新爱怜，也是不同。所以梁启超借三例对比，说天下没有什么物境之说，只是因为心境不同罢了。

三界唯心

若心境悲伤，你所看到的一切都在对你哭泣；若此刻心情雀跃，则路旁的向阳花都是为你而开的；若口含蜜饯，所食之物皆为甜；口含黄连，则所食之物皆泛苦。并不是事物在哭在笑，也不是食物果真甜或苦；当然一切物或哭或笑，或甜或哭，一切即哭即笑、即甜即苦。然则其中的区别就是我心境的不同,而不在于物。因此梁启超才说三界唯心。

梁启超还举为人所知的"是风动,还是幡动"为例。二僧相对而论。一僧说是风动,另一僧坚持是幡动,来来去去辨别到底是哪一方在动非常为难,而六祖大师一语道破:"非风动,非幡动,仁者心动。"梁启超借此说天地间万物一时间能看出千万种形态,而千万年间又觉得一直没变。山川还是山川,春秋还是春秋,风、花、雪、月也还是风、花、雪、月,亘古不变。然而不同感受的山川、风花雪月,心境也是不同的。这就是唯心论。

为真实需养心

然而真实到底是什么?梁启超认为唯心所造之境为真实,真实与心休戚相关,求真则必须要养心。他说通过养心的学者,真切地知道自己要做什么。乞讨者在路上捡到百金,因而变得骄纵,但在真富贵的看来又是怎么样?飞弹掠面而过,平常人难免色变,而若是身经百战的将军会是如何?天下之境全是可以悲,可以喜,可以乐,可以忧。实际上没有一个可以悲,可以喜,可以乐,可以忧。所谓悲之、喜之、乐之、忧之,全在于人心。

梁启超还以"天下本无事,庸人自扰之"来验证自己的观点。若是人忽然悲,忽而喜,忽而乐,忽而忧,就像猫跳着追树影,狗听见叫声就狂吠,就会让自己陷入虚幻之中。只有养心,做到不以物喜、不以己悲,摆脱心的束缚,真正地认识到真实才能更好地生活。

人生下来,忧患也会随之而来,如果入世,就要承担忧患,接受现实。世间所有的烦恼,都是产生于自己内心,要勇于承担,积极地学会养心,看破虚妄。

如何才能养心,不断地学习?我们常常会经受这样或那样的诱惑,从而不知从何下手。梁启超则认为只要你想学习,随处都可以是你的学校，因为你心中所想是学习，那么在哪里都能学到知识。梁启超虽然身处于社会变革期、风云变幻之际，一生颠沛流离，但是他一直坚持养心明智求知。反过来说如果众多有识之士可以借此观点转变思考方式，即便是有烦恼，甚至于遭遇危险之时，也能洒脱自得。可见养心用处颇多、作用颇广。

只有时刻养心，才能够拥有强大的心灵去面对种种磨难。梁启超说过，只要下定决心做事，那就一定会遭遇到阻力。如果所期待的成功难度很小，阻力也就会变小；如果是革命这样的事业，这样的重任阻力不是一般人能承受。怎样才能减小甚至排除阻力呢？

梁启超认为面对阻力，应该事先做好防范，进行观察，不时分析探测，若是不小心抓住了阻力的小尾巴，则可以先制定计策来排除，这样可以使得天然阻力因人为努力而变小，这样对自己实现目标也会有帮助，不能畏惧阻力的破坏力而畏缩不前，想尽方法躲避逃开。梁启超还借用江河为比喻，说面对阻力，要像江河一样奔腾千里，不畏惧前方路途蜿蜒曲折，不惧怕挡其路，曲折地奔赴所要到达地点，一遇沙石就挟之而下，遇到高山险峰则绕开越过而行，到海才算结束。

总之，千万不能被艰难险阻所吓倒，要坚守本心，磨砺自己，用强大的内心看破虚妄，看透本质，以江河精神鼓励自己，一定要勇往直前，奋斗不息。

谈死生：
佛教业报轮回

梁启超认为佛教虽主张业报解脱，但是反对旧教的灵魂说，因此对于轮回主体，佛教不称之为灵魂，而称其为羯磨，他还根据佛教的"无我"说和"十二因缘"说断定，一切众生本来就有"真如""无明"二种藏识，相互熏陶学习，业力总体演变为"器世间"，而业力个体演变为有情世间，有情世间就是芸芸众生的世间。按照心理学的说法，我们所处的世界，是由人心所造：社会由全社会的心理所造，个体由个人的心理所造。梁启超特别强调，世界由人心所造，并不是说人心不死，而是人心所造的诸"业"不死。

佛教业报轮回说与其他说之比较

梁启超主张的正本清源，具有非凡意义。人生在世皆有所作为，亦有所造业；从现象上看，业乍起乍灭，无所留存，而我们的所作所为，就其"性格"说，因果连续，永生不灭，是己身及同类将来生活的基础，我们今日的言语举动、所思所想，都会流入到总体的羯磨之中，永不消失，将来我身和我的同类将食其报。这就是梁启超认为的佛说的业报轮回。

梁启超在这里提到了将来的"我身"，不是要宣扬迷信的个体肉身的来生，而是就全人类、一族、一国来说的，他认为人类世代相传，可个体生命消灭后，还会作为质能不灭的宇宙一分子继续存在。他在后文中用质能守恒学说（能量守恒定律）表达了这样的意思。这是符合现代理性精神的。

梁启超将严复的《天演论》中介绍的达尔文生物进化说与佛教的业报轮回说相融，认为业报轮回与进化论"若合符结"。生物进化说认为人物草木都遵循同一规律：生物个性有遗传和变异，生命不止，代代有进化，不变者是遗传，稍变者为变异。今日众生，类别众多，各有特性，他们都是生存竞争之结果，从本质上说，是以往无限岁月种种境遇累积而成。

严复的《天演论》曾指出母子相传的不是魂魄，是物性。梁启超从物性相传中推出结论，进化论所说进化，不但是有形实体的进化，更是无形之精神的继承，从生物进化到社会及国民心理，都体现着这一法则，他觉得所谓国民心理、社会心理，实际上就是前此国民、前此社会已离世之人遗传子孙的特性。可以用佛教的"业力"来解释这种特性。

梁启超说，从遗传学来说业力，每人在人生中具三种业力，递相遗传。"以我为例，我受我祖父的业力；我从出生到老受现世社会种种熏染而又造新业，所以我便兼具我祖父及我本人之业，成我之特征（此为生物学上的遗传与变异）；而我又以或善或恶、有意或无意之种种事业，再熏染社会。"

他认为不管圣贤豪杰还是大奸大恶之人，在历史上均有大影响，因业力不灭，历千百年而让后人品尝其当时未实现的果报。同理，全社会中无数的庸人，其业力同样留居全社会中而发挥应有之作用。

佛教业报轮回论的真正含义

梁启超进一步指出，以进化论和科学原理来分析，儒家的善恶报应与佛教的业报轮回根本相通，只是一偏一全。梁启超说，儒家不讲灵魂，只说报应，儒家所说报应不管是善恶的报应，还是名誉的遗传，本质是都是"精神"的轮回报应。因为生命不外乎两界，一个是物质界，一个非物质界。物质界为个人所私有，非物质界为社会所共有。非物质界的我小可通于家，次则通于族，次则通于国，大则通于社会人类。因此个人之羯磨，则个人食其报；一家之羯磨，则全家食其报；一族、一国、一世界之羯磨，则全族、全国、全世界均食其报。

梁启超总结说，儒家的家族报应主张的是身后的子孙家族受报，佛教的业报轮回主张的是业力的报应，这两者虽然不相违，但是否破坏了佛教伦理呢？梁启超认为佛教讲的业，有么匿之羯磨（共业），有拓都之羯磨（不共业），所以，轮回受报的不一定就是不共的业，还有共业报，或是两者并报。儒家和进化论涉及的只是不共业的轮回报应，而佛教则对共业的报应还有严密的论证。

佛教认为，众生作业必然产生果报。果有有漏、无漏二种，报有正报、依报二种。"漏"者流也，有漏就是生死流转，无漏指断除生死流转。有漏业因分善、恶两类，善法召乐果，恶法召苦果。无漏果是由无漏善业因所召的果报，如成就菩萨和佛。有漏果和无漏果又有正、依二报。所谓正报，是指有情众生的自体；所谓依报，是指众生所依止的国土世界。从业力上说，佛教说的业分共业和不共业，不共业是指众生个别的业因，只影响自身。共业是指所有有情众生共同所造的善恶业，既影响自己，也影响他人。按照佛教的十二因缘理论，一切众生堕入生死轮回的最初因缘是"无明"，因无明而造业力，故六道轮回亦即业力轮回。

按照佛教关于正报、依报、共业、不共业的理论，个人在宇宙中虽然为匆匆之过客，但其所造诸业不仅贻诸个人，亦将贻诸社会。个人得报可为正报，社会得报可为依报。其造福者得善报，其造恶者得苦报。善报、苦报可见于现世，可见于来世，亦可生生世世见之。若执着于有限的一生受报，是执着于渺小之我、肉身之我。

个体的小我必死，个体的小彼必死，但因为质力不灭，个体的生命和个体所含物质的各分子，又必将随个体生命之死而融入宇宙的总体生命中。梁启超倡导奉献小我以成就大我的精神，来阐发佛教的业报轮回说。

谈英雄：
历史者，英雄之舞台

中国的历史就是由一个个的英雄人物所创造的，正如《史记》之中所写，本纪列传，所写之人颇多，无不为英雄人物。梁启超认为："有个人而不知有群体历史者，英雄之舞台也，舍英雄几无历史。"然而现如今，思想家如此之多，却未能有一人能够做到让一群人真正的团结起来，共同休养生息，共同进步，时代缺乏这样的英雄。

梁启超这一番史学思想背后是几个主要的政治概念的形成与衍化，即"国家""国民""群"和"社会"。他研究旧史家，发现史学家们只写帝王将相而不写国民历史，而这种观念已经为广大人民所接受。梁启超认为"历史者，英雄之舞台"，英雄并不是帝王将相，也不是以暴力改变现状的人物，在一切国民历史中，能推动社会前进发展的国民，无论他是什么身份，都可以称为"英雄"。

正如我们所知，每一个时代都会有这个时代的英雄，一个和平时代尚且会出现英雄人物，领导国家走向更好的未来，更何况在危亡时刻，国家遭受危险，内忧不断，外患频发，更需要有英雄的引导。梁启超所处的时代，国家内部军阀横行，土匪猖獗，而外部列强割据，侵占国家主权，造成生灵涂炭的局面。越是这样的时刻，就越能够凸显时代英雄的重要性。

不可否认，梁启超自身也是一个时代英雄，他研究涉猎很广，包括治学、政治、历史、宗教、法律、文学，甚至教育、科学等等，拥有开阔的视野、开明的思想。他积极参与变法，试图改变中国落后的现状，他致力于中国教育，大力培育人才，善于发掘年轻一代中的"英雄"。梁启超相信，国家强盛需要人民的觉醒，而人民的觉醒，需要英雄的指引，合力改变社会环境的现状。

创造环境

梁启超认为，社会改变要颠覆制度，要靠革命，要依赖制宪，而英雄可以创造出这样的改革环境。梁启超所说的英雄是指有魄力有眼光的知识分子，而不是以武力暴力革命的军阀。他曾经说："今史家多于鲫鱼，而未闻有一人之眼光，能见及此者，此我国民之群力群智群德所以永不发生，而群体终不成立也。"这个观点是很有道理的。以前的中国不是没有过革命，但是革命中无论是学生还是工人农民，多是会被军阀和帝国主义利用。这其中最大的因素是民智未开，人们的思想还没有解放。而且通过革命，大多数人牺牲了，但是他们用生命换来了什么呢？死的又有多大价值呢？假如真的通过革命胜利了——以百倍的代价，那么工人农民和知识分子又能剩下多少，什么人来治理这个国家呢？总不能举着枪杆共商民生、搞文明吧？那样的话，一个国家又该变成什么样子呢？

梁启超是一位开创新环境的英雄，他的救国思想随着时代的发展而改变。刚开始他跟康有为一起，支持保皇派，在渐渐地认清社会现状之后，他就转而支持改良派了。他的思想是与时俱进的，提出了许多改革主张，他在封建社会里主张立宪，主张解放思想，并领导了一系列的思想革命运动。

梁启超以《新史学》一文掀起了当时的"史界革命"，因而他也成为中国"新史学"的创始人。在《新史学》中，梁启超激烈地批判历史上一些史学家，除了司马迁、杜佑、郑樵、司马光、袁枢、黄宗羲等人之外，大多数的史家多是碌碌无为，"因人成事"，没有实事求是地记录历史。梁启超主张，史学应为国民而作，用来记录国民事迹，宣扬国民精神。

对于当时文言文流行的现状，梁启超认为"今宜用俚语，广著群书"，大力提倡白话俗语，以此开启民众思想智力。在他看来，用文言作文章太过古板僵化，不利于普通民众的理解，阻碍新思想在民众间的传播。于是在他写文章的时候，便首先采用白话俗语写作，故而他的文章内容通俗易懂、雅俗共赏，文笔生动活泼，让人眼前一亮，并且条理明晰，"纵笔所至不检束"，被当时人称之为"新文体"。文字语言的改变利于文化普及，这就是"文界革命"，而梁启超还发起了"小说界革命"，彻底改变了小说在历史上的尴尬地位，而新文体和新文学的流行，为后来的白话文运动开启了大门。

发现英雄

梁启超认为"舍英雄几无历史"，确实，我们的历史就是由英雄人物支撑起来的，而英雄人物就在于人民之中。梁启超曾经发表过一系列的文章，从亚里士多德到霍布斯、孟德斯鸠、卢梭以及近代日本的改革家，他们个个都是时代英雄。梁启超为自己建立的目标是，在中国近代积贫积弱的社会中寻求一种新生力量，也就是所谓的"新民"英雄，为所属的群体带来奋起的希望，因为有了希望才能有动力，人们才会去努力建造自己向往的国家。英雄的行为带有个人对相关群体的责任意识，这种存在行为的意义不仅体现在个体与群体、"小我"与"大我"的辩证关系上，也体现在个体主义与民族主义的对立与调和中。

个体独立与合群是梁启超大力倡导的两个重要人文精神，也是时代英雄具备的两种特征。梁启超认为，个体独立与合群这对看似对立的德性，实际上却相辅相成、内在统一。他认为中国之所以任人欺凌而不成其为独立国家，就在于国民缺乏独立的德行，一个人的德行会对他的民族产生直接的影响，如果全国上下都担不起责任，每个人都放弃责任意识而相互推诿、依赖成性，那如何？不可否认的就是，这样的一个国家必定不会强大起来。

梁启超作《李鸿章传》是写李鸿章的事迹，却没有主观的评价李鸿章的功与过。他并不是直截了当地给李鸿章的所作所为盖棺定论，而是要读者树立一个观念，那就是"其为非常之奸雄与为非常之豪杰姑勿论，而要之其位置行事，必非可以寻常庸人之眼之舌所得烛照而雌黄之者也。"从史学研究的立场上，评价一个人要他放在所处的历史环境中，梁启超从一个客观角度记叙李鸿章，说到他的个体独立精神，这种个体独立就是一种英雄主义，彰显出他内心对国家的责任和热爱。虽然李鸿章也有过错，但是梁启超认为，他处于当时的历史中，确实是可称为一代英雄人物。

梁启超指出，英雄就是个体独立的标志，英雄对他人没有依赖性，因而没有奴性，如果所有国民都有一种个体独立精神，中华民族就不会被称为"奴种"。因此，对于中国的救治策略要提倡个体独立，使"人人各断绝倚赖，如孤军陷重围，以人自为战之心"。才能够逃离全国人民被奴役的命运，人人都有孤军奋战的决心和勇气，定能够人人独立，人人有独立的勇气才会使他所处的团体独立，个人的存在意义会在他对群体承担的义务中彰显出来。